21世纪普通高等教育规划教材

工程项目管理

苟伯让　李　寓　编著
余宗卫　主审

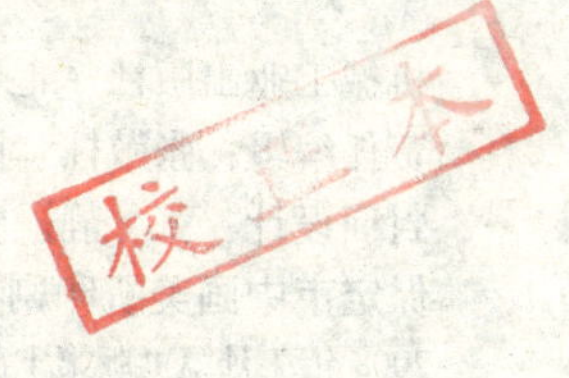

机械工业出版社

本书以培养学生施工项目管理能力和建设项目管理初步能力为目标，在贯彻《建设工程项目管理规范》（GB/T50326—2006）的基本规定和吸收国内外工程项目管理学科的传统内容与最新研究成果的基础上，全面、系统地介绍了工程项目管理的概念、建设项目管理、施工项目管理与目标控制、施工项目职业健康安全与环境管理、工程合同管理、施工项目风险管理与组织协调等内容，每章后还配有案例和思考题。

本书内容丰富、实用性强，可作为高等院校工程管理专业、土建类其他专业、项目管理专业的教材，也可作为建设单位、监理单位、施工企业从事工程管理和工程技术人员的参考书籍。

图书在版编目（CIP）数据

工程项目管理/苟伯让，李寓编著．—北京：机械工业出版社，2008.5

21世纪普通高等教育规划教材

ISBN 978-7-111-24106-5

Ⅰ．工…　Ⅱ．①苟　②李…　Ⅲ．基本建设项目—项目管理—高等学校—教材　Ⅳ．F284

中国版本图书馆CIP数据核字（2008）第070367号

机械工业出版社（北京市百万庄大街22号　邮政编码100037）

责任编辑：张敬柱　版式设计：霍永明　责任校对：张玉琴

封面设计：张　静　责任印制：李　妍

保定市中画美凯印刷有限公司印刷

2008年7月第1版第1次印刷

169mm×239mm · 17.75印张 · 1插页 · 345千字

标准书号：ISBN 978-7-111-24106-5

定价：30.00元

凡购本书，如有缺页、倒页、脱页，由本社发行部调换

销售服务热线电话：(010)68326294

购书热线电话：(010)88379639　88379641　88379643

编辑热线电话：(010)88379539

封面无防伪标均为盗版

前　言

工程项目管理是研究工程项目管理理论和管理方法的学科，是高等院校土木工程管理专业的一门主干课程，也是土木工程专业的一门重要课程。为了适应我国工程建设管理体制改革与发展的新形势，满足教学改革和实际工作的需要，培养学生掌握工程项目管理的理论和方法，使学生具有施工项目管理能力和建设项目管理的初步能力，我们经过广泛的调查研究，按照工程项目管理教学大纲的要求，编著了《工程项目管理》一书。

本书有如下主要特点：

一是内容全面、新颖。本书从我国工程项目管理人才的职业需求出发，本着系统管理的原则，在贯彻《建设工程项目管理规范》（GB/T50326—2006）的基本规定和吸收国内外工程项目管理学科的传统内容与最新研究成果的基础上，全面论述了工程项目管理的基本概念、基本理论和方法，力求使学生形成一种系统的、协调的、整体优化的工程项目管理理念。

二是实用性强。本书在编著过程中，遵循理论与工程实践相结合的原则，在详细阐述工程项目管理理论的同时，更加注重工程项目管理方法的实用性和可操作性。

本书在作者多年进行工程项目管理教学与研究的基础上，参考相关资料编著而成，由长安大学余宗卫教授主审。在此，谨向余宗卫教授和相关资料的作者致以诚挚的谢意。由于工程项目管理这门学科较新，且作者水平有限，书中难免有不当和错误之处，敬请各位同行、读者批评指正。

作者

于西安

目 录

第一章　工程项目管理概论

第一节　工程项目及其分类

一、工程项目及其组成

（一）项目及工程项目

“项目”一词已经越来越广泛地被人们应用于社会经济和文化生活的各个方面。人们经常用“项目”来表示一类事物。从项目管理的角度来讲，项目是作为被管理对象的一次性任务，具有明确的目标、严格的约束条件和一定的寿命周期。项目具有以下两大特征：

（1）主观方面的特征——项目是作为一定的管理主体的被管理对象而存在，如果没有管理主体就无所谓项目。

（2）客观方面的特征——项目在客体上必须具备一次性任务的属性，而且这个一次性任务必须有预定的明确的目标。

项目的范围非常广泛，它包括了很多内容。根据作为被管理对象的一次性任务的性质的不同，众多项目被相互区分开来。项目可分为工业投资项目、科技项目、工程项目等。

工程项目是以工程建设为载体的项目，是作为被管理对象的一次性工程建设任务。它以建筑物或构筑物为目标产出物，需要支付一定的费用、按照一定的程序、在一定的时间内完成，并应符合质量要求。

这里所说的建筑物，是指房屋建筑物，用来满足人们的生产、办公、居住、文化、体育、娱乐等各种社会活动的要求；这里所说的构筑物，是指通过人们的劳动而得到的公路、铁路、桥梁、隧道、水坝、电站及线路、水塔、烟囱等土木工程产出物。

（二）工程项目的组成

工程项目可分为单项工程、单位（子单位）工程、分部（子分部）工程和分项工程。

1. 单项工程

单项工程是指在一个工程项目中，具有独立的设计文件，竣工后可以独立地发挥生产能力或效益的一组配套齐全的工程项目。一个工程项目有时可以仅包括一个单项工程，也可以包括几个单项工程。生产性工程项目的单项工程，一般是指能独立生产的车间；非生产性工程项目的单项工程可以是办公楼、教学楼、住宅楼、图书馆等。

2. 单位（子单位）工程

单位工程是指具备独立施工条件并能形成独立使用功能的建筑物及构筑物。对于规模较大的单位工程，可根据其建筑设计分区、使用功能的显著差异、结构缝的设置等实际情况，将其能形成独立使用功能的部分作为一个子单位工程。

单位工程是单项工程的组成部分。按照单项工程的构成，又可将其分解为建筑工程和设备安装工程。如在工业厂房这样的单项工程中，可以按照其性质的不同分为土建工程、设备安装工程、工业管道工程等单位工程。

3. 分部（子分部）工程

分部工程是单位工程的组成部分，应按专业性质、建筑部位确定。对于工业与民用建筑工程的分部工程可划分为地基与基础、主体结构、装饰与装修、屋面、给排水及采暖、建筑电气、智能建筑、通风与空调、电梯等九个分部工程。

当分部工程较大或较复杂时，可按施工程序、专业系统及类别、施工特点、材料种类等划分为若干子分部工程。例如，主体结构分部工程可细分为混凝土结构、砌体结构、钢结构、网架与索膜结构等子分部工程。

4. 分项工程

分项工程是工程项目施工生产活动的基础。它是分部工程的组成部分，一般按主要工种、材料、施工工艺、设备类别等进行划分。例如，混凝土结构工程中，按主要工种分为模板工程、钢筋工程、混凝土工程等分项工程；按施工工艺又分为预应力结构、现浇结构、装配式结构等分项工程。

二、工程项目的分类

工程项目的种类繁多，为了适应管理的需要，可以从如下不同的角度进行分类：

（一）按性质分类

工程项目按照性质的不同，可分为基本建设项目和更新改造项目。

1. 基本建设项目

基本建设项目包括新建项目和扩建项目。新建项目是指从无到有进行建设的项目；扩建项目是指原有企业为扩大产品的生产能力或效益和为增加新品种的生产能力而增建生产车间或其他产出物的活动过程。

2. 更新改造项目

更新改造项目包括改建项目、迁建项目和恢复项目。改建项目是指对现有厂房、设备和工艺流程进行技术改造或固定资产更新的过程；迁建项目是由于改变生产布局、环境保护、安全生产以及其他需要，搬迁到其他地方进行建设的项目；恢复项目是指原有固定资产已经全部或部分报废，又投资重新建设的项目。

（二）按管理主体分类

一个工程项目往往有若干个参与单位承担不同的建设任务，而各参与单位的工作性质、任务和利益又有所不同，因此就形成了不同类型的工程项目，即建设项目、设计项目、工程咨询项目和施工项目。本教材主要介绍建设项目和施工项目。

1. 建设项目

建设项目是作为业主（或建设单位）的被管理对象的一次性建设任务。建设项目的这一概念是从管理学的角度进行界定的。它在一般项目概念的基础上作了两点限定：一是指出其管理主体是业主（或建设单位），建设项目是业主（或建设单位）实现投资意图的一种载体；二是指出其管理客体对象是一次性建设任务，即投资者为了实现其投资目标而进行的投资实施的组织管理工作。建设项目除具有一般项目的特征外还具有如下特征：

（1）建设项目在一个总体设计或初步设计范围内，由一个或若干个互有联系的单项工程所组成，建设中实行统一核算、统一管理，以形成固定资产为特定目的。

（2）建设项目以业主（或建设单位）为管理主体，需要遵循一定的建设程序和经过特定的建设过程。

（3）建设项目具有投资限额标准。只有达到一定限额投资的才能称为建设项目，不满限额标准的称为零星固定资产购置。

2. 施工项目

施工项目是作为施工企业的被管理对象的一次性施工任务。施工项目的这一概念也是从管理学的角度进行界定的。它在一般项目概念的基础上作了两点限定：一是指出其管理主体是施工企业，施工项目是施工企业实现经营意图的一种载体；二是指出其管理客体对象是一次性施工任务，即施工企业为了实现其经营目标而进行的施工活动的组织管理工作。施工项目除具有一般项目的特征外还具有如下特征：

（1）施工项目是一个工程项目或其中的一个单项工程或单位工程的施工任务。

（2）施工项目以施工企业为管理主体，需要遵循投标、中标、施工安装、竣工验收这一特定的程序。

(3) 施工项目的范围是由业主与施工企业签订的建设工程施工合同界定的。

有必要说明的是，由于分部工程和分项工程的结果不能形成建筑产品独立的使用功能，故不能称为施工项目，而是施工项目的组成部分。

(三) 按规模分类

为了适应对工程项目分级管理的需要，国家规定基本建设项目分为大型、中型、小型三类；更新改造项目分为限额以上和限额以下两类。现行国家规定为：

(1) 按投资额划分的基本建设项目，属于生产性工程项目中的能源、交通、原材料部门的工程项目，投资额达到5000万元以上为大中型项目；其他部门和非工业项目，投资额达到3000万元以上为大中型项目。

(2) 按生产能力或使用效益划分的工程项目，以国家对各行业的具体规定作为标准。

(3) 更新改造项目只按投资额标准划分，能源、交通、原材料部门投资额达到5000万元及其以上的工程项目和其他部门投资额达到3000万元及其以上的工程项目为限额以上项目，否则为限额以下项目。

不同等级级别的工程项目，国家规定的审批机关和报建程序也不尽相同。

(四) 按专业分类

工程项目按专业的不同，可分为建筑工程项目、土木工程项目、线路管道安装工程项目和装修工程项目。

1. 建筑工程项目

建筑工程项目亦称房屋建筑工程项目，是指产出物为房屋工程兴工构建及相关活动构成的过程。

2. 土木工程项目

土木工程项目是指产出物为公路、铁路、桥梁、隧道、水坝、电站、矿山、水塔、烟囱等兴工构建及相关活动构成的过程。

3. 线路管道安装工程项目

线路管道安装工程项目是指产出物为安装完成的送变电、通信线路、给排水、化工等管道和电气、机械、交通设备等兴工安装及相关活动构成的过程。

4. 装修工程项目

装修工程项目是指构成装修产品的抹灰、油漆、木作等及其相关活动的过程。

(五) 按等级分类

工程项目按等级的不同，可分为一等项目、二等项目和三等项目。

一般房屋建筑工程的一等项目包括：28层以上，36m跨度以上（轻钢结构除外），单项工程建筑面积30000m^2以上；二等项目包括：14~28层，24~36m

跨度（轻钢结构除外），单项工程建筑面积10000～30000m^2；三等项目包括：14层以下，24m跨度以下（轻钢结构除外），单项工程建筑面积10000m^2以下。

公路工程的一等项目包括高速公路和一级公路；二等项目包括高速公路路基和一级公路路基；三等项目是指二级公路以下的各级公路。

（六）按投资主体和行政隶属关系分类

工程项目按投资主体的不同可分为中央政府投资工程项目、地方政府投资工程项目、企业投资工程项目、私人投资工程项目和各类投资主体联合投资工程项目等；按行政隶属关系的不同可分为国务院部（委）属工程项目、地方（省、地、县级）工程项目和乡镇工程项目。

三、工程项目的目标与寿命周期

（一）建设项目的目标与寿命周期

建设项目是业主投资活动的载体，所以建设项目的目标是投资效益目标，而投资效益目标又可分解为投资目标、质量目标和进度目标。其中投资目标是指建设项目的总投资目标；质量目标包括满足相应的技术规范和技术标准的规定，以及满足业主相应的质量要求，它不仅涉及施工质量，还包括设计质量、材料质量、设备质量和影响项目运行的环境质量等；进度目标是指建设项目动用的时间目标，如工厂建成投产、办公楼建成使用、道路建成通车的时间目标。

建设项目的投资目标、质量目标和进度目标这三大目标之间既有矛盾的一面，又有统一的一面，它们之间的关系是对立统一的关系。要加快进度往往需要增加投资，欲提高工程质量往往也需要增加投资，过度地加快进度会影响工程质量，这都表现了三大目标之间矛盾的一面；但通过有效的管理，在不增加投资的前提下，也可以加快进度和提高工程质量，这反映了三大目标之间统一的一面。

正确认识建设项目三大目标之间的关系具有重大意义，任何关于投资最少、质量最好、进度最快的观点和提法都是错误的。由于建设项目三大目标之间是既对立又统一的关系，在设定建设项目目标时应做到整体最优，即用多少投资、达到什么样的质量标准、用多长时间建成取决于建设项目达到最佳投资效益的条件。

建设项目的寿命周期包括决策阶段、实施阶段和使用阶段。其中决策阶段包括建设项目的投资决策和立项工作；实施阶段包括设计前准备阶段、设计阶段、施工阶段、动用前准备阶段；使用阶段是指建设项目建成以后的投产使用阶段。

（二）施工项目的目标与寿命周期

施工项目是施工企业生产经营活动的载体，所以施工项目的目标是经营效益目标，而经营效益目标又可分解为成本目标、质量目标、进度目标。施工项目这三大目标之间存在着既对立又统一的关系。施工项目目标的设定应在满足建设单位要求的前提下，实现最佳经营效益。

施工项目的寿命周期包括投标签约阶段、实施阶段和用后服务阶段。其中投标签约阶段是指施工企业参与投标并且中标；实施阶段包括施工准备阶段、施工阶段、交工验收阶段；用后服务阶段是指在保修期内的工程回访与维修。

第二节 工程项目管理及其分类

一、项目管理与工程项目管理

项目管理是为使项目取得成功（在所要求时限、所获批费用的前提下，实现所要求的质量）所进行的全过程、全方位的策划、组织、控制、协调与监督。项目管理的对象是项目。项目管理的职能与所有管理的职能是相同的。由于项目具有一次性的特点，所以要求项目管理具有全面性、程序性和科学性。项目管理主要是运用系统工程的观点、理论和方法进行管理。

工程项目管理是项目管理的重要组成部分，其管理的对象是工程项目。工程项目管理的本质是工程建设者运用系统工程的观点、理论和方法，对工程的建设进行全过程、全方位的管理，实现生产要素在工程项目上的优化配置，为用户提供优质产品。工程项目管理是一门综合学科，应用性很强，也很有发展潜力。

二、工程项目管理的分类

由于工程项目按照管理主体的不同可分为多种类型，故工程项目管理亦可据此分类，分为建设项目管理、设计项目管理、工程咨询项目管理和施工项目管理。本教材主要介绍建设项目管理和施工项目管理。

（一）建设项目管理

建设项目管理是指业主（或建设单位）为了实现建设项目的目标，通过一定的组织形式，利用各种有效的手段，对建设项目寿命周期全过程和各种生产要素所进行的计划、组织、控制、监督、协调的行为过程。建设项目管理的主体是业主（或建设单位），代理主体是建设项目经理部、建设监理单位，管理的客体是建设项目。

建设项目管理是以投资活动为基础的，是站在业主（或建设单位）的立场上对建设项目进行的综合管理，主要服务于自身的利益。狭义的建设项目管理只包括项目立项以后即实施阶段的管理工作；广义的建设项目管理包括建设项目的决策阶段、实施阶段和使用阶段的有关管理工作。

（二）施工项目管理

施工项目管理是指施工企业为了实现施工项目的目标，通过一定的组织形式，运用系统工程的观点、理论和方法对施工项目寿命周期全过程和各种生产要素所进行的计划、组织、控制、监督、协调的行为过程。施工项目管理的主体是施工企业，代理主体是施工项目经理部，管理的客体是施工项目。

施工项目管理是以施工活动为基础的，是站在施工企业的立场上对施工项目进行综合管理，主要服务于业主（或建设单位）的利益和企业自身的利益。狭义的施工项目管理只包括中标以后即实施阶段的管理工作；广义的施工项目管理还包括投标阶段的有关管理工作。施工项目管理的主要任务是目标控制，安全管理、合同管理、信息管理、生产要素管理、现场管理和组织协调等是实现目标控制的主要手段和途径。

建设项目管理与施工项目管理除了管理主体的不同以外，其管理任务、管理内容和管理范围也是不同的。首先，建设项目管理的任务是获得符合要求的、能发挥应有效益的固定资产；而施工项目管理的任务是在搞好施工活动的基础上获得利润。其次，建设项目管理的内容是涉及投资周转和建设全过程的管理；而施工项目管理的内容涉及从投标开始到回访保修为止的全部生产组织管理。再次，建设项目管理的范围是由可行性研究报告所确定的工程范围；而施工项目管理的范围是由建设工程施工合同所确定的工程范围。

三、工程项目目标控制

（一）工程项目目标控制的概念与分类

所谓工程项目目标控制，是指工程项目管理主体（业主或施工企业）为了保证在变化着的外部条件下实现工程项目目标，按照事先拟订好的计划和标准，通过有效的方式对工程项目目标的实现进行监督、检查、引导、纠偏的行为过程。工程项目目标控制是工程项目管理的重要职能，是工程项目管理顺利进行的重要保证，是确保工程项目目标实现的重要手段。从根本上说，没有工程项目目标控制就没有工程项目管理。

工程项目目标控制分为建设项目目标控制与施工项目目标控制。建设项目目标控制分为投资控制、质量控制和进度控制；施工项目目标控制分为成本控制、质量控制和进度控制。

（二）工程项目目标控制的工作程序

建设项目目标控制与施工项目目标控制，是一个动态的过程，这个过程的工作程序如下：

（1）对工程项目投资/成本、质量和进度目标进行分析论证。

（2）编制工程项目投资/成本、质量和进度计划，以确定目标控制的计划值。

（3）在计划的实施中收集投资/成本、质量和进度的实际数据。

（4）进行投资/成本、质量和进度的计划值与实际值的比较。

（5）如果发现计划值与实际值之间存在偏差则采取纠偏措施。

以上工作程序反复循环，应定期或经常地进行，以确保建设项目目标与施工项目目标的实现。

（三）工程项目目标控制的纠偏措施

为了取得工程项目目标控制的理想效果，应从多方面采取措施。工程项目目标控制的措施通常可以概括为组织措施、经济措施、技术措施和管理措施。

1. 组织措施

所谓组织措施，是指从工程项目目标控制的组织管理方面采取的措施，如落实工程项目目标控制的组织机构和人员，明确各级目标控制人员的任务、职能分工、权力和责任，改善目标控制的工作流程等。组织措施是其他各类措施的前提和保障，而且一般不需要增加什么费用，运用得当可以收到良好的效果。所以组织措施可能成为工程项目目标控制的首选措施，应予以足够的重视。

2. 经济措施

经济是工程项目管理的保证，是目标控制的基础。需要注意的是，经济措施不仅仅是审核工程量及相应的付款和结算报告，也不仅仅是财务人员的事情。它应该分析由于经济原因影响工程项目目标实现的问题，还需要从工程项目的资源配置和动态管理、劳动分配和物质激励等一些全局性、总体性的问题上加以考虑。这样往往可以取得事半功倍的效果。

3. 技术措施

技术措施不仅对于解决工程项目中的技术问题是不可缺少的，而且对于纠正工程项目目标偏差亦有相当重要的作用。进行工程项目目标控制在很大程度上是通过技术来解决问题的，其关键在于要能提出多个目标控制的不同技术方案并对其进行技术经济分析，选择经济效果最好的技术方案。

4. 管理措施

工程项目目标控制的管理措施主要是分析由于管理的原因而影响目标实现的问题，并采取相应的措施，如强化目标控制的方法和手段等。另外，管理措施所包含的一个重要方面就是合同措施。合同是工程项目目标控制的重要依据。确定对目标控制有利的合同结构，拟订合同条款，参加合同谈判，处理合同履行过程中的问题，进行索赔等是目标控制的重要手段。

需要指出的是，由以上工作程序构成的控制过程是一个被动的控制过程，即发现目标计划值与实际值之间存在偏差以后再分析产生偏差的原因，进而采取纠偏措施。在建设项目目标控制与施工项目目标控制中，项目管理者除了做好被动控制工作以外，还应努力做好主动控制工作，即项目管理者应预先分析、估计偏离目标的可能性，进而采取预防措施以消除或缩小偏差。

四、工程项目管理的主要工作

（一）建设项目管理的主要工作

建设项目管理的主要工作涉及建设项目寿命周期的全过程。狭义的建设项目管理只涉及建设项目的实施阶段，即在建设项目的设计前准备阶段、设计阶段、施工阶段、动用前准备阶段进行如下工作，如表 1-1 所示。

表 1-1　建设项目管理的主要工作

时间 工作	设计前准备阶段	设计阶段	施工阶段	动用前准备阶段
投资控制				
质量控制				
进度控制				
合同管理				
信息管理				
安全管理				
组织协调				

（二）施工项目管理的主要工作

施工项目管理的主要工作涉及施工项目寿命周期的全过程。狭义的施工项目管理只涉及施工项目的实施阶段，即在施工项目的施工准备阶段、施工阶段、交工验收阶段进行如下工作，如表 1-2 所示。

表 1-2　施工项目管理的主要工作

时间 工作	施工准备阶段	施工阶段	交工验收阶段
成本控制			
质量控制			
进度控制			
合同管理			
信息管理			
安全管理			
组织协调			

五、工程项目管理的特征与职能

（一）工程项目管理的特征

根据工程项目管理的对象、内涵及主要工作，可以看出工程项目管理具有鲜明的特征。

1. 工程项目管理目标明确

工程项目管理的这一特征是指它紧紧抓住工程项目的目标进行管理。一个工程项目有其明确的目标，这些目标可以分解到工程项目的某一个组成部分、某一组成阶段，甚至某一部分管理者，从而形成一系列的分目标。有了目标，也就有了方向，有了动力。因为目标吸引管理者，目标可以指导行动、凝结管理者的力量。工程项目管理的过程就是实现工程项目目标的过程。

2. 工程项目管理是系统的管理

工程项目管理把其管理对象作为一个系统进行管理。在这个前提下首先进行的是工程项目的整体管理，即把工程项目管理作为一个有机整体全面实施管理，使管理效果影响到整个工程项目；其次，对工程项目进行系统分解，把大系统分解为若干小系统，并以小系统作为一个整体进行管理，用小系统的成功保证大系统的成功。

3. 工程项目管理按照工程项目的运行规律进行规范化的管理

工程项目是一个大的过程。其各阶段也都由过程组成，每个过程的运行都有规律可寻，遵循规律进行管理则有效，反之，管理不但无效，而且往往有害于工程项目的运行。工程项目管理作为一门科学，有其理论、方法、内容和规律，这些已被人们所公认、熟悉、应用，形成了规范和标准，从而使工程项目管理成为专业性的、规律性的、标准化的管理。

（二）工程项目管理的职能

职能可以理解为相互作用的因素。管理职能是指管理行为由哪些相互作用的因素构成，或者说，要实现管理的目标，提高管理的效果应从哪些方面去努力。从工程项目管理的理论和我国的工程实践来看，要做好工程项目管理工作，必须强化以下职能：

（1）决策职能。决策是工程项目管理者通过调查研究、比较分析、论证评估等活动，得出结论性的意见并付诸实施的过程。一个工程项目、项目的一个阶段、项目的过程均需要启动，但只有在作出正确决策以后的启动才有可能是成功的，否则就是盲目的、指导思想不明确的，就可能失败。

（2）计划职能。决策只解决启动的决心问题。根据决策作出实施安排、提出实现工程项目目标的措施就是计划。计划职能决定工程项目的实施步骤、搭接关系、起止时间、持续时间、中间目标、最终目标及措施。它是工程项目目标控制的依据和方向。

（3）组织职能。组织职能是管理者把资源合理利用起来，把各种管理和作业活动协调起来，使管理和作业需要和资源应用结合起来的机能和行为。进行工程项目管理需要组织机构的成功建立和有效运行，发挥组织职能的作用。

（4）控制职能。控制职能的作用在于按计划运行，随时收集信息并与计划进行比较，找出偏差并及时纠正，从而保证计划和其确定的目标的实现。控制职能是工程项目管理中最活跃的职能，工程项目目标控制的理论、方法和措施是工程项目管理的核心内容。

（5）协调职能。协调职能就是在控制的过程中疏通关系，解决矛盾，排除障碍，从而使控制职能充分发挥作用。协调是控制的动力和保障。

（6）监督职能。监督是督促、帮助，也是管理职能。工程项目管理需要监督职能，以保证法规、制度、标准和调控措施的实施。监督的方式有自我监督、相互监督、领导监督、权利部门监督、公众监督等。

六、具有中国特色的工程项目管理基本框架

改革开放以来，在政府主管部门的大力推动下，我国广大的理论工作者和大批的工程管理、技术人员结合中国国情对工程项目管理理论和实践进行了广泛、深入的研究与探索，经过引进与试验、学习借鉴鲁布革工程的项目管理经验、项目法施工与工程项目管理、大力推进工程项目管理规范化等几个阶段逐步形成了具有中国特色并与国际惯例接轨的比较完整规范的工程项目管理基本框架。这个基本框架的主要内容包括：

（1）工程项目管理的主要特征——“动态管理，优化配制，目标控制，节点考核”。

（2）工程项目管理的运行机制——“总部宏观调控，项目委托管理，专业施工保障，社会力量协调”。

（3）工程项目管理的组织结构——“两层分离，三层关系”。即“管理层与作业层分离”；处理好“项目层次与企业层次的关系”、“项目经理与企业法人代表的关系”、“项目经理部与劳务作业层关系”。

（4）工程项目管理的推行主体——“二制建设”。即项目经理责任制和项目成本核算制。

（5）工程项目管理的基本内容——“三控制，四管理，一协调”。即工程项目进度、质量、投资/成本控制，安全、现场（要素）、信息、合同管理和组织协调。

（6）工程项目管理的管理目标——“四个一”。即一套新方法，一支新队伍，一代新技术，一批好工程。

七、我国工程项目管理的法律法规与技术标准体系

（一）工程项目管理的法律法规体系

我国工程项目管理的法律法规体系采用梯形结构方式，即以若干并列的专项法律共同组成体系框架的顶层，依序再配置相应的行政法规和部门规章，形成若干相互联系又相互独立的小体系。

我国工程项目管理的法律法规体系按其立法权限分为以下五个层次：

(1) 法律。这是指由全国人大及其常委会审议发布的属于建设部主管业务范围的各项法律，包括《中华人民共和国建筑法》、《中华人民共和国城市规划法》等。它是我国工程项目管理法律体系的核心。

(2) 建设行政法规。这是指由国务院依法制定并颁布的属于建设部主管业务范围的各项法规，包括《建设工程质量管理条例》、《建设工程安全生产管理条例》、《建设项目环境保护管理条例》等。

(3) 建设部部门规章。这是指建设部根据国务院规定的职责范围，依法制定并颁布的各项规章或由建设部与国务院有关部门联合制定并颁布的规章，如《实施工程建设强制性标准监督规定》、《房屋建设和市政基础设施工程施工招标投标管理办法》、《工程建设项目施工招标投标办法》等。

(4) 地方性建设法规。这是指省、自治区、直辖市人大及其常委会制定并发布的工程建设方面的法规。

(5) 地方建设规章。这是指省、自治区、直辖市以及省会城市和经国务院批准的较大城市的人民政府制定并颁布的工程建设方面的规章。

此外，与建设活动关系密切的相关法律、行政法规和部门规章，如《中华人民共和国合同法》、《中华人民共和国招标投标法》、《中华人民共和国安全生产法》、《中华人民共和国劳动法》等也起着调整建设活动的作用，其中的有关规定也构成我国工程项目管理法律法规体系的内容。

（二）工程项目管理技术标准体系

工程项目管理技术标准体系是由国务院及其有关部、委、局批准发布实施的有关工程项目的规划、勘察、设计、施工、安装、检测、验收等的技术标准、规范、规程、条例、办法、定额等规范性文件，如《建筑工程施工质量验收标准》、《建筑施工安全检查标准》、《混凝土结构工程施工质量验收规范》、《建设工程项目管理规范》、《建设工程监理规范》、《建设工程工程量清单计价规范》、《工程网络计划技术规程》等。

工程项目管理技术标准体系以工程技术、科学和实践经验相结合为基础，由有关专家、学者、工程技术人员进行综合评价、论证后进行编制，它分为强制性和推荐性两类。强制性技术标准涉及工程结构质量和生命安全，具有法规性、强

制性和权威性，有关组织和人员必须执行；推荐性技术标准具有法规性、权威性和推荐性，由于不直接涉及工程结构质量和生命安全，故推荐有关组织和人员执行。

工程项目管理技术标准的贯彻执行，对于统一工程项目及其管理的技术经济要求，组织现代化工程建设，提高工程建设的科技水平，保证工程质量和安全，提高技术经济效益具有非常重要的意义。

八、工程项目管理的发展趋势

为了适应工程项目大型化、技术复杂化、大规模项目融资等需求，工程项目管理呈现集成化、国际化和信息化的发展趋势。

（一）集成化趋势

在建设项目管理理念方面，表现为在传统的重视建设项目的投资、质量、进度三大目标系统性的基础上，更加注重建设项目目标的寿命周期管理。为了确保建设项目的运行质量，必须全面控制建设项目的策划、决策、设计和施工全过程的质量。建设项目进度控制也不仅仅是实施阶段（设计、施工）的进度控制，而是包括建设项目前期策划、决策在内的全过程进度控制。建设项目投资控制是将项目建设的一次性投资和项目建成后的日常使用费用结合起来，力求在项目整个寿命周期的费用最低，而不是追求项目建设的一次性投资最少。

在项目组织方面，业主常常把自行管理模式转化为委托项目管理模式，即由项目管理咨询公司作为业主的延伸或业主代表，根据其人才、经验，以系统和组织运作的手段和方法对建设项目进行集成化管理。例如，项目管理咨询公司参与项目前期决策、协助业主进行项目融资、对各种设施和装置的技术进行统一整和、对参与项目建设的承包商和供应商进行管理等。尤其是对合同界面之间的协调管理，要确保各合同之间的一致性和互动性。

（二）国际化趋势

随着我国经济的快速发展和经济的全球化，在我国的跨国公司和跨国项目越来越多，我国的一些项目已通过国际招标、咨询等方式进行运作，我国企业走出国门在海外投资和经营的项目也在不断增加，再加上国内外市场的全面融合，使得工程项目管理明显地呈现出国际化趋势。

（三）信息化趋势

伴随着信息技术的发展和网络时代的到来，工程项目管理的信息化趋势已成必然。目前，许多单位在工程项目管理中已开始使用项目管理软件，欧美发达国家的一些工程项目管理中已开始运用计算机网络技术，实现工程项目管理的网络化。借助于有效的信息技术，建立基于局域网、城域网、广域网、互联网的工程项目信息处理平台，将成为提高工程项目管理水平的有效手段。

第三节　项目经理与项目经理部

一、项目经理与项目经理部的概念

对于工程项目而言，无论是建设项目还是施工项目，都是一项一次性的整体任务，具有项目目标，按照项目管理的基本原则，需要设置专人负责的项目管理机构才有利于项目目标的实现。这个机构的负责人就是我们通常所说的项目经理，这个机构称之为项目经理部。

项目经理是项目全过程的负责人，是项目实施的最高责任者和组织者。项目经理部是在项目经理领导下的经营管理层，其职能是对项目实行全过程的综合管理。工程项目管理实行项目经理负责制。

为了顺利实现工程项目目标，项目经理必须具备以下几个方面的基本条件：

(1) 项目经理是项目的责任主体。项目经理是实现项目目标的最高责任者，责任是实行项目经理负责制的核心，它构成了项目经理工作的压力。对项目经理的上级管理者来说，其重要的工作之一就是明确项目经理的责任，并把这种对项目经理的压力转化为动力。

(2) 项目经理是项目的权力主体。权力是确保项目经理能够承担责任的条件和手段，所以必须根据项目经理责任的要求，授予其相应的权力，如果没有相应的权力，项目经理就无法对项目的实施负责。

(3) 项目经理是项目的利益主体。利益体现在项目经理的贡献上，也是项目经理工作与责任的报酬。如果没有一定的利益，就不能鼓励项目经理承担相应的责任，也难以认真行使相应的权力。

推行工程项目管理，十分重要的一点就是明确项目经理的责任、权力和利益。从我国目前的情况来看，有些单位虽然任命了项目经理，但没有明确其责任、权力和利益，这是对工程项目管理的曲解，当然也在很大程度上影响工作的进行。

二、建设项目经理与建设项目经理部

(一) 建设项目经理的地位、责任和任务

建设项目经理是项目法人委派的领导和组织一个完整的建设项目的负责人，承担建设项目的领导和管理工作，他所处的地位是项目法人在一个建设项目上的代表。建设项目的重大决策由项目法人作出，建设项目经理采取措施确保决策的执行。

建设项目经理的责任是最优的实现建设项目目标，即尽可能的节约投资，使实际投资不超过预定的计划投资；使实际建设总工期不超过预定的计划总工期；使工程质量达到预定的质量要求。

建设项目经理的主要任务是实现建设单位的意图，进行建设项目的组织协调、目标控制、合同管理、信息管理和安全管理。

建设项目经理具体行使以下职权：

（1）组织编制项目初步设计文件，对项目工艺流程、设备选型、建设标准、总图布置提出意见，提交董事会审查。

（2）组织工程设计、施工监理、施工队伍和设备材料采购的招标工作，编制和确定招标方案、标底和评标标准，评选和确定投、中标单位。

（3）编制并组织实施项目年度投资计划、用款计划、建设进度计划。

（4）编制项目财务预、决算。

（5）编制并组织实施归还贷款和其他债务计划。

（6）组织工程建设实施，负责控制工程投资、工期和质量。

（7）在项目建设过程中，在批准的概算范围内，对单项工程的设计进行局部调整。

（8）根据董事会授权处理项目实施中的重大紧急事件，并及时向董事会报告。

（9）负责生产准备工作和培训有关人员。

（10）负责组织项目试生产和单项工程预验收。

（11）组织项目后评价，提出项目后评价报告。

（12）按时向有关部门报送项目建设、生产信息和统计资料。

（二）建设项目经理部的组成及工作内容

建设项目经理部的人员组成及工作内容应视建设项目的具体情况和特点而定，并注意和监理单位工作职能的配合。大中型建设项目的项目经理部由以下人员组成：①建设项目经理；②建设项目经理助理；③投资控制者；④质量控制者；⑤进度控制者；⑥合同管理者。

大中型建设项目的项目经理部主要工作内容如下：

1. 项目组织、协调方面

（1）编制项目组织结构总体规划，即由哪些单位参加项目建设，它们之间的组织关系如何，信息流通关系如何。

（2）编制职能分工表，明确参加单位的任务、责任与权限。

（3）定期主持工作例会。

（4）协调设计单位与施工企业之间的关系。

（5）定期向建设单位提交工程进展情况报告。

2. 投资控制方面

(1）编制投资分配计划和费用支出计划并控制计划的执行。

(2）研究节约投资的措施。

(3）从投资控制的角度审核设计文件。

(4）审核工程款的支付证书。

3. 质量控制方面

(1）审核设计质量。

(2）施工现场质量监督。

(3）施工中间验收与竣工验收。

4. 进度控制方面

(1）编制建设项目总进度计划、施工准备工作计划并控制计划的执行。

(2）编制施工协调工作计划并控制计划的执行。

5. 合同管理方面

(1）起草合同文件，参加合同谈判。

(2）进行合同管理。

三、施工项目经理与施工项目经理部

（一）施工项目经理的地位、责任和任务

施工项目经理是施工企业的法定代表人在施工项目上的授权委托代理人，是施工项目实施阶段全面负责的管理者。施工项目经理是一种工作岗位，是施工项目管理的中心，占有举足轻重的地位。

(1）施工项目经理是施工项目目标的全面实现者，是施工项目实施过程中所有工作的负责人，负责施工项目生产要素合理投入、优化组合与动态管理，负责施工生产活动，实现施工项目目标，从而使企业获得经济效益。

(2）施工项目经理是协调各方关系的纽带。在施工活动进行过程中，施工项目经理代表企业协调与业主、监理单位、政府建设主管部门之间的关系，处理合同纠纷，使之相互紧密配合与协作。

(3）施工项目经理是各种信息的集散中心。在施工活动进行过程中，自下、自上、自外而来的信息，都要通过各种渠道汇集到施工项目经理处，而施工项目经理又要通过指令、计划和协议等对下、对外发布信息。通过信息的集散做好项目管理工作。

施工项目经理的责任包括两个方面。首先，从企业内部来看，施工项目经理对施工项目负有全面管理责任，对施工企业的效益性目标负责，要最优的实现施工项目目标，即尽可能地降低成本，使实际成本不超过预定的计划成本；使实际工期不超过预定的计划工期；使工程质量达到预定的质量要求。其次，从企业外

部来看，施工项目经理在企业法人代表授权范围内履行建设工程施工合同，对建设单位的建设成果直接负责。

施工项目经理的主要任务是实现施工企业的意图，进行施工项目的组织协调、目标控制、合同管理、安全管理、信息管理工作。

（二）施工项目经理部的地位、性质与作用

施工项目经理部（简称项目部）是由施工项目经理在企业法定代表人授权和在企业职能部门的支持下按照企业的相关规定组建的、进行施工项目管理的一次性的组织机构。施工项目经理部由施工项目经理领导，接受企业职能部门的指导、监督、检查、服务和考核，并负责对施工项目资源进行合理的使用和动态管理。施工项目经理部是企业在施工项目上的经营管理层，在开展施工项目管理工作中发挥着重要作用。施工项目经理部作为施工企业内部的一个综合的责任单位，其性质可以归纳为以下三个方面：

（1）相对独立性。施工项目经理部与施工企业存在着双重关系：一方面它作为施工企业的下属单位，与施工企业有行政隶属关系，要服从施工企业的领导；另一方面它又是施工项目独立利益的代表，与施工企业形成一种以项目承包合同为基础的经济承包关系或其他经济责任关系。

（2）综合性。施工项目经理部的综合性主要体现在其管理职能和管理业务的综合性两个方面。首先，其管理职能是综合的，包括计划、组织、协调、控制等方面；其次，其管理业务是综合的，包括施工项目寿命周期的全过程，以及人、财、物、生产和经营活动。

（3）临时性。施工项目经理部的临时性是指它仅是施工企业的一个临时性责任单位，一般要随着施工项目的确立而成立，随着施工项目的终结而解体。

（三）施工项目经理部的组成与工作内容

施工项目经理部的组成与施工项目的规模有关，当然也应符合施工企业的管理制度。对于小型施工项目，可采用“一长、一师、五大员”模式，即施工项目经理部的主要管理人员由施工项目经理（一长）、项目工程师（一师）、项目合同预算员、施工员、料具员、质量安全员和资料员组成，由施工项目经理协调与建设单位、监理单位等的外部关系，五大员分工负责，并由项目工程师组织协调他们之间的关系。对于大中型施工项目，可采用“内部管理职能部门”模式，即根据施工项目管理职能的不同，把施工项目经理部划分为若干内部职能部门，这些部门在项目经理、项目主任工程师的领导下分工负责、协调工作。大中型施工项目经理部通常可设置以下四个内部管理职能部门：

（1）经营核算部门。它主要负责施工预算、成本核算、资金收支、合同管理、劳动分配等工作。

（2）工程技术部门。它主要负责编制施工组织设计、施工技术管理、生产调度、劳动力配制、测试计量、试验等工作。

（3）物资设备部门。它主要负责材料设备的采购、计划供应、施工设备的配制等工作。

（4）监控管理部门。它主要负责质量管理、安全生产、文明施工、环境保护、消防保卫等工作。

有必要指出的是，施工项目经理部的具体组成应根据施工项目的规模、复杂程度和企业特点确定，工作部门可多可少，但管理职能不能缺失，提倡一人多岗。

大中型施工项目的项目经理部主要工作内容如下：

（1）项目组织、协调方面

1）编制项目总体规划，确定实现施工项目目标的具体措施，并监督其执行。

2）制定施工项目管理制度。

3）编制施工项目组织结构图，明确各部门的管理职能和任务分工。

4）协调与建设单位、监理单位、分包企业以及本企业内部部门之间的关系。

（2）成本控制方面

1）进行施工成本预测，编制施工预算。

2）建立成本控制系统，研究降低成本的措施。

3）进行成本分析。

4）定期向企业提交成本报告。

（3）质量控制方面

1）建立健全质量控制体系。

2）经常地检查施工质量，制定改进工程质量的措施。

3）进行质量成本分析。

（4）进度控制方面

1）编制施工进度计划及月、旬进度计划并控制计划的执行。

2）建立进度控制系统，制定加快进度的措施。

（5）合同管理方面

1）编制合同结构图，起草分包、采购合同文件，参加合同谈判。

2）进行合同管理。

案例　某国际机场项目管理组织与方法

一、项目背景

某国际机场是我国一个大型城市的重要基础设施建设项目，总体规划有四条长4000m、宽60m的主跑道；四座规模约为$30\times10^4m^2$的单元式航站楼。第一期工程建设一条主跑道、一座航站楼及相应的配套设施，设计的旅客处理能力为2000万人次/年；货物处理能力为75万t/年。

二、社会化管理的项目组织模式

项目管理组织在建设这样宏大的工程中起着决定性的作用。按照传统的建设项目管理组织方式，建设项目经理部将是一个庞大而又复杂的组织机构。在设计机场的项目管理组织时，项目业主以市场经济的思维方法构思项目管理组织模式，形成了按投资多元化、管理社会化、经营市场化的模式建立项目管理组织的总体构想。

该国际机场的投资是多元化的，投资多元化必然涉及项目的管理组织问题。作为机场建设管理的主体，项目业主对机场总体规划与设计实施强有力的统一领导与管理。场内任何项目的规划设计均必须符合机场总体规划的要求，绝不允许各行其是。对于工程的实施，则在制定统一的规则和要求后，组建由相关单位构成的相应的建设分指挥部，与其签订委托合同，由其进行工程管理。除此之外，充分借用社会专业力量，将部分专业工程委托社会化的专业机构对其实施进行管理。这样，就形成了项目业主与建设分指挥部、社会专业机构相结合为特色的大型项目的项目管理组织模式，实现了建设项目的社会化管理。在工程的具体事务中，项目业主按市场化经营的方法进行运作。某些设备的采购、仓储、大宗材料的运输、有关的辅助服务等均按市场原则通过合同来实现。

社会化管理使业主的工程事务管理工作量大大减少，业主项目管理班子的人员可以降低至最低。业主可以集中精力管理重大问题，在整个建设过程中定思路、定标准、定制度，一手抓规划设计，一手抓工程招标和合同管理。各建设分指挥部、社会专业机构在统一的规定和规则下，各司其职，负责具体实施工作。

三、强化工程合同管理的核心地位

项目业主认识到，机场建设必须实行严格的合同管理制度，必须以合同为主线、以合同为核心实施项目管理。

（1）从组织上采取措施，实施规范化、制度化、标准化的合同管理，制定一整套合同管理的工作制度和规定，对合同管理的组织、程序以及合同起草、谈判、审查、签订、履行、检查、终结等每一个工作环节均作出明确规定。

（2）树立机场建设管理中的一切行为均以合同作为依据的意识，合同运用于项目管理的各个方面。

（3）选择符合机场建设特点的工程承发包模式和合同结构，通过合理的合同结构实现项目目标。

（4）在主要工程内容上实行闭口总价合同，锁定建设费用。强化合同准备工作，从技术上和经济上采取措施，创造实施闭口总价合同的前提条件；严密制定合同文件，合理确定合同的界面与工程范围，事前分析可能存在的不确定事件和风险，有针对性地采取措施；工程合同价以中标价为基础再增加3%作为工程不可预见费用，充分考虑和保证承包单位的利益，引导承包单位注重技术方案的竞争，从而保证工程的质量和进度。

四、项目管理方法的研究与实践

通过对项目目标控制方法的不断研究和实践，项目业主在项目管理的具体方法方面形成了一些具有特点、较为成功的做法。

（1）项目业主坚持以规划设计为重点进行投资控制，通过设计方案的比较、改进、优化，为机场节约了大量投资。另外在工程的规划设计、技术方案、设备选型等工作中，设立相应的研究课题，开展科学研究，反复进行试验和实验，取得许多科研成果，既解决了工程难题，又节约了投资。

（2）项目业主以制度建设作为抓好工程质量的根本保证。建立层层负责的质量责任制，形成全过程、全方位的质量保证体系；以工程招标、工程监理、合同管理作为工程质量管理的基础性工作。尤其是对工程监理工作规定：监理单位必须与施工企业各自独立、平行地进行工程的质量检测，获取检测数据和资料，提交独立、平行的检测报告等。这样在每一个工程上，都能同时得到分别来自监理单位和施工企业的两套质量检测与评估报告，切实掌握工程质量的真实情况。

（3）项目业主集中力量做好项目前期的各项准备工作，抓紧工程的规划、设计，为施工的顺利展开积极创造条件。以进度大节点作为进度控制的关键，保证落实大节点目标。建立工程协调制度，定期或不定期地协调各参建单位之间的进度关系；实施工程进度动态控制，及时调整进度计划。

案例思考

1. 该国际机场项目组织管理模式有什么优势？对我们有什么启示？
2. 建设项目经理的主要任务是什么？可以行使哪些职权？
3. 大中型建设项目的项目经理部有哪些主要工作？

思考题

1. 何谓工程项目？工程项目怎样分类？
2. 何谓工程项目管理？工程项目管理怎样分类？
3. 建设项目与施工项目有哪些目标？目标控制应用怎样的工作程序？

4. 工程项目目标控制有哪些纠偏措施?
5. 工程项目管理的职能有哪些?
6. 何谓项目经理?施工项目经理的地位、责任、任务如何?
7. 建设项目经理部的主要工作内容有哪些?
8. 施工项目经理部是如何组成的?它有哪些主要工作?

第二章　建设项目管理

第一节　建设项目管理的特点及工作内容

一、建设项目管理的特点

建设项目管理是站在投资主体的立场上，对建设项目的全过程进行科学、有效和必要的管理。由于建设项目管理的很多工作一般都委托给咨询公司、监理公司进行，这样建设项目管理的特点就体现在偏重于重大问题的决策，如项目立项、咨询公司和监理公司的选择、发包方式的选择及承包单位的确定等。同时要做好必要的组织和协调工作。

二、建设项目管理的工作内容

（一）建设项目立项决策阶段的工作内容

1. 进行投资机会研究

投资机会研究是拟投资建设项目前的准备性调查研究，是把项目的设想变为概略的投资建议，以便进行下一步的深入研究。投资机会研究的重点是投资环境分析，鉴别投资方向，选定建设项目。

2. 编制项目建议书

项目建议书是投资者向国家提出的要求建设某一建设项目的建议文件，是根据国民经济和社会发展的长远目标、行业和地区规划、国家的技术经济政策，结合本地区、本单位的资源状况和物质条件，经过市场调查，分析需求、供给、销售状况，寻找投资机会，并用文字形式对项目的轮廓进行描述，从宏观上就项目建设的必要性和可能性提出预论证的法定文件。项目建议书包括以下内容：

（1）项目的名称、承办单位、项目负责人。

（2）项目提出的目的、必要性和依据。

（3）项目的产品方案、市场需求、拟建生产规模、建设地点的初步设想。

（4）资源情况、建设条件、协作关系和引进技术的可能性及引进方式。

（5）投资估算和资金筹措方案及偿还能力预测。

（6）项目建设进度的初步安排计划。

（7）项目投资的经济效益和社会效益的初步估计。

编制项目建议书是向政府主管部门推荐项目，供主管部门选择。项目建议书一经批准，该建设项目就列入计划。

3. 进行项目可行性研究

项目建议书获得通过以后，即可进行项目可行性研究。建设项目可行性研究是一个由粗到细的分析研究过程，一般根据可行性研究深度的不同，把可行性研究分为初步可行性研究、详细可行性研究两个阶段。

（1）初步可行性研究。进行初步可行性研究的目的是对投资规模较大、工艺技术复杂的大中型建设项目进行初步评估和专题辅助研究，广泛分析、筛选建设方案，鉴定建设项目的选择依据和标准，确定建设项目的初步可行性，编制初步可行性研究报告。

（2）详细可行性研究。详细可行性研究也称技术经济可行性研究，是对建设项目进行深入细致的技术、经济论证，重点对建设项目进行经济效益的分析评价，经过多方案比较选择最佳方案，确定建设项目的最终可行性，并提交可行性研究报告。

建设项目可行性研究报告须上报政府主管部门和贷款银行，由其进行评估。建设项目可行性研究报告得到政府主管部门的批准，标志着业主作出了建设项目决策和建设项目立项决策阶段工作的完成。

建设项目立项决策阶段的工作内容，可由业主的项目管理班子自己完成，也可以委托相应的咨询单位完成，而业主仅做一些配合与辅助工作。

（二）建设项目实施阶段的工作内容

1. 建设用地的报批

业主可以通过征地、转让等形式获得建设用地的使用权，按规定向土地管理部门报批，并进行拆迁、征用补偿及搬迁安置工作。

2. 选择监理单位

我国强制实行工程监理制度。按照有关规定，业主应以招标的形式选择一家有经验、信誉好、能力强的监理单位，并与之签订委托监理合同，委托其进行一定的建设项目管理工作。

3. 选择工程勘察单位

工程勘察可为建设项目的设计与施工提供必要的、科学的依据。业主应在自身的项目管理班子和监理单位的协助下，选择一家报价合理、信誉好的工程勘察单位来承担建设项目的地质勘察任务，提交工程地质勘察报告。

4. 编制设计任务书

设计任务书是确定建设项目、建设方案的决策性文件，也是编制设计文件的主要依据。业主的项目管理班子应自行或协助监理单位依据已批准的项目建议书、可行性研究报告、工程地质勘察报告编制设计任务书，作为设计单位进行工程设计的依据。

5. 选择设计单位，做好设计管理工作

业主的项目管理班子应自行或协助监理单位通过设计方案竞赛或设计招标的形式选择设计单位，签订设计合同，并向其提供必要的设计基础资料，做好设计管理工作和有关报审工作。

6. 进行施工招标，做好施工准备与施工管理工作

业主的项目管理班子应自行或委托招标代理机构通过施工招标的形式选择施工企业，签订施工合同，并作好施工现场准备、组织图样会审、筹措建设资金、材料及设备的采购、办理施工许可证等施工准备工作。在施工过程中，应委托监理单位进行施工监理工作。

7. 进行竣工验收

建设项目的施工达到竣工验收的条件时，业主应组织勘察设计单位、监理单位、施工企业、建设主管部门等组成验收委员会或验收小组进行竣工验收，并在规定的时间内将工程竣工验收报告和有关文件报建设行政管理部门备案。

（三）建设项目后评价阶段的工作内容

建设项目使用或生产一段时间以后，要进行项目后评价，以进行建设项目管理经验和教训的总结。建设项目后评价主要从以下三个方面进行：

(1) 经济效益评价。这是指通过项目建成后所产生的经济效益与可行性研究报告所预测的经济效益相比较进行评价。它是衡量项目成功与否的关键。如果没有达到预期效果，应分析原因，采取措施。

(2) 过程评价。这是指对建设项目的立项决策、设计施工、资金使用、竣工投产、生产经营等全过程进行评价和系统分析，找出偏离原预期目标的原因，并提出对策建议。

(3) 影响评价。通过项目建成后对社会的政治、经济、技术和环境等方面所产生的影响来评价建设项目决策的正确性。如果项目建成后，没有达到预期效果，就应分析原因，引以为戒。

以上建设项目后评价的三个方面有着密切的联系，必须全面理解和运用，才能得出客观、公正、科学的结论。

第二节　建设项目法人责任制

一、项目法人责任制的提出

为了建立投资责任约束机制，规范项目法人的行为，明确其责、权、利，提高投资效益，1992 年原国家计划委员会颁发了《关于建设项目实行业主责任制的暂行规定》，这是在建立社会主义市场经济体制过程中，进行投资体制改革的一项新举措，从根本上改变了以往计划经济时期，投资责任主体不明确，项目投资、建设和运营相脱节，吃国家大锅饭的弊端。这项制度经过几年的实践总结，1996 年原国家计划委员会根据国有企业转换经营机制、建立现代企业制度的需要，依据《公司法》的精神，制定了《关于实行建设项目法人责任制的暂行规定》（以下简称《暂行规定》），将原来的项目业主责任制改为建设项目法人责任制。1999 年，为了加强基础设施工程的质量管理，国务院办公厅发出通知，要求“基础设施项目，除军事工程等特殊情况外，都要按政企分开的原则组成项目法人，实行建设项目法人责任制，由项目法定代表人对工程质量负总责”。项目法人责任制的核心内容是明确了由项目法人承担投资风险，项目法人要对工程项目的建设及建成后的生产经营实行一条龙管理和全面负责。实行项目法人责任制，是建立社会主义市场经济的需要，是转换项目建设与经营机制、改善建设工程项目管理、提高投资效益的一项重要改革措施。

二、项目法人机构的设立

根据《暂行规定》的要求，国有单位经营性基本建设大中型项目，在建设阶段必须组建项目法人。项目建议书被批准后，应由项目的投资方派代表组成项目法人筹备组，具体负责项目法人的筹建工作。在申报项目可行性研究报告时，须同时提出项目法人的组建方案，否则可行性研究报告不被批准。在项目可行性研究报告被批准后，正式设立项目法人，确保资本金按时到位，及时办理公司设立登记。重点工程的公司章程报原国家计划委员会备案，其他项目的公司章程按隶属关系分别报有关部门、原地方计划委员会。

由原有企业负责建设的大中型基本建设项目，需设立子公司的，要重新设立项目法人；只设立分公司或分厂的，原企业即是项目法人，原企业法人应向分公司或分厂派遣专职管理人员，实行专职考核。

项目法人可聘请项目经理，负责项目的建设及建成投产后的生产经营。工程设计、施工的具体管理工作，由项目经理通过招标选择建设监理单位承担。

三、项目法人的组织形式

根据《暂行规定》的要求，项目法人可按《公司法》的规定设立有限责任公司（包括国有独资公司）和股份有限公司。

（一）有限责任公司

有限责任公司是指由两个以上、50个以下股东共同出资，每个股东以其认缴的出资额为限对公司承担责任，公司以其全部资产对债务承担责任的项目法人。国有控股或参股的有限责任公司要设立股东会、董事会和监事会。董事会、监事会由各投资方按照《公司法》的有关规定进行组建。

（二）国有独资公司

国有独资公司是由国家授权投资的机构或国家授权的部门作为唯一出资人的有限责任公司。国有独资公司设立董事会，董事长为公司的法定代表人。国有独资公司的经理由董事会聘任。

（三）股份有限公司

股份有限公司是指全部资本由等额股份构成，股东以其所持股份为限对公司承担责任，公司以其全部资产对债务承担责任的项目法人。股份有限公司应有5个以上发起人。国有控股或参股的股份有限公司同有限责任公司一样，也要按照《公司法》的有关规定设立股东会、董事会、监事会和经理层组织机构，其职权与有限责任公司的职权相类似。

四、项目法人的主要职责

项目法人设立后，由他对项目寿命周期的各个过程进行管理和全面负责。项目法人在不同阶段的主要职责是：

（1）在前期工作阶段，负责筹集建设资金，提出项目的建设规模、产品方案、厂址选择，落实项目建设所需的外部配套条件。

（2）在设计阶段，负责组织设计方案竞赛或设计招标工作，编制和确定招标方案；对投标单位的资质进行审查，择优选定中标单位；签订设计委托合同，并按设计要求提供有关设计基础资料，及时了解设计文件的编制情况；设计完成后，及时组织设计文件（含概预算）的审查，并提出审查意见，上报初步设计文件和概算文件；进一步审查资金筹措计划和用款计划。

（3）在施工招标阶段，负责组织施工招标和材料设备采购招标工作，编制和确定招标方案；对投标单位的资质进行审查，择优选定中标单位，签订施工合同和材料设备采购合同；落实工程开工前的各项准备工作。

（4）在施工阶段，负责编制项目年度投资计划和建设进度计划；组织工程建设实施，负责控制投资、质量和进度，并定期向建设主管部门报送建设情况；

项目投产以前，要组织好项目运营管理班子，做好各项运营准备工作；项目建成后，及时组织工程预验收，并提出竣工验收报告，编制工程竣工决算报告。

(5) 在生产运营阶段，负责组织生产运营工作管理机构，并组织生产运营管理；制定债务偿还计划，并按时偿还债务；组织项目后评价，并提出项目后评价报告。

有必要指出的是，在以上建设项目设计、施工招标和施工阶段，项目法人若委托监理单位实施建设监理，其职责还应包括：通过招标方式择优选择监理单位，签订建设工程委托监理合同，并实施合同管理等工作。

如果项目法人委托监理，在相应的委托监理阶段其部分职责则由监理单位来承担。监理单位承担的具体职责和任务，应由项目法人在建设工程委托监理合同中予以明确。

五、项目法人与项目相关各方的关系

实行项目法人责任制，在建设工程项目管理上形成了以项目法人为中心，项目法人向国家和各投资方负责，咨询和监理单位为中介，设计、施工和物资供应单位通过投标方式承担工程建设任务的建设管理新模式。

（一）项目法人与政府主管部门的关系

项目法人与政府主管部门是管理与被管理的关系。但是，实行项目法人责任制后，项目法人拥有自主权，政府主管部门对项目法人和建设工程项目的管理，要由原来的直接管理为主转变为间接管理为主，由原来的微观管理为主转变为宏观管理为主，不再干预项目法人的投资与建设活动。政府主管部门的主要职能是依法进行监督、协调和管理。即政府主管部门通过制定法律和法规，指导和制约项目法人的投资活动，使其符合国家的宏观政策和根本利益，并负责检查和审批涉及环境保护和其他对社会有影响的问题；协调项目法人与项目所在地的公共关系，给项目建设和生产运营创造良好的外部环境，必要时采取强制手段，帮助项目法人解决征地、拆迁等问题。

（二）项目法人与投资方的关系

投资方是项目法人的股东，由投资方组成的股东会或股东大会是项目法人的最高权力机构。各投资方必须按照组建项目法人时签订的投资协议规定的方式、数量和时间足额出资，且不得收回。投资方作为股东，以其出资额为限对项目法人承担责任，同时享有所有者权益。项目法人享有各投资方出资形成的全部法人财产权，并以其全部法人财产，依法自主经营，自负盈亏，照章纳税，对出资者承担资产保值增值的责任。

（三）项目法人与金融机构的关系

金融机构是指向建设项目提供贷款的国内商业银行、非银行金融机构、国际金融组织和外国商业银行等。项目法人与金融机构是平等的民事主体关系，双方通过借款合同明确其权利和义务。金融机构要按照借款合同约定的数额、期限及时向项目法人拨付款项；项目法人要按照借款合同约定的期限归还款项并支付利息。

（四）项目法人与监理单位的关系

项目法人与监理单位是平等的民事主体关系，双方通过委托监理合同明确其权利和义务。监理单位接受项目法人的委托之后，项目法人就把建设项目管理的一定阶段的部分权力授予监理单位。监理单位在项目法人授权的范围内以第三方的身份独立地开展工作，并向项目法人负责。

（五）项目法人与承包单位的关系

承包单位是指参与工程建设的设计、施工等单位。项目法人与承包单位是平等的民事主体关系，项目法人通过招标方式择优选择承包单位，承包单位通过投标竞争获得设计或施工任务，双方通过签订工程承包合同明确其权利和义务。

如果项目法人委托建设监理，尽管监理单位和承包单位没有合同关系，但监理单位可以根据项目法人的授权，监督管理承包单位履行工程承包合同。

第三节　建设项目计划管理

一、建设项目计划的分类和内容

按照计划管理的需要和计划的不同作用，业主编制（也可委托工程咨询、监理单位编制）的建设项目计划主要包括建设项目前期工作计划、建设项目总进度计划和建设项目年度计划。

（一）建设项目前期工作计划

建设项目前期工作是指从建设工程项目的酝酿、提出到列入年度计划开工建设以前进行的工作。它主要包括建设工程项目可行性研究、项目评估及初步设计工作三方面的内容。建设项目前期工作计划，就是通过计划安排使以上三方面的工作互相衔接，做到既保证建设前期工作有必要的工作周期，又能满足国民经济计划对建设进度的要求。

建设项目在项目建议书批准以后即可编制前期工作计划。业主编制建设项目前期工作计划时要对建设项目可行性研究、项目评估及初步设计的完成时间提出具体要求，并通过委托或招标的形式分别落实承担上述任务的咨询或设计单位，签订合同，然后编制建设项目前期工作计划表，其表式如表 2-1 所示。

表 2-1 建设项目前期工作计划表

项目名称	建设性质	建设规模	可行性研究		项目评估		初步设计	
			进度要求	负责单位负责人	进度要求	负责单位负责人	进度要求	负责单位负责人

表中“建设性质”是指新建、改建或扩建；“建设规模”是指生产能力、使用规模或建筑面积等。

（二）建设项目总进度计划

建设项目总进度计划是国家基本建设中长期计划在一个建设工程项目上的具体化。由于建设项目一般都需要几年，有的甚至需要十几年时间，建设周期长、协作配套关系复杂，为了使项目建设有一个统一部署，增强建设工作的预见性，适时规划各项准备工作，协调各有关方面的关系，业主都应编制建设项目总进度计划。

建设项目总进度计划是指初步设计被批准后，根据初步设计，对建设项目从开始建设（设计、施工准备）至竣工投产或动用全过程的统一部署。其主要目的是安排各单项工程和单位工程的建设进度，合理分配年度投资，组织各方面的协作，保证初步设计确定的各项建设任务的完成。它对于保证项目建设的连续性，增强项目建设的预见性，确保建设项目按期动用，都具有十分重要的作用。

建设项目总进度计划是编制建设项目年度计划的依据，其主要内容包括文字说明和表格两部分内容。

文字说明的主要内容有：

（1）建设项目的概况和特点。

（2）安排建设总进度的原则和依据。

（3）建设投资来源和资金年度安排情况。

（4）技术设计、施工图设计、设备交付和施工力量进场时间的安排。

（5）道路、供电、供水等方面的协作配合及进度的衔接。

（6）说明计划中存在的问题和解决的措施，以及需要上级解决的重大问题。

建设项目总进度计划的主要表格有建设项目一览表、建设项目总进度表、投资计划年度分配表及建设项目进度平衡表。

1. 建设项目一览表

建设项目一览表将初步设计中确定的建设内容，按照单位工程归类并编号明确其建设内容和投资额，以便各部门按统一的口径确定工程项目投资额，并以此为依据对其进行管理。建设项目一览表格式如表 2-2 所示。

表 2-2　建设项目一览表

单位工程名称	工程编号	工程内容	概算						备注
			合计	建筑工程费	安装工程费	设备购置费	工器具购置费	其他费用	

2. 建设项目总进度计划表

建设项目总进度计划表是根据初步设计中确定的建设工期和工艺流程，具体安排单位工程的开工日期和竣工日期。其表式如表 2-3 所示。建设项目总进度计划表中各单位工程的开竣工时间可根据具体建设条件和工艺要求有所交叉，要重点安排那些工程量大、施工技术复杂、工期长的主导工程，也要同步安排辅助工程、配套工程和场外协作工程，从而使各单位工程按工艺要求配套成龙，形成生产能力。

表 2-3　建设项目总进度计划表

工程编号	单位工程名称	工程量		××××年				××××年				……
		单位	数量	一季度	二季度	三季度	四季度	一季度	二季度	三季度	四季度	……

3. 投资计划年度分配表

投资计划年度分配表是根据建设项目总进度计划表和初步设计概算安排各个年度的投资计划，以便预测各个年度的投资规模，为筹集建设资金或与银行签订借款合同及制定分年度用款计划提供依据。其表式如表 2-4 所示。

表 2-4　投资计划年度分配表

工程编号	单位工程名称	投资额	投资分配				
			××××年	××××年	××××年	××××年	……
	合计						
	其中： 建筑安装工程投资 设备投资 工器具投资 其他投资						

4. 建设项目进度平衡表

建设项目进度平衡表是在对建设进度、投资、施工力量预安排的基础上编制的，它用来明确各种设计文件的交付日期、主要设备交货日期、施工单位进场日期、水电及道路接通日期等，以确保工程建设中各个环节相互衔接和建设工程项目按期投产或交付使用。其表式如表 2-5 所示。

表 2-5 建设项目进度平衡表

工程编号	单位工程名称	开工日期	竣工日期	要求设计进度		要求设备供应进度		要求施工进度			协作配合进度				
				技术设计	施工图	数量	交货日期	进场日期	竣工日期	施工单位	道路通行日期	供电		供水	
												数量	日期	数量	日期

（三）建设项目年度计划

建设项目年度计划是根据建设项目总进度计划的安排，结合年度的具体情况提出的建设项目的具体行动计划。它是依据建设项目总进度计划和批准的设计文件进行编制的。建设项目年度计划既要满足建设项目总进度计划的要求，又要与当年可能获得的资金、设备、材料、施工力量相适应。应根据分批配套投产或交付使用的要求，合理安排本年度建设的工程项目。建设项目年度计划主要包括文字说明和表格两部分内容。

文字说明的主要内容有：

（1）上一年度计划的执行情况和主要经验教训。

（2）建设项目年度计划编制的依据、原则和条件。

（3）建设进度、本年度计划投资额及计划建设的建筑面积。

（4）投资、施工图、设备、材料、施工力量等建设条件的落实情况。

（5）动力资源情况。

（6）对外协作配合项目建设进度的安排或要求。

（7）计划中存在的其他问题及为完成计划而采取的各项措施。

（8）需要上级部门协助解决的问题等。

建设项目年度计划的主要表格有年度计划项目表、年度竣工投产交付使用计划表、年度建设资金平衡表和年度设备平衡表。

1. 年度计划项目表

年度计划项目表用于确定年度施工项目的投资额和年末形象进度，并阐明建设条件（图样、设备、材料、施工力量等）的落实情况。其表式如表 2-6 所示。

表 2-6 年度计划项目表

工程编号	单位工程名称	开工日期	竣工日期	投资额	年初完成			本年计划						建设条件落实情况				
					投资额	建安投资	设备投资	投资			建筑面积			年末形象进度	施工图	设备	材料	施工力量
								合计	建安	设备	新开工	续建	竣工					

2. 年度竣工投产交付使用计划表

年度竣工投产交付使用计划表用于阐明各单位工程的建筑面积、投资额、新增固定资产、新增生产能力等建筑总规模及本年度计划完成情况，并阐明其竣工日期。其表式如表 2-7 所示。

表 2-7　年度竣工投产交付使用计划表

工程编号	单位工程名称	总规模				本年计划完成				
		建筑面积	投资额	新增固定资产	新增生产能力	竣工日期	建筑面积	投资额	新增固定资产	新增生产能力

3. 年度建设资金平衡表和年度设备平衡表

年度建设资金平衡表和年度设备平衡表的表式如表 2-8、表 2-9 所示。

表 2-8　年度建设资金平衡表

工程编号	单位工程名称	本年计划投资	动用内部资金	储备资金	本年计划需要资金	资金来源			
						预算拨款	自筹资金	基建贷款	国外贷款

表 2-9　年度设备平衡表

工程编号	单位工程名称	设备名称规格	要求到货		利用	自制		已订货		采购数量
			数量	时间		数量	完成时间	数量	到货时间	

在建设项目年度计划的基础上，还应根据年度计划的实际执行情况，分解、落实、调整年度计划，编制季度计划，以保证年度计划的圆满实施，必要时还要编制月度计划。

二、建设项目计划的编制原则和计划指标

（一）建设项目计划的编制原则

编制建设项目计划应体现以下原则：

（1）根据建设项目的特点、协作条件和发展需要，在计划编制中必须体现出计划期工作的重点和建设项目管理的一般规律。

（2）安排计划要实事求是、量力而行。

（3）对建设周期较短的项目，在计划年度内可以竣工投产、交付使用的项目和配套项目，应同时安排，相互衔接，保证当年发挥投资效益。

（4）对建设周期较长的项目，要尽可能地压缩在建工程的资金占用。

（二）建设项目计划指标

1. 建设项目投资额

建设项目的实物工程量内容复杂，计量单位不一，有的是建筑工程，有的是购置的设备、工器具，还有的要做必要的准备工作和管理工作等。这些不同工作内容的数量不可能用实物单位来加以汇总，只能按各自的价格折算成投资额作为综合计划指标。建设项目投资额是以货币形式表现的建设工作量，它是反映计划期内建设规模、建设速度和比例关系的综合性计划指标，又是检查计划执行情况和考核投资效果的重要依据。

2. 建设工期

建设工期是指建设工程项目从正式开工到完成工程的全部设计内容并达到国家验收标准的有效时间。它是从建设速度的角度反映投资效果的指标。

建设工期的长短对建设投资活动中劳动消耗和劳动占用量的大小有极大的影响。缩短建设工期可以节省建设阶段的物资和资金的占用时间，使工程造价降低。同时，建设项目早投产可以早收益，从而提高投资效益。当然，建设工期也并不是越短越好，而是要求达到合理工期。因此，建设工期是建设工程项目计划的重要指标。

3. 新增生产能力（或工程效益）

新增生产能力（或工程效益）是指通过对建设投资活动而增加的产品生产能力或工程效益。它是以实物形态表示的建设投资的最终成果，是反映各行业建设规模、建设速度和投资效益的重要指标。

生产性项目的新增生产能力是指设计规定的正常情况下能够达到的生产能力。非生产性项目建成后不形成生产能力，表现为新增工程效益。新增生产能力（或工程效益）均应以建成后能交付使用为标准。

4. 新增固定资产

新增固定资产是指已经建成投产或交付使用的工程价值和达到固定资产标准的设备、工具、器具的价值，以及按规定应该摊入的费用。它是用价值形态表示的建设投资成果的综合性指标。

新增固定资产是新增生产能力（或工程效益）.的价值表现。一个单项工程建成投产后，从实物量上表现为新增生产能力（或工程效益），从价值量上表现为新增固定资产。

5. 房屋建筑面积

房屋建筑面积是指建设项目各建筑物各层面积的总和。它是从实物形态上反映建设规模和建设成果的重要指标。

三、建设项目计划的综合平衡

（一）建设项目计划综合平衡的作用

建设项目计划的综合平衡是指建设项目自身各个环节之间和各个单位工程之间的相互衔接与平衡。作好建设工程项目计划的综合平衡，一是可以增强计划的科学性，经常地、自觉地保持各项建设内容和建设条件的相互平衡；二是可以合理协调项目建设各方面的工作。

安排建设项目计划，在需要与可能之间、生产性工程与非生产性工程之间、主导工程与配套工程之间、前期准备与实施建设之间，都存在着协调配合、相互制约的关系，随着时间、条件的变化，这种关系也在不断的发生变化。综合平衡就是要不断的认识这种变化关系，不断的发现矛盾、解决矛盾，使计划更加完善、更加科学。另外，建设项目涉及面广，建设周期长，参加和配合建设的部门、单位多，综合平衡的过程，就是统一协调各方面工作进度的过程，只有协调一致，才能全面完成各项计划指标。

（二）建设项目计划综合平衡的内容

在项目建设过程中，需要不断平衡、协调的内容很多，建设项目计划的综合平衡应具体按照每一个建设项目的情况和计划的不同要求进行研究。一般来说，主要应搞好以下几个方面内容的综合平衡：

1. 资金平衡

建设项目能否按照规定的质量标准和合理工期进行建设，首先要有资金保证。搞好资金平衡，有助于节约使用资金，保证建设进度，提高投资效益。业主在安排项目计划时，首先要落实资金来源，对各种渠道筹集的建设资金要进行统筹安排。申请、筹集的资金数量，要与建设工程项目概预算、计划内容、工程量及工程进度相适应，不留资金缺口，更不能在资金未落实的情况下就安排工程开工，以免在工程建设过程中由于资金不能保证而造成中途停工。在安排资金时，要摸清库存材料、设备的数量和金额，计算为下年度储备材料、设备所需的资金数量，在此基础上进行资金的综合平衡。

2. 设计平衡

设计平衡首先要落实设计图样的交付时间，保证图样供应，以满足工程建设进度的需要。业主与设计单位签订设计合同时，要规定具体的交图时间，并在设计过程中经常保持与设计单位的联系，协调解决设计中的问题，督促设计单位按时交图。一般工程的施工图的交图时间要满足施工图招标的需要，在业主组织工程招标前交付，以便正确确定标底。大型工程项目按单项工程交付施工图的，每个单项工程交付施工图的顺序也要满足施工的需要。另外，设计平衡还要注意水、电、暖、气等专业图样的配套，以及辅助工程、配套工程的施工图和“三废”治理的施工图的交付进度与主导工程在时间上同步。其次，在施工过程中还要做好设计图样的变更、修改等一系列的平衡工作。

3. 材料平衡

建设项目对材料的需求量很大，品种规格也很复杂，材料的来源也是多种渠道。因此，材料的供应无论对业主还是施工单位都是一项量大而繁杂的工作，搞好材料的平衡对保证工程进度有十分重要的作用。业主要根据计划的内容、工程进度和材料预算，编制自身供应的主要材料计划，对各种来源的材料统筹安排，适时地组织定货和采购，落实供应时间、数量、品种规格，协调各种关系，调剂余缺。同时，要充分注意利用库存材料，并为下年度储备适量的材料，以保证工程连续施工的需要。

4. 设备平衡

设备是形成生产力的主体，一个大中型生产项目所需的设备不仅品种多、型号复杂，而且有的制造周期长、安装调试技术难度大。设备能否按设计要求及时安装到位，是建设工程项目能否形成生产能力的关键环节。因此，业主必须对设备的定货和供应予以足够的重视。按现行的管理体制，凡建设工程项目所需设备，包括大型、专用设备，一般通用设备和非标准设备均可采用招标或委托加工的形式，由设备成套公司承包供应。在建设工程项目可行性研究阶段，业主即可委托设备成套公司或直接向设备生产厂家进行设备选型、询价，建设工程项目列入国家计划后，即可签订设备供应合同。对制造周期长的大型、专用关键设备，应提前进行预安排，设计任务书批准后就可正式签订订货合同。国家重点建设工程项目的设备纳入国家成套计划，由设备成套公司优先保证供应，自制非标准设备要合理安排生产进度，市场自行采购的小型设备应按工程进度及时组织采购供应。搞好设备平衡，要查清哪些设备已经订货，哪些设备尚未订货，已经订货的要掌握到货时间，使之与建设进度相协调。对准备利用的库存设备，要查清数量、型号、规格、技术性能和质量，及时安装使用。

5. 施工力量平衡

业主要通过招标的形式择优选择施工单位，选择施工单位后与之签订施工承包合同，一个建设工程项目在施工过程中要涉及各种不同的专业施工单位，甚至有时一个现场有好几家施工单位同时施工。因此，业主要做好各施工力量的平衡协调工作，使各施工单位、各专业工种交叉合理、步调合理、有效配合。

6. 主导工程与辅助配套工程的平衡

主导工程一般是指建设工程项目形成生产能力或工程效益的主要单项工程。如生产性项目中的主要生产车间、厂房等；学校的教学主楼，住宅小区中的住宅等；辅助配套工程是指为主导工程服务，配合主导工程发挥效益所不可缺少的附属、辅助车间和为生产、生活服务的单项工程和生活设施，如机修车间、仓库、锅炉房、配电室、职工宿舍等。建设工程项目必须在主导工程与辅助配套工程同步建成时才能形成生产能力，发挥效益。因此，业主安排计划时，要根据工程内容的繁简、建设工期的长短，同步建设主导工程与辅助配套工程及“三废”治理工程，使之相互衔接、配套成龙。

7. 工程项目与市政配套工程的平衡

供水、供电、排水、暖气、道路、交通等市政工程，是保证建设工程项目建成投产、交付使用的基础条件。市政工程的建设，在场区以内（一般称小市政）要遵循先地下、后地上，先配套、后主导的原则提前进行施工。场区以外的市政工程（一般称大市政）要与整个城市的管网系统、道路系统发生联系，涉及城市供电部门、市政管理部门等许多单位，业主要不失时机的与这些部门联系，具体确定建设场地内的管网、道路与城市大系统的衔接方式和连通时间，确保项目建成后能及时投入使用。

8. 建设工程项目投产所需的原材料、燃料、动力、运输能力和外部协作产品的平衡

在建设工程项目建设阶段，要按照可行性研究或设计任务书所确定的建设方案，经常检查建设工程项目投产所需的原材料、燃料、动力、运输能力和外部协作产品等的落实情况。若发现有些条件不平衡，就需要与协作单位共同研究解决，如遇到双方解决不了的问题，应及时向上级管理部门提出报告，要求上级协调解决，以确保建设项目建成投产以后的正常生产。

四、建设项目计划的执行、监督与调整

（一）计划的执行

编制建设项目计划，只是计划管理工作的一部分，更重要的是组织计划的执行。建设项目指令性计划，是国家对基本建设经济活动以法令形式下达的必须执行的计划，具有强制作用，业主必须严格执行。为了更好地执行国家下达的基本建设计划，业主首先要制定切实可行的执行计划的相应措施，按照计划规定的内容和指标，统一部署、合理安排各项建设活动，平衡、协调各项建设条件，组织各方面的力量，以确保计划的实现。国家指导性计划，虽不具有强制性作用，也要严格执行，按期完成。

在建设项目计划执行过程中，要充分发挥统计工作的作用，及时了解掌握工程进度、投资完成额及其他各项指标的执行情况，对计划执行中存在的薄弱环节和问题应急时采取有力的措施调整解决，重大问题应及时向上级主管部门报告。

（二）计划的检查和监督

为保证建设项目计划的执行，各级计划、财政、统计、银行、审计及主管部门对建设项目计划的执行都负有检查监督职责，它们从不同的角度，采用多种形

式检查监督计划的执行情况，包括业务监督、统计监督、财务监督、审计监督等。

1. 业务监督

业务监督是各级计划部门、建设项目主管部门对建设项目计划实行的检查监督。这主要包括监督检查计划执行单位是否贯彻执行国家的法律、法规和政策，按基建程序办事；建设规模、投资规模是否在国家计划规定的范围之内；建设进度、投资完成额是否符合计划要求；各项技术经济指标是否达到规定的标准；投资是否及时形成固定资产；工程项目质量优劣，能否迅速发挥生产能力或效益，投资的综合效益如何等。

2. 统计监督

统计监督是国家统计部门和建设项目主管部门采用统计报表的形式对建设项目计划执行情况实行的检查监督。统计报表有月报、年报等。业主按规定每月向当地统计局、建设银行和上级主管部门报送投资统计报表、财务会计报表及文字总结等材料，年终要填报统计年报。统计部门和上级主管部门通过对统计报表数据的分析研究，可以及时掌握情况，反馈信息，监督计划的执行。

3. 财务监督

财务监督是各级财政部门、主管部门、建设银行通过对项目建设过程中各种资金的分配、使用、核算进行监督检查，以保证国家建设资金的合理使用。监督检查的内容包括各项经济核算制度（如合同制度，概、预、决算制度等）是否建立健全；用于工程项目建设的国家财政预算资金是否专用；资金使用是否符合计划内容；各项费用开支是否遵守国家财政纪律；财务计划是否按期完成；概预算定额、取费标准、工程量的计算是否符合规定；财务决算及竣工决算的编制是否正确合理，以及投资回收、贷款归还等情况和项目的社会效益发挥情况等。

建设银行具有管理基本建设财务工作的专业职能。它在监督检查建设项目资金的分配、使用的全过程中发挥主导作用，是建设项目财务监督的中心环节。建设银行通过审查拨款和贷款，检查分析建设项目的报表，对资金的使用情况进行监督检查，对各种违反财务制度的问题进行及时处理，以保证资金的合理使用。

4. 审计监督

审计监督是指各级审计部门对建设项目的决策、实施进行审计监督。重点审计建设项目资金来源是否符合国家有关规定，资金是否落实；审计建设项目审批程序和手续是否完备；审计建设工程项目概算中是否有多计、重计、少计和漏计的投资，以及不应由建设项目负担的费用。

（三）计划的调整

建设项目计划在执行过程中，由于建设条件的变化或其他特殊原因，可能要进行调整。我国建设项目年度计划执行半年后，在下半年要进行一次调整，业主要根据计划的具体执行情况分析预计到年底能够达到的工程进度和完成的投资额后，提出调整计划报告，填报计划调整表，报原计划审批单位批准。如果年初计划安排得准确，年底能够保证完成，可不进行调整。

第四节 建设项目设计管理

一、建设项目设计任务书的编制

（一）建设项目设计任务书及其主要内容

建设项目设计任务书又称计划任务书，是大中型基本建设项目、限额以上技术改造项目进行投资决策和转入实施阶段的法定文件，是确定建设项目、项目建设方案的决策性文件，是进行工程设计的依据和工程建设的大纲。大中型基本建设项目、限额以上技术改造项目要在编写出可行性研究报告之后编制设计任务书。

根据可行性研究报告的内容，经过研究并选定方案之后编制的设计任务书，要对拟建项目的投资规模、工程内容、经济技术指标、质量要求、建设进度等作出规定。设计任务书的主要内容如下：

（1）项目建设的依据和目的

（2）项目建设的规模及生产纲要（生产大纲、产品方案）

1）对市场需求情况的预测。

2）对国内外同行业的生产能力估计。

3）市场销售量预测、价格分析、产品竞争能力分析、国外市场需求情况的预测、进入国际市场的前景分析。

4）项目建设的规模、产品方案及发展方向的技术经济比较与分析。

5）生产方法及工艺路线。

（3）资源、原材料、燃料动力、供水、运输、协作配套、公用设施的落实情况

1）所需资源、原材料、辅助材料、燃料动力的种类、数量、来源及供应的可能性和条件。

2）所需公用设施的数量、供应方式和供应的条件。

3）资源的综合利用和“三废”治理的要求。

（4）建设条件和征地情况

1）场（厂）址比较与选择意见。

2）场（厂）区布置和征地。

3）交通运输，供水、供电、供气的现状及发展趋势。

（5）生产技术、生产工艺、主要设备选型、建设标准及相应的技术指标

（6）项目的构成及工程量估算

1）项目的主要单项工程、辅助工程及协作配套工程的构成。

2）全场（厂）布置方案和工程量的估算。

（7）环境保护、城市规划、抗震、防洪、文物保护等方面的要求和相应的措施方案

（8）组织机构、劳动定员和人员培训设想

（9）建设工期与实施进度

（10）投资估算、资金筹措和财务分析

1）主体工程和辅助配套工程所需投资（利用外资项目或引进技术项目应包括外汇款额）。

2）生产流动资金的估算。

3）资金来源、筹措方式、偿还方式、偿还年限。

（11）经济效益和社会效益

1）项目要达到的各项微观和宏观经济指标。

2）分析项目的社会效益。

（12）附件

1）可行性分析和论证资料。

2）项目建议书批准文件。

3）场（厂）区总平面布置图。

4）征地和外部协作配套条件的意向性协议。

5）环保部门关于“三废”治理措施的审核意见。

6）劳动部门关于劳动保护措施的审核意见。

7）消防部门关于消防措施的审核意见。

（二）建设项目设计任务书的审批

建设项目设计任务书由业主委托的工程咨询单位负责编制，按隶属关系送省、市、自治区或国务院主管部门预审查同意后，报计划管理部门，同时抄送有关单位，由计划管理部门审批。需要银行贷款的项目由银行会签。

建设项目设计任务书报出以前，地方项目要征求国务院主管部门的意见；国务院主管部门的项目，要征求项目所在地区的意见；需要银行贷款和涉及环境保护的项目，要将当地银行和环保部门的评估意见作为设计任务书的附件一并上报。主管部门在审批设计任务书之前，应委托有资格的工程咨询机构对项目的可行性研究报告进行评估。

（三）建设项目设计任务书的作用

经批准的建设项目设计任务书具有以下几个方面的作用：

(1) 作为建设项目的决策性文件，在建设项目建设之前起定项目、定方案的作用。一个建设项目的设计任务书被批准后，也就是上级审批机关对建设项目作出了最终决策，这个建设项目就确定了下来。同时项目建设方案的技术、工程、经济等方面和基本问题也已原则确定。

(2) 作为建设项目开始设计工作的依据。设计任务书所确定的项目建设方案的有关原则和内容是编制设计文件的主要依据。设计任务书被批准后，就可进行初步设计等各项设计工作。

(3) 作为进行建设准备工作的依据。大中型建设工程项目设计任务书被批准后，就可进行组建建设项目管理机构、大型设备和特殊材料的订货等建设准备工作。

二、建设项目设计阶段的划分

按照国家的有关规定，一般建设项目按两个阶段进行设计，即初步设计和施工图设计。对于技术上复杂而又缺乏设计经验的建设项目，经主管部门指定，可增加技术设计阶段。对于一些大型联合企业、矿山、水利水电枢纽和居住小区，为解决总体部署和开发问题，在进行初步设计以前，还需进行总体设计。小型建设工程项目可以根据情况适当简化，也可将初步设计和施工图设计合并进行。

三、建设项目设计招标投标管理

（一）建设项目设计招标的工作范围及其特点

建设项目批准立项后，实施阶段的第一项工作就是进行工程勘察设计。勘察设计的优劣，对建设项目的成败起着至关重要的作用。招标人可以就建设项目某一阶段的设计任务或几个阶段的设计任务进行招标，也可以就整个建设项目或单项工程的设计任务进行招标，委托选定的设计单位实施。鉴于设计任务本身的特点，设计招标应采取设计方案竞选的方式选择承包单位。

建设项目设计招标不同于建设项目实施阶段其他工作的招标，它是投标人通过自己的智力劳动，将招标人对建设项目的设想转变为可实施的蓝图。设计招标与常见的施工招标相比较，具有自己显著的特点，具体如下：

1. 招标文件无工作量要求

建设项目设计招标文件对投标人所提出的要求不是十分明确具体，只是简要介绍建设项目的实施条件和项目所在地的基本资料，提出设计依据、项目应达到的技术经济指标、限定的工作范围、要求完成设计的时间等内容，而无具体的工作量要求。

2. 投标文件报价的依据不是工程量表

建设项目投标人提交的投标文件一般是首先提出设计初步方案，并论证该设计方案的优点和实现计划，在此基础上再进一步提出报价。报价不是以规定的工程量表为依据，设计方案的优劣对报价影响程度较大。

3. 开标时不排定标价次序

建设项目设计招标开标时只是分别简要公布各设计方案的基本构思、设计意图和报价，一般不由招标人按公布的各投标书的报价高低排定标价次序。

4. 报价对中标的影响程度较小

建设项目设计招标评标时，更多地关注所提供设计方案的技术先进性和合理性、所达到的技术指标以及对建设项目投资效益的影响，而不过分追求完成设计任务报价的高低，报价对中标的影响程度较小。

（二）建设项目设计招标文件的内容

建设项目设计招标文件通常由项目法人委托监理单位或咨询公司编制，是指导设计单位正确投标的依据。它既要全面分析拟建项目的特点和设计要求，还应详细提出应当遵守的投标规定。根据《建筑工程设计招标投标管理办法》的规定，建设项目设计招标文件应当包括以下内容：

（1）工程名称、地址、占地面积、建筑面积等。

（2）已批准的项目建议书或者可行性研究报告。

（3）工程经济技术要求。

（4）城市规划管理部门确定的规划控制条件和用地红线图。

（5）可供参考的工程地质、水文地质、工程测量等建设场地勘察成果报告。

（6）供水、供电、供气、供热、环保、市政道路等方面的基础资料。

（7）招标文件答疑、踏勘现场的时间和地点。

（8）招标文件编制要求及评标原则。

（9）投标文件送达的截止时间。

（10）拟签订合同的主要条款。

（11）未中标方案的补偿办法。

建设项目设计招标文件一经发出，招标人不得随意变更。需要进行必要的澄清或者修改时，应当在提交投标文件截止日期 15 日前，书面通知所有的招标文件收受人。

（三）建设项目设计投标人的资质审查

对建设项目投标人的资质进行审查，在公开招标时一般采用资格预审的形式，在邀请招标时一般采用资格后审的形式。审查的内容涉及资质证书审查、能力审查和经验审查三个方面。

1. 资质证书审查

资质证书审查是指审查申请投标的工程设计单位持有的资质等级证书是否与招标项目的要求相一致，从而判定其是否具有实施资格。我国的工程设计证书分为甲、乙、丙、丁四个等级，国家规定每一资质等级的设计单位应当在其资质等级许可的范围内承揽工程设计任务，禁止工程设计单位超越其资质等级许可的范围承揽工程设计任务。资质证书审查还包括证书中规定允许承揽工作范围的审查。工程设计资质按专业性质不同分为电力、轻工、建筑工程等28类行业。因此，还需审查证书规定的允许承揽工作范围与招标项目的专业性质是否一致。申请投标的工程设计单位所持证书在以上两个方面任何一项达不到要求，均应被淘汰。

2. 能力审查

能力审查是指审查申请投标的工程设计单位是否具有完成相应工程设计任务的能力。通常审查该单位的技术力量和所拥有的技术设备两个方面。技术力量方面主要考察项目设计负责人的资质能力和设计人员的专业、人数、各级职称所占的比例等是否满足完成工程设计任务的需要；技术设备方面主要考察开展工程设计活动的设备，在种类和数量方面是否满足要求。

3. 经验审查

经验审查是指审查申请投标的工程设计单位是否具有完成相应工程设计任务的经验及其经验的丰富程度。它主要通过考察已完成的类似设计项目，判断其是否具有此类工程的设计经验。

（四）建设项目设计投标

建设项目设计投标人应当按照招标文件、建设方案、设计文件编制深度规定的要求编制投标文件，并在规定的时间内密封递送。投标文件一般应包括以下几个方面的内容：

（1）设计方案综合说明书。

（2）方案设计内容及说明、图样、模型。

（3）工程投资估算和经济分析。

（4）设计进度计划。

（5）设计费报价。

（6）预期的项目建设工期。

投标文件应当由具有相应资格的注册建筑师签章，加盖单位公章。

（五）建设项目设计评标与定标

建设项目设计评标由评标委员会负责。评标委员会由招标人代表和有关专家组成，其人数一般为五人以上单数，其中技术方面的专家不得少于成员总数的2/3。评标委员会应当在符合城市规划、消防、节能、环保的前提下，按照投标文件的要求，对投标设计方案的经济、技术、功能和造型等进行比选、评价，确定符合招标文件要求的最优设计方案。

虽然建设项目投标设计方案各异，需要详细评审的内容很多，但大致可以归纳为如下几个方面：

（1）设计方案的优劣。主要评审设计指导思想是否正确；设计方案是否反映了同类建设工程项目较先进的水平；总体布置及场地利用是否合理；主要建筑物和构筑物结构是否合理、造型是否美观并与周围环境协调；工艺流程是否先进；设备选型是否适用等方面。

（2）投入产出、经济效益好坏。主要评审建筑标准是否合理；投资估算是否超过限额；投资回报是否理想等方面。

（3）设计进度的快慢。主要评审投标文件中的设计进度计划是否满足项目建设总进度计划的要求。

（4）报价的高低。在投标设计方案水平相当的投标人之间还要进行报价的审查和比较，审查各分项取费的合理性，比较总价的高低。

评标委员会应当在评标完成后，向招标人提出书面评标报告。采用公开招标方式的，评标委员会应当向招标人推荐 2～3 个中标侯选方案；采用邀请招标方式的，评标委员会应当向招标人推荐 1～2 个中标侯选方案。招标人根据评标委员会的书面评标报告和推荐的中标侯选方案，结合投标人的技术力量和业绩确定中标方案。招标人应当在中标方案确定之日起 7 日内，向中标人发出中标通知，并将中标结果通知所有未中标人。招标人应当在中标通知书发出之日起 30 日内与中标人签订建设工程项目设计合同。

对于达到招标文件规定要求的未中标方案，采用公开招标方式的，招标人应当在招标公告中明确是否给予未中标单位经济补偿及补偿金额；采用邀请招标方式的，应当给予未中标单位经济补偿，补偿金额应当在招标邀请书中明确。

四、建设项目设计文件的内容和深度

（一）总体设计的内容和深度

总体设计又叫总体规划设计，是对一个大型联合企业或一个居住小区内的每一个单项工程的设计而言，是与这些单项设计相对应而存在的。它本身并不代表一个单独的设计阶段。

总体设计的主要任务是对一个大型联合企业或一个房地产小区内的每一个单项工程，根据生产运行或生活上的内在联系，在相互配合、衔接等方面进行统一的规划、部署和安排。总体设计应根据已批准的设计任务书、场（厂）址选择报告在单项工程设计以前进行。

对于工业项目而言，总体设计的内容一般应包括以下方面的文字说明和必要的图样：

（1）实施建设工程项目的指导思想。

（2）产品或服务的生产或提供方法。

（3）建设规模。

（4）产品方案。

（5）原料来源、工艺流程、主要设备配置。

（6）主要建筑物、构筑物。

（7）公用、辅助工程。

（8）“三废”治理和环境保护方案。

（9）占地面积估算。

（10）总图布置及运输方案。

（11）生活区规划。

（12）建设总进度及进度配合要求。

（13）投资估算。

总体设计的深度，应能满足以下方面的要求：

（1）初步设计的开展。

（2）主要大型设备、材料的预安排。

（3）土地征用谈判。

（二）初步设计的内容和深度

初步设计是根据已批准的设计任务书或可行性研究报告和必要的、准确的设计基础资料，对设计对象进行通盘研究、概略计算和总体安排，阐明在指定地点、时间和投资控制额内，拟建工程在技术上的可行性和经济上的合理性。并通过对设计对象作出的基本技术、经济规定，编制建设项目总概算。

对于工业项目而言，初步设计的内容一般应包括以下方面的文字说明和必要的图样：

（1）设计依据和设计指导思想。

（2）建设规模。

（3）产品方案。

（4）原料、燃料、动力的用量和来源。

（5）工艺流程、主要设备选型及配置。

（6）总图运输。

（7）主要建筑物、构筑物。

（8）公用、辅助设施。

（9）主要材料用量。

（10）外部协作条件。

（11）占地面积和场地利用情况。

（12）综合利用、“三废”治理、环境保护设施和评价。

（13）生活区建设。

（14）抗震和人防设施。

（15）生产组织和劳动定员。

（16）主要经济指标及分析。

（17）建设顺序和年限。

（18）总概算。

初步设计阶段一般只要求通过必要的计算，提出简要的图样。主要包括：总平面图；工艺流程图；各建（构）筑物的建筑平面图、立面图和剖面图（大型民用建筑工程或其他重要工程，根据需要可绘制透视图、鸟瞰图或制作模型）；结构梁、板、柱布置草图；以及给水排水、电气、采暖通风、动力等有关专业的平面图、系统图或剖面图等。

初步设计文件还应包括主要设备表、劳动定员表、主要材料用量表等附表。

初步设计的深度，应满足以下方面的要求：

（1）设计方案的比选和确定。

（2）主要设备、材料订货及生产安排。

（3）土地征用。

（4）控制投资。

（5）施工图设计（或技术设计）的进行。

（6）施工准备和生产准备。

（三）技术设计的内容和深度

技术设计是指对一些技术复杂或有特殊要求的项目，为进一步解决某些具体技术问题或确定某些技术方案而进行的设计。技术设计应根据已批准的初步设计文件编制，它的主要任务是解决以下方面的问题：

（1）特殊工艺流程方面的试验、研究及确定。

（2）新型设备的试验、制作及确定。

（3）大型建筑物、构筑物某些关键部位的试验研究及确定。

（4）某些技术复杂，需慎重对待的问题的研究及确定。

因此，技术设计的具体内容需视建设项目的具体情况、特点和需要而定，其深度要满足上述各方面的要求。

技术设计阶段要编制修正总概算。技术设计和修正总概算经批准以后，也是编制施工图设计文件的依据。

（四）施工图设计的内容和深度

施工图设计根据已批准的初步设计（或技术设计）文件编制。它是把初步设计中确定的设计原则和设计方案，根据建筑安装工程或非标准设备制作的需要，进一步具体化、明确化，通过详细地计算和安排，绘制出正确、完整的建筑、安装图样，并编制施工图预算。

施工图设计的内容以施工图样为主，还包括设计说明、材料及设备明细表、施工图预算等。

建筑工程施工图主要包括以下几个方面的图样：

（1）总平面图。包括总平面布置图、竖向设计图、土石方工程图、管道综合图、绿化布置图等。

（2）建筑设计图。包括建筑平面图、立面图、剖面图、地沟平面图、接点详图等。

（3）结构设计图。包括基础平面图、基础详图、结构布置图、接点构造详图等。

（4）给水排水设计图。包括室外给水排水总平面图、管道纵断面图、供水及污水处理建（构）筑物平面图和剖面图、室内给水排水平面和系统图等。

（5）电气设计图。包括供电总平面图、变配电所高低压供电系统图、电力平面图和系统图、电气照明系统图和安装图、自动控制与自动调节配电系统图和安装图。

（6）弱电设计图。包括电话站和电话音频路网、广播和电视及火警等设备平面布置图、线路系统图、线路连接图、安装大样图等。

（7）采暖通风设计图。包括采暖通风及空调等设备平面布置图、管道和设备位置剖面图、管道系统图、空调系统控制原理图等。

（8）动力设计图。包括锅炉房和室内外动力管道等项目的管道总平面图和系统图、设备平面图和剖面图、管道和设备纵横剖面图和安装详图等。

施工图设计的深度应满足以下方面的要求：

（1）设备、材料的安排和非标准设备的制造。

（2）施工图预算的编制。

（3）建筑、安装工程施工的要求。

施工图设计文件经审定后，是组织土建施工、设备安装、非标准设备制造及预算包干、工程结算等的依据。

五、建设项目设计方案评价

（一）建设项目设计方案评价的原则

为了提高投资效益，从建设项目总平面布置开始，直到最后的结构部件设计，都应进行多方案比较和评价，从中选取技术先进、经济合理的最佳设计方案。建设项目设计方案评价应遵循相应的原则。

1. 正确处理经济合理性与技术先进性关系的原则

建设项目的经济合理性要求工程造价尽可能的低，但是如果一味地追求造价低，可能会导致项目功能水平偏低，无法满足使用要求；技术先进性追求技术的尽善尽美，项目功能水平先进，但可能会导致工程造价偏高。因此，经济合理性与技术先进性是一对矛盾。这就要求我们应妥善处理好两者之间的关系。一般情况下，要在满足使用要求的前提下，尽可能降低工程造价。但是，如果资金有限制，也可以在资金限制的范围内，尽可能提高项目功能水平。

2. 兼顾建设与使用，考虑项目全寿命费用的原则

在项目建设过程中，控制造价是一个非常重要的目标，但是，造价水平的变化又会影响到项目将来的使用成本。如果单纯降低造价，建设质量得不到保证，就会导致项目使用过程中的维修费用很高，甚至有可能发生重大事故。因此，在设计过程中应兼顾建设过程和使用过程，力求项目全寿命费用最低。

3. 兼顾近期与远期要求的原则

建设项目建成以后，往往会在很长的时间内发挥作用。如果按照目前的要求进行设计，在不远的将来就可能会出现由于项目功能水平无法满足需要而重新建造的情况。但是，如果按照未来的需要进行设计，又会出现由于项目功能水平过高而浪费的现象。所以，设计方案必须兼顾近期与远期的要求，选择合理的项目功能水平，同时也要根据远景发展的需要，适当留有发展余地。

（二）建设项目设计方案评价指标

建设项目设计方案评价指标是指对项目设计方案进行分析与评价时所采用的一系列技术与经济指标。通过这些指标的计算和对比，用科学的定量数据可以说明设计方案技术的先进性与经济的合理性。

1. 工业项目设计方案评价指标

（1）工业项目总平面设计方案评价指标

1）建筑系数。建筑系数又叫建筑密度，是指厂区内建筑物、构筑物和各种露天仓库及堆场、操作场地等的占地面积与整个厂区建设用地面积之比。它是反映总平面图设计用地是否经济合理的指标。建筑系数大，既表明布置紧凑、节约用地，又表明可缩短管线距离，降低工程造价。

2）土地利用系数。土地利用系数是指厂区内的建筑物、构筑物、露天仓库及堆场、操作场地、道路、广场、排水设施及地上地下管线等所占面积与整个厂区建设用地面积之比。它是综合反映总平面布置的经济合理性和土地利用效率的指标。

3）工程量指标。包括场地平整土方工程量、道路及广场铺砌面积、排水工程、围墙长度及绿化面积等。

4）经济指标。包括每吨货物运输费用、经营费用等。

（2）工业项目建筑设计方案评价指标

1）单位面积造价。单位面积造价是一个综合性很强的评价指标。建筑物平面形状、层数、层高、柱网布置、建筑结构、建筑材料等因素都会影响单位面积造价。

2）建筑物周长与建筑面积比。该指标主要用于评价建筑物平面形状是否合理，该指标越低，平面形状越合理。

3）厂房有效面积与建筑面积比。该指标主要用于评价柱网的布置是否合理，合理的柱网布置可以提高厂房有效使用面积。

4）工程全寿命成本。工程全寿命成本包括工程造价及项目建成后的使用成本，它是评价建筑物功能水平是否合理的综合性指标。一般来说，功能水平低，工程造价就低，但使用成本高；功能水平高，工程造价就高，但使用成本低。工程全寿命成本最低时，功能水平最合理。

2. 民用项目设计方案评价指标

（1）公共建筑设计方案评价指标。公共建筑包括行政办公、文化教育、科学技术、医疗卫生、旅馆饭店、商业服务和公共事业等用房。公共建筑虽然种类繁多，但在设计方案评价指标方面具有一定的共性。常用的指标有：

1）用地面积。用地面积是指建设场地的占地面积。

2）建筑面积。建筑面积是指建筑物各层平面面积的总和，包括使用面积、辅助面积和结构面积。

3）使用面积。使用面积是指建筑物各层平面中直接用于生产或生活的净面积的总和。

4）辅助面积。辅助面积是指建筑物各层平面中为辅助生产或辅助生活所占净面积的总和。

5）有效面积。有效面积是指使用面积与辅助面积之和。

6）平面系数。平面系数是用来衡量建筑物平面布置的紧凑合理性的一个重要指标，它反映使用面积与建筑面积的比例。其计算公式为：

$$\text{平面系数}\ K = (\text{使用面积} / \text{建筑面积}) \times 100\% \qquad (2\text{-}1)$$

7）建筑体积。建筑体积表示房屋建筑体积组成的合理性，反映建筑设计中立面设计方案和结构方案的经济性。

8）单位指标（m^2/人、m^2/床、m^2/座）。教学楼、办公楼是按人数计算建筑面积和使用面积，即m^2/人；旅馆、医院是按床位计算建筑面积和使用面积，即m^2/床；影剧院、体育馆、餐馆是按座位计算建筑面积和使用面积，即m^2/座。

（2）居住建筑设计方案评价指标

1）居住面积。居住面积是指各层平面中居住房间室内净面积的总和。

2）平面系数。平面系数K，反映居住面积与建筑面积的比例；平面系数

K_1，反映居住面积与有效面积的比例；平面系数 K_2，反映辅助面积与有效面积的比例；平面系数 K_3，反映结构面积与建筑面积的比例。

3）建筑周长指标（m/m^2）。建筑周长指标是指建筑物外墙周长与建筑面积之比，即每平方米建筑面积所占的外墙长度。其计算公式为：

$$建筑周长指标 = (建筑物外墙周长 / 建筑面积) \tag{2-2}$$

居住建筑加大进深，缩短长度则建筑周长指标减小，可节约用地，减少墙体体积，降低工程造价。

4）建筑体积指标（m^3/m^2）。建筑体积指标是指建筑体积与建筑面积之比，是衡量建筑层高的指标。其计算公式为：

$$建筑体积指标 = 建筑体积 / 建筑面积 \tag{2-3}$$

5）户型比。户型比是指不同居室数的户数占总户数的比例，是反映户型结构是否合理的指标。

（3）居住小区设计方案评价指标。居住小区设计方案是否合理，直接关系到居民的生活环境，同时也关系到建筑用地、工程造价及总体建筑艺术效果。居住小区设计方案的核心问题是提高土地利用率，其主要评价指标有：

1）建筑系数。建筑系数是指居住建筑、公共建筑占地面积与总用地面积之比，它反映小区建筑物的布置密度。其计算公式为：

$$建筑系数 = \frac{(居住建筑 + 公共建筑) \times 占地面积}{总用地面积} \times 100\% \tag{2-4}$$

2）居住建筑毛密度（m^2/ha）。居住建筑毛密度是指小区所有居住建筑面积与总用地面积之比，其计算公式为：

$$居住建筑毛密度 = 居住建筑面积 / 总用地面积 \tag{2-5}$$

3）居住建筑净密度（m^2/ha）。居住建筑净密度是指居住建筑占地面积与小区居住建筑用地面积之比，是衡量用地经济性和保证居住小区必要的卫生条件的主要技术经济指标之一。其计算公式为：

$$居住建筑净密度 = 居住建筑占地面积 / 居住建筑用地面积 \tag{2-6}$$

居住建筑净密度的大小与房屋间距、房屋排列方式等因素有关。适当地提高居住建筑净密度，可以节约用地，但应能保证日照、通风、防火、交通安全的基本需要。

4）居住面积密度（m^2/ha）。居住面积密度是指居住面积与居住建筑用地面积之比，它是反映建筑布置、平面设计与用地之间关系的重要指标。其计算公式为：

$$居住面积密度 = 居住面积 / 居住建筑用地面积 \tag{2-7}$$

影响居住面积密度的主要因素是房屋的层数，增加层数其数值就增大，有利于节约土地和管线费用。

六、建设项目设计控制

（一）初步设计控制

1. 初步设计图样的审查

（1）总目录和设计总说明的审查。要审查设计质量是否符合项目决策的要求，项目是否齐全、有无漏项，设计标准和装备标准是否符合预定要求。针对业主所提的委托条件和对设计的原则要求，逐条对照，审核设计是否均已满足。

（2）初步设计图样的审查。审查所采用的技术方案是否符合总体方案的要求，是否达到项目决策阶段所确定的质量标准；审查各专业设计是否符合预定的质量标准和要求；审查总图布置是否方便实用，能否获得最佳的工作效率，是否同时满足环境保护、安全生产、防震抗灾、消防安全、美化生活环境等要求；审查工艺设备、各种管线和道路的关系有无相互矛盾。

2. 设计概算的审查

（1）审查设计概算的编制深度和范围

1）审查编制说明。审查编制说明可以检查设计概算的编制方法、深度和编制依据等重大原则问题，若编制说明有差错，具体概算必有差错。

2）审查编制深度。一般大中型项目的设计概算，应有完整的编制说明和“三级概算表”（即建设项目总概算表、单项工程综合概算表、单位工程概算表），并按有关规定的深度进行编制。应审查是否有符合规定的“三级概算表”，各级概算的编制、核对、审核是否按规定进行，有无随意简化，有无将“三级概算”简化为“二级概算”，甚至简化为“一级概算”。

3）审查编制范围。审查概算的编制范围及具体内容是否与建设工程项目范围及具体工程内容相一致；审查分期建设的工程范围及具体工程内容有无重复交叉，是否重复计算或漏算；审查其他费用应列的项目是否符合规定，静态投资、动态投资和经营性项目铺底流动资金是否分别列出等。

（2）审查设计概算的内容

1）审查建设规模（投资规模、生产能力等）、建设标准、配套工程、设计定员等是否符合批准的可行性研究报告的标准。对总概算投资超过批准投资估算10%以上的，应查明原因，重新上报审批。

2）审查工程量的计算是否正确，有无多算、重算或漏算，尤其对工程量大、造价高的项目要重点审查。

3）审查材料用量和价格是否正确，材料价差调整是否符合现行规定及其计算是否正确。

4）审查设备规格、数量和配置是否符合设计要求，是否与设备清单相一致，设备概算价格是否真实，设备原价和运杂费的计算是否正确，非标准设备原价的计价方法是否符合规定。

5）审查总概算的组成内容是否完整地包括了建设工程项目从筹建到竣工为止的全部费用组成。

6）审查技术经济指标的计算方法和程序是否正确，综合指标和单项指标与同类型项目相比是偏高还是偏低，分析其原因或予以纠正。

（二）施工图设计控制

1. 施工图的审查

根据建设部2000年颁布的《建筑工程施工图设计文件审查暂行办法》的规定，业主应将施工图报送建设行政主管部门，由建设行政主管部门委托有关审查机构进行结构安全和强制性标准、规范执行情况等内容的审查。审查的主要内容包括：

（1）建筑物的稳定性、安全性审查。

（2）是否符合消防、节能、环保、抗震、卫生、人防等有关强制性标准、规范的要求。

（3）施工图是否达到规定的深度要求。

（4）是否损害公共利益。

业主将施工图报送建设行政主管部门审查时，还应同时提供下列资料：

（1）经批准的立项文件或初步设计批准文件。

（2）主要的初步设计文件。

（3）工程勘察成果报告。

（4）结构计算书及计算软件名称。

审查机构应当在收到审查资料后20个工作日内完成审查工作，并提出审查报告。审查合格的项目，审查机构向建设行政主管部门提交项目施工图的审查报告，由建设行政主管部门向业主通报审查结果，并颁发施工图审查批准书。对审查不合格的项目，提出书面意见后，由审查机构将施工图退回业主，并由原设计单位修改，重新送审。

施工图一经审查批准，不得擅自进行修改。如遇特殊情况，需要进行涉及审查主要内容的修改时，必须重新报请原审批部门，由原审批部门委托审查机构审查后再批准实施。

2. 施工图预算的审查

施工图预算的审查方式有单审和会审两种。单审是由业主单独进行，会审仅用于复杂的大中型建设项目，一般由建设主管部门或业主牵头，邀请建设银行及设计、咨询单位组成审查班子进行审查。施工图预算的审查目的是施工图预算不超过设计概算。

施工图预算审查的重点应放在工程量的计算、设备及材料预算价格的确定、预算单价的套用、各项费用的计取等方面。特别应注意：

(1) 审查工程量的计算是否符合工程量计算规则，计算数据是否正确。

(2) 审查设备、材料的预算价格是否符合工程所在地的价格水平。若是采用市场价，要核实其真实性与可靠性；若是采用权威部门公布的信息价，则要注意信息价的时间、地点是否符合要求，是否要按规定调整。

(3) 审查设备、材料的原价的确定方法是否正确，审查非标准设备原价的计价依据、方法是否正确、合理。

(4) 审查设备的运杂费及其运杂费的计算是否正确，材料预算价格的各项费用的计算是否符合规定、正确。

(5) 审查各分项工程预算单价是否与现行的预算定额单价相符，其名称、规格、计量单位和所包含的工程内容是否与单位估价表一致。

(6) 审查换算的分项工程是否是定额规定中允许换算的，换算是否正确。

(7) 审查补充定额和单位估价表的编制是否符合编制原则，单位估价表计算是否正确。

(8) 审查措施费的计算是否符合有关的规定标准，间接费和利润的计费基础是否符合现行规定，有无把不能作为计费基础的费用列入计费基础。

(9) 审查预算外调增的材料差价是否计取了间接费；直接费或人工费增减后，有关费用是否作了调整。

(10) 审查有无巧立名目，乱计费、乱摊费用的现象。

第五节　建设项目委托监理

一、建设监理单位的选择方式和程序

根据《中华人民共和国招标投标法》的规定和目前我国建筑市场的实际情况，业主选择建设监理单位多采用邀请招标方式。建设工程监理邀请招标程序如图 2-1 所示。

二、建设监理招标的特点

建设监理招标的标的是“监理服务”，它与工程项目建设过程中其他各类招标的最大区别表现为监理单位不承担物质生产任务，只是受招标人委托对建设过程提供监督、管理、协调、咨询等服务。鉴于标的的特殊性，不难看出建设监理招标的特点体现在招标的宗旨是对监理单位能力的选择，而报价在选择中居于次要地位。只有通过招标选择能力较强的建设监理单位，才能使业主获得节约工程

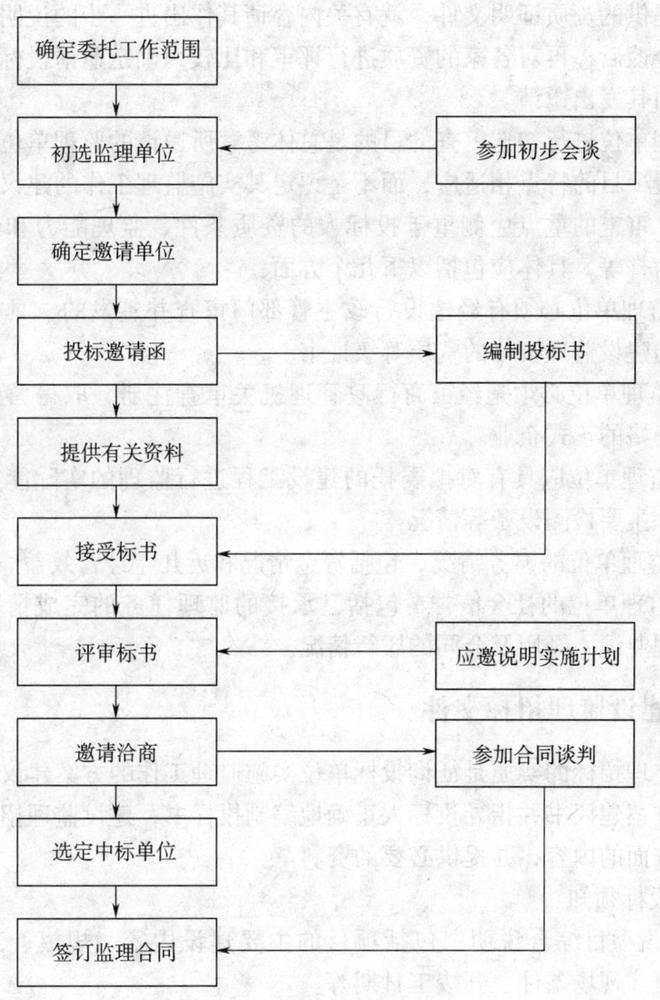

图 2-1　建设监理邀请招标程序框图

投资和提前投产的实际利益，过多考虑报价因素往往得不偿失，只有在能力相当的建设监理单位之间才存在价格比较问题。

三、建设监理单位的初选审查

业主在确定了委托监理的工作范围以后，即可开始选择监理单位。业主的项目管理班子在监理招标时，根据建设项目的需要和对有关监理单位的了解，可初选 3～10 家监理单位，并分别约请每一家单位进行委托监理任务的意向性洽谈。进行洽商时，业主要向对方介绍拟建项目的概况、监理服务的要求、监理工作范围、拟委托的权限和要求达到的目标等情况，并听取对方业务情况的介绍，然后针对对方提供的资质证明文件，就有关内容请其作出进一步的说明。与初选各家监理单位会谈后，再对各家的资质进行评审和比较，确定邀请投标的监理单位短名单，并向其发出邀请。

对监理单位进行初选审查的目的是总体考察所邀请的监理单位的资质、能力是否与拟建项目的特点相适应，而不是评定其实施监理工作的建议是否可行、适用。因此，审查的重点应侧重于投标人的资质条件、监理能力和经验、可用资源、社会信誉等，具体应包括以下几个方面：

（1）监理单位必须有经建设行政主管部门审查并签发的，具有承担监理合同内规定的建设监理资格的资质等级证书。

（2）监理单位必须是经工商行政管理机关审查注册，取得营业执照，具有独立法人资格的正式企业。

（3）监理单位应具有对拟委托的建设工程进行监理的实际能力，包括监理人员素质、主要检测设备等情况。

（4）监理单位的财务情况，包括资金情况和近几年经营效益。

（5）监理单位的社会信誉，包括已承接的监理任务的完成情况，承担类似业务的监理业绩、经历及合同的履行情况。

四、建设监理招标文件

建设监理招标的实质是征询投标单位实施监理工作的方案建议。为了获得较为理想的方案建议书并指导投标人正确地编制投标书，建设监理招标文件应包括以下几个方面的内容，并提供必要的资料。

（1）投标须知

1）建设项目综合说明：包括项目的主要建设内容、规模、工程等级、地点、总投资、现场条件、开竣工日期等。

2）委托的监理工作范围和监理业务。

3）投标文件的格式、编制、递交。

4）无效投标文件的规定。

5）投标起止时间，开标、评标、定标的时间和地点。

6）招标文件、投标文件的澄清与修改。

7）评标的原则。

（2）合同条件。

（3）业主提供的现场办公条件。

（4）对监理单位的要求。

（5）有关技术规定。

（6）必要的设计文件和有关资料。

（7）其他事项。

五、建设监理评标

建设监理招标的评标主要侧重于对建设工程监理单位的资质、能力、实施监理工作的计划和派出的监理人员的素质的评审。评标由招标人组建的评标委员会负责，评标工作主要涉及对投标文件的评审和对投标文件的量化比较两个环节。

（一）对投标文件的评审

评标委员会对各投标文件进行审查评阅，主要考察以下几方面的合理性：

（1）投标人的资质。包括资质等级、批准的监理业务范围、主管部门或股东单位、人员综合情况等。

（2）监理规划或监理大纲。

（3）拟派出的主要监理人员（重点审查项目总监理工程师和主要专业监理工程师）。

（4）人员派驻计划和监理人员的素质（通过人员的学历证书、职称证书和上岗证书反映）。

（5）监理单位提供用于工程的检测设备和仪器，或委托有关单位检测的协议。

（6）近几年监理单位的业绩及奖惩情况。

（7）监理费报价和费用组成。

（8）招标文件要求的其他情况。

（二）对投标文件的量化比较

评标委员会对投标文件的量化比较通常采用综合评分法。这实际上是对各投标人的综合能力进行对比。采用综合评分法，首先应依据招标项目的特点设置评分内容和分值的权重；然后，依据招标文件中说明的评标原则和预先确定的打分标准对各投标书进行审查、评阅、打分，并根据各投标书的得分高低确定备选中标人。

建设工程监理招标的评分内容及分值分配可参考表2-10。

表2-10 监理招标的评分内容及分值分配表

评审内容	分值
投标人资质等级及总体素质	10～15
监理规划或监理大纲	10～20
总监资格及业绩	10～20
专业配套	5～10
职称、年龄结构	5～10
各专业监理工程师资格及业绩	10～15

（续）

评审内容	分　值
监理取费	5 ~ 10
检测仪器、设备	5 ~ 10
监理单位业绩	10 ~ 20
企业奖惩及社会信誉	5 ~ 10
总计	100

六、合同谈判与定标

（一）合同谈判概述

业主与备选中标人的监理合同谈判是招标选择建设监理单位的最后一个环节。业主应首先与评标中确定的第一备选中标人谈判，若双方能够达成一致，则可签订建设工程委托监理合同，并相应通知其他未中标单位。如果与第一备选中标人不能达成一致，再与第二备选中标人谈判，依此类推，直到与某一建设监理单位达成一致为止。一般来说，通过谈判已被放弃的备选中标人，以后不再与其进行谈判。

在正式的合同谈判以前，业主应向对方发出谈判通知书。在谈判通知书中，应当说明建设监理单位在谈判时还需携带哪些补充材料，以及对其投标书建议的人员配备、工作计划等的主要保留意见，以便对方有时间考虑进行适当的修改或补充。

监理合同谈判的内容是针对委托监理项目的特点，就《建设工程委托监理合同（示范文本）》标准条件结合专用条件逐条加以谈判，对标准条件的哪些条款要进行修改，哪些条款不予采用，还应补充哪些条款，以及标准条件内需要在专用条件内加以具体规定的，如拟委托监理的工程范围、业主应为建设监理单位提供的外部条件的具体内容、业主提供的工程资料及具体时间等都要提出具体的要求或建议。在谈判时，内容要具体，责任要明确，对谈判内容双方应达成一致的意见，并要有准确的文字记载。作为业主，切忌以手中有工程监理的委托权，而不以平等的原则对待建设监理单位。应该看到，监理工程师良好的服务，能为业主带来巨大的经济利益。如监理工程师对承包人完成的工程量进行严格的计量和审核，控制变更工程和额外工程费用，处理索赔事宜等工作，能直接降低业主的投资；监理工程师促使承包人按时或提前完工，能使建设项目尽早地发挥投资效益；监理工程师提出的改进建议能节省投资等等。如果因为外部环境或监理酬金过低而使建设监理单位不能很好地发挥作用，对业主来说是得不偿失的。

双方通过谈判达成一致，并且签订了建设工程委托监理合同后，建设监理单位投标时所提建议书就不再具有法律效力了。

（二）监理服务内容的谈判

首先对投标书中的完成计划和建议进行细致讨论，根据讨论的结果形成正式的监理任务大纲。着重讨论建设监理单位提出的人员配备计划和各专业监理人员派驻现场的时间，主要包括监理人员的情况和职责、对业主认为不合格人员的更换等问题。应明确签订了建设工程委托监理合同以后，除非有正当的理由，名单中的监理人员一律不得私自更换，确需更换时，建设监理单位应当提出合格人选，并由业主批准后才可更换。在履行监理合同中，如果业主认为监理人员不能胜任，可随时提出更换人员的要求。最后还应讨论业主应为开展监理工作提供的办公、生活条件，以及必要的设施、设备、物资等内容。

（三）财务谈判

建设工程委托监理合同的财务谈判，通常是在按技术标准评选后才进行的。财务谈判的主要内容包括：

（1）合同的计价方式和酬金的支付。

（2）附加监理工作和额外监理工作的取费标准。

（3）建设监理单位提供设备、仪器的取费标准。

（4）应由建设监理单位交纳税费的种类。

（5）合同的价格调整方式。

（6）预付款的支付和扣还。

（7）业主逾期付款的利息等。

进行谈判时，业主必须明确当价格已经作为选择标准之一时，再降低价格的余地已经不大，若企图通过谈判而降低价格，就会损害监理服务的质量。

第六节 建设项目承发包模式与施工招标投标管理

一、总分包模式

（一）总分包模式的概念

总分包模式是指业主将建设项目全过程或其中某几个阶段（如设计、施工）的全部工作发包给一家资质条件符合要求的总承包单位，由该总承包单位再将若干专业性较强的部分工程任务发包给不同的专业分包单位去完成，并统一协调和监督各分包单位的工作。采用这种模式业主只与总承包单位发生合同关系，总承包单位与各专业分包单位发生合同关系。总分包模式的合同结构如图 2-2 所示。

（二）总分包模式的特点

1. 有利于业主的项目组织管理

由于业主只与总承包单位签订合同，所以合同关系简单，有利于合同管理。同时，由于合同数量少，使得业主的项目组织管理和协调工作量小。

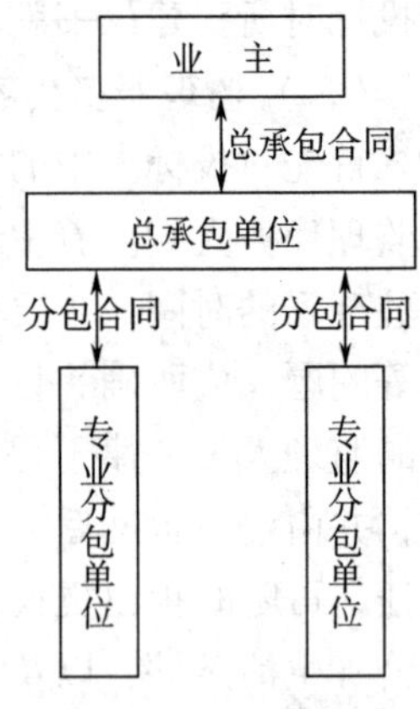

图 2-2　总分包合同结构

2. 有利于控制工程造价和工程质量

由于总包合同价格可以较早确定，业主可以承担较少风险；又由于总承包单位与各专业分包单位之间通过分包合同建立了责、权、利关系，工程质量既有各专业分包单位的自控，又有总承包单位的监督管理，增加了工程质量的监督环节，从而有利于控制工程造价和工程质量。

3. 有利于缩短建设工期

由于在工程设计与施工总承包的情况下，设计与施工由总承包单位统筹安排，使两个阶段能够有机地融合，一般均能做到设计与施工两个阶段的相互搭接；总承包单位具有控制工期的积极性，各专业分包单位之间也有相互制约作用，从而有利于缩短建设工期。

4. 招标发包工作难度较大

由于合同条款不易准确确定，对总承包单位而言，责任重、风险大，需要具有较高的管理水平和丰富的实践经验；对业主而言，尽管合同量少，但合同管理的难度一般较大。所以，招标发包工作难度大。

二、平行承包模式

（一）平行承包模式的概念

平行承包模式是指业主将建设项目的设计、施工以及设备和材料采购的任务分别发包给若干个设计单位、施工单位和设备材料供应单位。采用这种模式业主分别与各承包单位签订合同，各承包单位之间的关系是平行的，它们之间没有合同关系。平行承包模式的合同结构如图 2-3 所示。

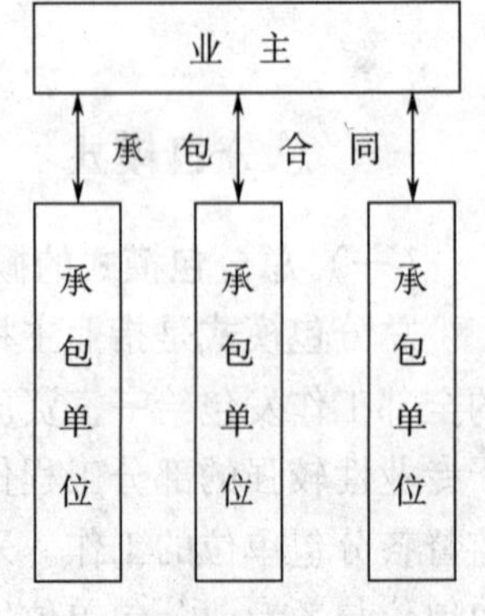

图 2-3　平行承包合同结构

（二）平行承包模式的特点

1. 有利于业主择优选择承包单位

由于合同内容比较单一，且合同价值小、风险小，业主可以在较大的范围内进行选择，从而为择优选择承包单位创造了条件。

2. 有利于控制工程质量

由于整个建设项目经过分解发包给各承包单位，合同约束与相互制约使每一部分能够较好地实现质量要求。如某建设项目主体与装修工程分别由两个施工单位承包，当主体工程达不到质量要求时，装修单位不会同意在其上进行装修，这种他人（装修单位）控制比自身（主体施工单位）控制对主体工程施工质量更有约束力。

3. 有利于缩短建设周期

由于建设项目设计和施工任务经过分解分别发包，设计与施工可以形成搭接关系，从而有利于缩短建设周期。

4. 不利于业主的项目组织管理

由于业主要签订的合同数量较多，使建设工程项目系统内结合部位数量增加，从而使业主组织管理和协调工作量增大。

5. 工程造价控制难度大

由于建设项目总合同价在所有承包合同均已签订后才能确定，从而影响了工程造价控制的实施，增加了工程造价控制的难度。

三、联合体承包模式

（一）联合体承包模式的概念

联合体承包模式是指业主将建设项目的施工任务发包给一个由几家公司组成的联合体。联合体通常由一家或几家公司发起，经过协商确定各自投入联合体的资金份额、机械设备、人员数量等，签署联合体章程，建立联合体组织机构，产生联合体代表，以联合体的名义与业主签订工程承包合同。联合体承包模式的合同结构如图 2-4 所示。

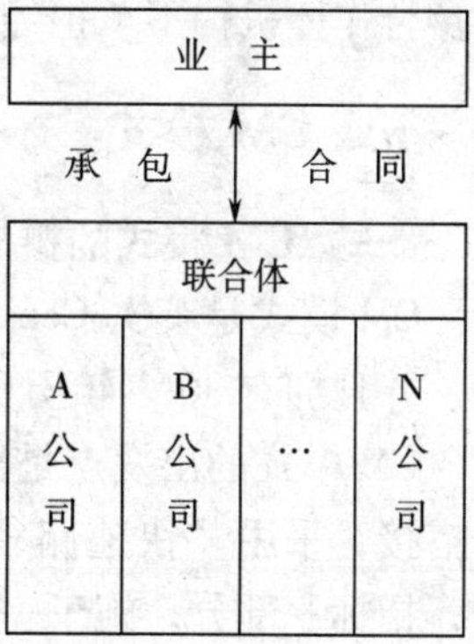

图 2-4　联合体承包合同结构

（二）联合体承包模式的应用与特点

联合体承包往往是由于业主发包的建设项目规模巨大或技术复杂，以及由于市场竞争激烈，由一家公司承包有困难时，几家公司自愿联合起来去竞争承揽工程施工任务，以发挥各自的特长和优势。

对业主而言，采用联合体承包模式与采用总分包模式的特点基本相同，合同结构简单，组织协调工作量小，而且有利于工程造价控制。

四、合作体承包模式

（一）合作体承包模式的概念

合作体承包模式是指业主将建设项目的施工任务发包给一个由几家公司组成

的合作体。当业主发包的建设工程项目包含的工程类型多、数量大，或由于专业配套需要时，一家公司承包有困难，而业主又希望承包方有一个统一的协调组织时，就有可能产生几家公司自愿结成合作伙伴，成立一个合作体，这个合作体内的各家公司分别与业主签订承包合同，并在合作体的统一计划、指挥和协调下完成施工任务。合作体承包模式的合同结构如图 2-5 所示。

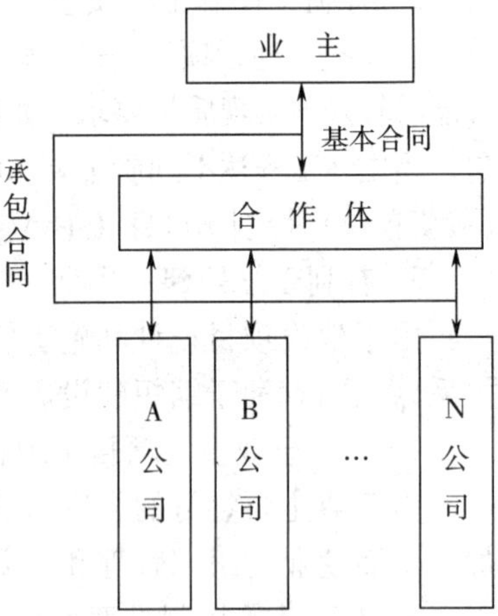

图 2-5　合作体承包合同结构

合作体承包模式与联合体承包模式不同，组成合作体的各家公司之间有合作的愿望，但又出于自主性的要求不愿意组成联合体，不采取捆绑式经营的方式。

（二）合作体承包模式的特点

1. 业主的组织协调工作量小

由于承包方是一个合作体，各公司之间能够相互协调，从而减小了业主的组织协调工作量。

2. 业主面临的风险可能较大

如果在施工过程中合作体内有一家公司倒闭破产，甚至出现困难时，其他成员及合作体机构不承担经济责任，这一风险将由业主承担。

五、CM 模式

（一）CM 模式的概念

CM 模式是英文 Construction Management 的缩写。它是一种广泛用于欧美国家，并且拥有 30 多年历史的工程承发包和管理模式。

CM 模式的出发点是为了缩短建设周期，其基本思想是通过设计与施工的充分搭接，采用“快速路径法（Fast Track）”，即在一个建设项目中，设计一部分，招标一部分，施工一部分，在生产组织方式上实现有条件的“边设计、边施工”。

采用 CM 模式，由于管理工作的相对复杂化，要求业主委托一家能够提供 CM 服务的单位来承担施工阶段的全面管理任务，而且要求 CM 管理者在设计阶段就参与进来，为业主提供咨询服务。专业分包商直接与业主签订承包合同。设计后期，CM 管理者便开始安排各分包商按一定的次序依次进场开始施工。在整个工程施工阶段，CM 管理者从头至尾负责全面的组织协调工作，并进行进度、质量和费用控制。在 CM 模式中，CM 管理者为业主服务，代表业主的利益，由业主委托并与业主签订合同，获得咨询费。

（二）CM 模式的特点

1. 设计的“可建造性”好

由于业主在设计阶段就委托了 CM 管理者，使其可以在设计阶段充分地发挥自己的施工经验和管理技能，协同设计单位做好设计工作，提高设计的“可建造性”。

2. 建设周期短

由于建设项目或其中的一部分在设计、招标和施工等环节的合理搭接，从而缩短了建设周期。

3. 业主面临的风险可能较大

由于工作的搭接，业主在招标选择承包商时对项目费用的估计并不完全准确，不能在设计阶段就对建设项目的整个和局部费用有所把握。

六、建设项目施工招标投标管理

（一）建设项目施工招标及其发包工作范围

建设项目施工招标是指招标人将确定的建设项目施工任务发包，鼓励投标人进行投标竞争，从中选出技术能力强、管理水平高、信誉可靠且报价合理的承建单位完成施工、安装工作任务，并以合同的形式约束双方在施工过程中的行为。建设项目施工招标的发包工作范围，可以采用将项目的所有施工、安装工作内容一次性发包的全部工程招标，或是分解为单位工程及特殊专业工程几个合同包分别招标，但不允许将单位工程肢解成分部、分项工程进行招标。

建设项目施工招标具有发包工作内容明确、具体，投标人编制的投标文件在评标中易于进行横向对比的特点。虽然投标人按照招标文件中既定的工作内容和工程量投标报价，但报价的高低并非确定中标人的唯一条件，招标过程实际上是各投标人完成该项任务的技术、经济、管理等综合能力的竞争。

（二）建设项目施工招标准备工作

1. 招标前应完成的工作

建设项目施工招标，在初步设计完成后即可开始。但为了促使招标人严格按照建设程序办事，防止“三边”工程的发生，同时也使投标人能够合理地预见合同履行过程中的风险来制定施工方案、编报标价，以及能够及时开工，招标人在招标前必须完成以下几个方面的工作：

（1）建设用地的征用和拆迁。

（2）有能够满足施工需要的施工图样及技术资料。

（3）建设资金和主要建筑材料、设备的来源已落实。

（4）已经建设工程项目所在地规划部门批准，施工现场“三通一平”已经完成或一并列入施工招标范围。

2. 合同数量的划分

合同数量的划分是指建设项目施工的工作内容分几次招标，每次招标又发几个合同包。它是招标人在招标前的一项重要的准备工作。招标人可以就建设项目全部施工、安装工作只发一个合同包招标，与一个中标人签订合同。这样，施工中管理工作比较简单，但有能力参与竞争的投标人相对较少。如果招标人有足够的管理能力，也可以将建设项目全部施工、安装工作划分为若干个单位工程和特殊专业工程分别发包。这样，既可以发挥不同投标人的专业特长，又能够体现分项合同比总承包合同更容易落实的优点，即使出现问题也是局部的，易于纠正或补救。但招标发包的合同数量要适当，合同数量过多也会给招标工作以及施工阶段的合同管理工作带来麻烦或不必要的损失。

总之，合同数量的划分应针对建设工程项目的特点、现场条件、施工内容的专业要求、建设资金的筹措计划和施工图设计完成的计划进度等因素综合考虑。

（三）建设项目施工投标人的资格预审

资格预审是在建设项目施工招标阶段对申请投标人的第一次筛选，主要侧重于对施工企业总体能力是否适合招标工程的要求进行审查。资格预审应制定统一表格让申请投标人填报和提交有关资料。这些资料包括：

1. 企业概况

（1）企业简历。

（2）人员和机械设备情况。

2. 企业财务状况

（1）包括固定资产、流动资产总额和负债总额，近五年平均完成的投资额等基本资料。

（2）近三年每年完成投资额和本年预计完成的投资额。

（3）近两年经审计的财务报表。

（4）下一年度财务预测报告。

（5）可查到财务信息的开户银行的名称、地址及申请单位的开户银行出具的招标单位可查证的授权书。

3. 拟投入的主要管理人员情况

4. 拟投入劳动力和施工机械设备情况

5. 近三年来所承建的工程和在建工程情况

其包括建设单位、项目名称和地点、结构类型、建设规模、开竣工日期、合同价格、质量要求和达到的标准。

6. 目前和过去两年涉及的诉讼和仲裁情况

7. 其他情况

其包括各种奖励和处罚情况等。

8. 联合体协议书和授权书

如果申请投标人是联合体，还需提交联合体协议书并附联合体协议书副本和各成员法定代表人签署的授权书。

资格预审完成后，招标人应向资格预审合格的单位发出资格预审合格通知书，告知获取招标文件的时间、地点和方法，并同时向资格预审不合格的单位告知资格预审结果。

（四）建设项目施工招标文件

招标人应当根据建设项目的特点和需要，自行或者委托招标代理机构编制建设项目施工招标文件。招标文件应当包括以下内容：

（1）投标须知。包括工程概况，招标范围，标段划分，工期要求，质量标准，现场踏勘和答疑安排，投标文件编制、提交、修改、撤回的要求，投标报价要求，投标有效期，评标的方法、标准，开标的时间、地点等。

（2）招标项目的技术要求和设计文件。

（3）采用工程量清单招标的，应当提供工程量清单。

（4）投标标函的格式及附录。

（5）拟签订合同的主要条款。

（6）要求投标人提交的其他材料。

招标人对已发出的招标文件进行必要澄清或者修改的，应当在投标文件提交截止日期15日前，以书面形式通知所有招标文件收受人，该澄清或者修改的内容为招标文件的组成部分。

（五）工程量清单

1. 工程量清单及编制要求

工程量清单也叫工程量表，是将招标项目的全部施工内容按工程部位、性质等列在一系列表内，每个表中既有工程部位和该部位实施时的各个项目的工程量，又有每个项目的计价要求（单价或总价），以及每个项目的报价和每个表的合计等，其中后两个栏目是留给投标者填写的，工程量清单一般由业主在招标文件中提供，作为投标人计算报价的依据。

工程量清单的项目可分为两大类，一类是按“单价”计价的项目，另一类是按“项”包干的项目。在编制工程量清单时要按工程的施工要求进行工作分解来立项，在立项时，注意将不同等级的工程区分开，将同性质但不属于同一部位的工作区分开，将情况不同可进行不同报价的工作区分开。尽力做到使工程量清单中各项既能满足工序进度控制的要求，又能满足费用控制的要求，既便于报价，又便于工程进度款的结算和支付。

2. 工程量清单的作用

（1）供投标人用于报价。投标人可以根据工程量清单按统一的规格填报单价，按价格的组成逐项汇总成整个工程的投标报价。

（2）用于工程实施过程中的结算。工程实施过程中，每月结算时可按工程量清单中已实施的项目单价或价格来计算应给付承包企业的款项。

（3）用于确定工程变更或新增项目时的单价或价格。工程实施过程中，如果发生工程变更或新增项目时，可选用或参考工程量清单中的单价来确定工程变更或新增项目的单价或价格。

3. 工程量清单的前言说明

招标文件中，在工程量清单的前言一般应有以下说明：

（1）工程量清单应与投标须知、合同条件、技术规范和图样一起使用。在编制和填写工程量清单的每一项单价和合价时应考虑投标须知、合同条件的有关内容。

（2）工程量清单所列工程量系招标人估算和临时作为投标人共同报价的基础使用的，而付款以实际完成的工程量为依据，实际完成的工程量由承包单位计量，监理工程师核准。

（3）工程量清单中所填写的单价和合价，对于综合单价应说明包括人工费、材料费、机械费、其他直接费、有关文件规定的调价、利润、税金以及现行取费中的有关费用、材料差价以及采用固定价格的工程所测算的风险费等全部费用。对于工料单价，应说明按照现行预算定额的工料机消耗及预算价格确定。作为直接费的基础，其他直接费、间接费、有关文件规定的调价、利润、税金、材料差价、设备价、现场费用、施工技术措施费用以及采用固定价格的工程所测算的风险费等按现行计算方法记取，计入其他相应的报价表中。

（4）工程量清单中的工程量应根据业主选定的计量方法和标准进行计量。

（六）标底的编制与审查

1. 标底及其编制原则

标底是指招标人认可的招标项目的预算价格。它由招标人或委托建设行政主管部门批准的具有相应资格和能力的中介代理机构，依据现行的工程量计算规则和规定的计价方法及要求编制。一个招标工程只能编制一个标底，并经招标管理机构审定，妥善封存，在开标前保密。

标底作为判定投标人的报价是否合理的参数，编制过程中应体现以下原则：

（1）以设计图样、招标文件、国家规定的技术标准和工程造价定额为依据。

（2）力求与市场的实际情况相吻合，有利于竞争和保证工程质量。

（3）标底价格一般应控制在批准的总概算（或修正概算）及投资包干的限额内。

（4）根据我国现行的工程造价计算方法，并考虑向国际惯例靠拢，提倡优质优价。

2. 标底价格组成和计算方式

标底价格由成本、利润、税金等组成，应考虑人工、材料、机械台班等价格变化因素，还应包括不可预见费、预算包干费、赶工措施费和施工技术费、现场因素费用、保险以及采用固定价格的工程风险费等。计价方式可选用我国现行规定的工料单价和综合单价两种方式。

所谓工料单价的计价方式，是按照现行预算定额的工、料、机消耗标准及预算价格确定，作为直接费的基础，其他直接费、间接费、利润、有关文件规定的调价、材料差价、设备价、现场因素费用、施工技术措施费以及采用固定价格的工程所测算的风险费、税金等按现行的计算方法计取。而综合单价的计价方式，是指综合了直接费、间接费、工程取费、有关文件规定的调价、材料差价、利润、税金、风险费等一切费用的单价。

在建设工程项目施工公开招标中，采用综合单价的计价方式；而在邀请招标中，上述两种计价方式均可采用。

3. 标底的编审程序

（1）确定标底计价方式及计算方法，编制总说明、施工方案或施工组织设计、工程量清单、材料设备清单、补充定额单价、钢筋铁件调整、预算包干、按工程类别的取费标准等。

（2）确定材料设备的市场价格。

（3）确定施工方案或施工组织设计中的计费内容。

（4）计算标底价格。

（5）标底送审。

标底应在投标截止日期后，开标之前报招标管理机构审查，结构不太复杂的小型建设工程项目在投标截止日期后 7 天内上报，结构复杂的大中型项目在 14 天内上报。未经审查的标底一律无效。

当标底采用工料单价计价时，主要审查标底计价内容、预算内容、预算外费用等，当标底采用综合单价计价方式时，主要审查标底计价内容、工程单价组成分析、材料及设备市场价格、赶工措施费、施工技术措施费、现场因素费用等。

（七）建设项目施工投标报价

1. 施工投标报价及其组成

施工投标报价是指投标人完成招标项目施工任务的合理费用。施工投标报价由投标人自主确定，一般应包括直接费、间接费、利润和税金、不可预见费等。

（1）直接费。直接费是指在工程施工中直接用于工程实体上的各种费用的总和。由人工费、材料费、设备费、施工机械费、其他直接费和分包项目费用等组成。

（2）间接费。间接费是指组织和管理工程施工所需的各项费用，主要由施工管理费和其他间接费组成。其他间接费包括临时设施费、远程施工增加费等。

（3）利润和税金。利润是指建筑施工企业完成施工任务时应获取的利润；税金是指按国家有关部门的规定应计入建筑安装工程造价内的营业税、城市建设维护税及教育费附加。

（4）不可预见费。不可预见费，可由风险因素分析予以确定，一般在投标时可按工程总成本的3%～5%考虑。

2. 施工投标报价与工程概（预）算造价的区别

施工投标报价的费用组成与现行概（预）算文件中的费用构成基本一致，但投标报价与工程概（预）算造价是有区别的。工程概（预）算造价必须按照国家有关规定编制，尤其是各种费用的计算，必须按规定的费率进行，不得任意修改；而投标报价则可根据本企业的实际情况进行计算，在概（预）算造价的上下浮动，以体现企业的实际水平。一般情况下，投标报价的上限为招标标底，下限不应低于合理成本。

3. 施工投标报价方式

施工投标报价方式分为工料单价方式和综合单价方式两种。投标人可根据招标文件的要求，选择其中的一种方式，并根据本企业的具体情况确定完成项目施工的合理费用，计算单价，汇总投标总价。

（八）建设项目施工评标与定标

1. 评审指标

在建设项目施工招标中，评标时的评审指标一般设技术标和商务标。

（1）技术标的设置

技术标一般指施工组织设计，主要内容应包括施工方案，施工进度计划，采用新技术、新工艺的可行性，质量、安全施工保证体系与保证措施，现场平面布置，文明施工措施的合理性、可靠性、先进性，主要机具、劳动力配置，项目经理及主要技术、管理人员配备等。

（2）商务标的设置

1）投标报价。评标时依评标标准价为准合理确定最优投标报价。评标标准价是指对招标项目价格进行评审的对比价格，是合理范围内的投标报价的平均值。

2）施工工期。招标要求工期应满足工期定额的规定，招标文件要求提前工期的，投标人应满足其要求，但要求提前工期超出定额工期15%以上时，招标人应给予必要的赶工措施费，此项费用投标人在投标报价外单列。

3）工程质量。工程质量应达到国家建设工程质量检验评定标准的质量等级。

2. 评标方法

在建设项目施工招标中，评标可以采用综合评审法、不低于合理成本价的低价中标法。具体评标方法由招标人决定，并在招标文件中载明。

采用综合评审法的，应当对投标文件提出的工程质量、施工工期、投标价格、施工组织设计或者施工方案、拟采用的新技术与新工艺、投标人及其项目经理业绩等能否最大限度地满足招标文件规定的各项要求进行评审、比较。

采用不低于合理成本价的低价中标法的，评标委员会对所有技术标进行评审，经评审合格的才能开启其商务标。在工期、质量均满足招标文件要求的前提下，投标报价最低者中标，但该投标报价不能低于合理成本。

3. 评标委员会及其工作

评标由招标人组建的评标委员会负责。评标委员会的负责人由招标人确定，评标委员会应由招标人的代表和有关技术、经济等方面的专家组成，成员为七人以上的单数。其中招标人和招标代理机构以外的专家不得少于成员总数的2/3。

评标委员会成员应当按照招标文件确定的评标标准和方法，对投标文件进行评审和比较，并对评标结果签名确认。

评标委员会完成评标后，应当向招标人提出书面评标报告，阐明评标委员会对各投标文件的评审和比较意见。实行公开招标的建设项目按照招标文件中规定的评标方法，推荐不超过3名有排列顺序的中标候选人。评标报告内容应包括：

（1）招标情况。包括工程概况、招标范围和招标的主要过程。

（2）开标情况。包括开标的时间、地点、参加开标会议的单位、人员以及唱标等情况。

（3）评标情况。包括评标委员会组成人员名单，评标的方法、内容和依据，对各投标文件的分析及评审意见。

（4）对投标人的评审结果排序，并提出中标候选人。

评标报告应在评标结束时完成，并经评标委员会全体成员签字确认。

4. 定标

招标人应当在投标有效期截止时限30日内根据评标委员会提出的项目评标报告和推荐的中标候选人确定中标人。投标有效期应当在招标文件中载明。招标人应当自确定中标人之日起15日内，向实施监督管理的招标投标管理机构提交招标投标情况的书面报告，招标投标管理机构自收到书面报告之日起5个工作日内，应完成对招标人招标投标活动的审查，并将审查结果通知招标人。然后，由招标人向中标人发出中标通知书，并将中标结果通知所有未中标的投标人。

中标通知书对招标人和中标人具有法律效力。中标通知书发出后，招标人改变中标结果的，或者中标人放弃中标项目的，应当依法承担法律责任。

招标人和中标人应当自中标通知书发出之日30日内，按照招标文件和中标人的投标文件订立书面合同；招标人和中标人不得再行订立背离合同实质性内容的其他协议。

案例　某园区开发研究报告

一、建设背景（略）

二、园区发展目标及思路

1. 项目定位

以当地高等院校、科研院所为依托，发挥区域科技优势，实施外向型发展战略，为航天科技、新材料、新能源产业构筑高科技发展平台；为改善新安东部传统产业结构，提升产品科技含量发挥科技导向作用。

2. 功能设想

- 基地功能
- 试验、示范区功能
- 学校功能
- 现代文明城区功能

3. 发展目标（简）

经过5~10年时间，将园区建成一个具有宽松的创业空间、高素质技术和商业人才聚集、以创新创业为主要功能的国内一流的高科技园区。最终实现跨国公司多、经济增长快、产业结构新、产品科技含量高及附加值大的目标。

4. 发展思路

高标准起步、高速度建设、高强度投资，突出科教结合和产学研一体化。重点发展航天科技产业，积极扶持新材料、新能源和环保产业，加快用高新技术改造纺织产业和传统制造业的步伐。

三、开发范围和总体规划

园区选址在百河城市段及沿岸区域，其范围东至西康铁路，西到纺谓路，南至西蓝高速公路，北到西临高速公路，总面积$8.02\times10^{7}m^{2}$。

1. 规划布局（略）

2. 规划主导思想（简）

- 突出生态建设特点
- 完善科技服务功能
- 营造“天人合一”的绿色环境
- 建设古城的“新外滩”

3. 规划目标

争取用10年左右的时间，构建园区绿树成阴、芳草萋萋、碧波荡漾的园林式环境，高效便捷的交通、通信等现代化基础设施，日益完善的中介服务体系，形成具有百桥特色的高科技园区文化，建立起企业“自我设计、自主经营、公平竞争”的创业氛围，吸引越来越多的创业者进驻。

4. 计划先期入园的项目（略）

5. 规划建设内容（简）

- 生态绿化体系
- 技术服务体系
- 科技创新体系
- 产权交易体系

6. 主要规划指标

产业用地占建设用地总面积比例：29.78%

居住用地占建设用地总面积比例：20.22%

公共建筑用地占建设用地总面积：10.99%

集中绿化用地占建设用地总面积：17.12%

市政设施用地占建设用地总面积：1.54%

道路用地占建设用地总面积：20.41%

四、开发建设标准

1. 环境工程

（1）河段治理工程。工程内容包括：西临高速公路至西康铁路百河段的清淤、护坡衬砌、两座橡胶坝和一座拦砂坝的建设。治理改造河段长度为4.7km，按能抵御百年一遇的洪水标准设计。

治理目标：“集防洪、供水、环境、绿化美化为一体，形成园区一道美丽的风景线”。

（2）污水截流处理工程。从污水源头截断所有排入百河的污水，通过管道把污水输送到污水处理厂，经过处理的中水再放回百河，作为景观用水。

近期先在百河西线建成一座日处理污水能力8万t的污水处理厂，远期在东线再建一座日处理污水8万t的污水处理厂。

（3）河滨大道园林绿化工程。河道两岸按照绿化美化要求，按照色彩搭配、四季常绿、三季有花的绿化目标植树种草，并配以典雅美观的清白石栏杆，美化河滨环境。

2. 道路与交通（略）

3. 供电、供水与供气（略）

4. 热力及蒸汽（略）

5. 排水工程（略）

五、开发建设计划

园区按照“整体规划，分期建设，分类滚动开发”方案开发建设。建设期8～10年，其中基础设施开发期4年。

一期工程（2002.1～2004.1）

重点完成河滨大道基础设施开发建设任务，同时进行纺渭路、西蓝公路和西临公路沿线城市道路改建和基础设施建设；完成河道治理工程；着手进行航天基地部分科研、生产、生活设施的建设。征用土地总面积2.5km^2。

二期工程（2004.2～2007.1）

重点完成河滨大道及沿线商业建筑、高尚居住区开发建设项目；完成产业园区基础设施和科技孵化区建设任务，同时完成河道治理、园林绿化工程任务；完成科技服务中心建设任务；起步进行中心广场和新材料产业园的基础设施建设。

在园区建成一批“人与自然协调、具有创意和特色、环境优美、适合境外人士居住、社会功能齐全”的现代生活示范小区。土地开发总面积2km^2。

三期工程（2007.2～2010.1）

重点完成新材料产业基地、科技交流中心及中心广场建设任务；完成园区所有基础设施开发和主要建设项目、园林绿化工程任务。使园区建设初具规模，基本投入正常运行。土地开发总面积：2.18km^2。

通过三期工程的建设，在园区形成一个全面适应高新技术产业需要的、“七通一平”的发展条件。基本建成一个通信交通便捷，项目配套合理，产业开发区、住宅小区、生活服务区和生态绿化区协调发展的高新科技产业园区。

5年内实现年技工贸产值35亿元的发展目标，10年内达到100亿元。

六、投资估算（简）

项目开发投资的估算费用，如表2-11所示。

表2-11 项目开发投资估算表

	平均费用/（元/m^2）	总费用/万元
土地费用	141.3	94 398
配套费用	179	119 788
预备费用	32.5	21 419
建设期利息	21.43	14 301
建设投资合计	374	249 906

七、资金筹措方案

成立××公司作为项目法人，以该公司名义投资。

一期工程：征地 2.5km^2，征地费连同部分开发建设任务所需资金 57 901 万元。使用公司自有资本 1.5 亿元，通过抵押部分土地使用权，从银行贷款 42 901 万元。开发建设所需资金近 21 261 万元，在土地使用权转让后，用土地转让收入投资。

二期工程：征用土地 2km^2，需要土地征用和开发建设资金 71 512 万元。全部用土地转让费用投资。

三期工程：征用土地 2.18km^2，需要土地征用和开发建设资金 63 346 万元。全部用土地转让收入投资。

八、研究结论（简）

（1）本项目符合国家产业政策，符合国家中长期科技发展战略和经济社会发展战略。

（2）项目建设具有良好的自然地理优势，项目建设配套开发条件良好。

（3）具有适合高新技术产业发展的科技资源条件。

（4）周边高等院校、科研院所及高技术生产企业对园区建设具有浓厚兴趣。

（5）项目已确定了切实可行的环境治理措施，有条件保证区域环境不会受到污染。

（6）项目具有良好的社会效益、环境效益和经济效益，有较强的抗风险能力。

案例思考

1. ××公司作为项目法人应承担什么责任？它与政府部门、投资方是什么关系？

2. 建设项目立项决策阶段有哪些工作内容？

3. 如果委托你完成该项目建议书的编写工作，请依据该研究报告，编制一份规范的项目建议书。

4. 如果该项目上马，实施阶段将要进行哪些主要工作？

思考题

1. 怎样编制项目建议书？

2. 建设项目实施阶段有哪些工作内容？

3. 建设项目年度计划包括哪些内容？
4. 怎样编制建设项目设计任务书？
5. 建设项目设计阶段怎样划分？
6. 施工图设计包括哪些内容？
7. 怎样进行施工图设计控制？
8. 建设项目有哪些承发包模式？各有什么特点？
9. 何谓工程量清单？它有什么作用？

第三章　施工项目管理概述

第一节　施工项目管理的程序、内容与方法

一、施工项目管理的程序与内容

施工项目管理的程序涉及施工项目寿命周期的各个阶段，施工项目管理的内容是围绕施工项目管理的目标和任务而展开的具体工作。

（一）投标签约阶段

投标签约阶段是施工项目管理的第一阶段，在这一阶段施工企业根据业主的招标公告或投标邀请函，作出投标决策，参与投标直至中标，并与业主签订建设工程施工合同。其主要工作内容如下：

（1）施工企业从经营战略的高度作出是否投标的决策。

（2）收集与施工项目有关的建筑市场、竞争对手、施工现场等各方面的信息。

（3）编制既能使企业盈利，又有相当竞争力的投标书。

（4）中标后与业主进行谈判，依法签订建设工程施工合同。

（二）施工准备阶段

施工企业中标后，应立即组建施工项目经理部。这样，施工企业作为施工项目的管理主体，而施工项目经理部则作为施工项目管理的代理主体与企业内部职能部门、业主等单位配合进行施工准备，使施工项目具备开工和连续施工的基本条件。其主要工作内容如下：

（1）企业根据施工项目管理的需要组建施工项目经理部。

（2）编制施工项目管理规划，以指导施工项目管理活动。

（3）编制施工组织设计，以指导施工准备和施工。

（4）进行施工现场准备。

（5）编制并上报开工申请报告，待批开工。

在施工准备阶段，组建施工项目经理部与编制施工项目管理规划是最为重要的工作内容。其中，施工项目经理部的组建一般需要经过如下环节：

（1）由企业采用适当的方法选聘称职的施工项目经理。

（2）根据施工项目组织原则，选用适当的组织形式，组建施工项目经理部，明确责任、权限和义务。

（3）在遵守企业规章制度的前提下，根据施工项目管理的需要，组建施工项目经理部的内部机构并制定施工项目管理制度。

（三）施工阶段

在施工项目施工阶段，施工项目经理部既是决策机构，又是责任机构。施工企业、业主、监理单位的作用是支持、监督与协调。这一阶段的目标是完成施工合同规定的全部施工任务，达到验收、交工的条件，施工项目经理部要做好相应的管理工作。

1. 按照施工组织设计进行施工并对施工项目目标进行控制

施工项目目标包括进度目标、质量目标、成本目标，对这些目标的控制是施工项目管理的目的所在。然而，在施工项目管理过程中，这些目标会不断受到各种客观因素的影响，因此，必须对这些目标进行动态控制，以确保其实现。

2. 对施工生产要素进行科学管理

施工生产要素主要包括人力资源、材料、设备、资金和技术。它是施工项目目标得以实现的保证。对施工生产要素进行科学管理主要是指：

（1）分析各种施工生产要素的特点。

（2）按照一定的原理和方法对施工生产要素进行优化配置。

（3）对施工生产要素进行动态管理。

3. 进行施工项目合同管理

施工项目合同主要是指建设工程施工合同、建设物资买卖合同、施工分包合同等。在市场经济条件下，合同管理的好坏直接影响施工项目目标的实现。因此，必须加强施工项目合同管理，认真做好合同管理工作。

4. 进行施工项目信息管理

施工项目信息管理是指管理者对信息的收集、加工整理、存储、传递与应用等工作。它是施工项目管理的基础。施工项目目标控制、动态管理等一系列工作都必须依靠信息管理，并应用计算机辅助。

5. 做好组织协调工作

组织协调是指以一定的组织形式、手段和方法对施工项目管理中产生的关系不畅进行疏通，对产生的干扰和障碍予以排除的活动。在施工项目管理的过程中，由于条件和环境的变化，各参与方工作步骤和节奏的不同，必然使原计划的实施产生困难，这就必须协调。组织协调为目标控制服务，做好施工项目组织协调工作，有利于项目目标的实现。

（四）交工验收阶段

交工验收阶段的目标是对施工项目成果进行总结、评价，对外结清债权债务，结束交易关系。其主要工作内容如下：

（1）工程收尾，进行试运转。

（2）在竣工预验收的基础上接受正式验收。

（3）整理、移交竣工文件，进行财务结算，编制竣工报告。

（4）办理工程交付手续。

（5）施工项目经理部解体。

（五）用后服务阶段

用后服务阶段是施工项目管理的最后阶段，即在施工项目交工验收以后，按合同规定的责任期进行用后服务、回访与保修。其主要工作内容如下：

（1）进行工程回访，听取使用单位的意见，观察使用中的问题，进行必要的维护、保修。

（2）进行沉陷、抗震性能等观测。

二、施工项目管理方法

施工项目管理方法分为施工项目管理的基本方法和主要专业方法。其中基本方法是“目标管理方法”，它是建立在施工项目目标控制的共同特征基础上的管理方法。然而，施工项目各目标的实现还有其适用的最基本的方法。进度目标控制的主要方法是“网络计划技术”；质量目标控制的主要方法是“全面质量管理方法”；成本目标控制的主要方法是“可控责任成本方法”。这些专业方法是建立在施工项目目标控制的专业特征基础上的管理方法。这里仅介绍基本方法，各专业方法放在各相应章节介绍。

（一）目标管理的基本观点

目标管理是20世纪50年代由美国的管理大师德鲁克提出的，其基本观点是集体中的成员参加工作目标的制定，以被管理活动的目标为中心，把经济活动和管理活动的任务转化为具体的目标，并运用现代管理技术加以实施和控制，通过目标的实现，完成经济活动的任务。

把目标管理方法应用在施工项目管理中，称之为施工项目目标管理。

（二）施工项目目标管理体系

1. 一级目标

所谓一级目标是指施工企业与业主签订的施工合同目标。它是在规定施工项目内容的前提下明确施工项目的质量标准、合同价款和施工工期，规定了施工企业进行施工项目管理的目标。

2. 二级目标

所谓二级目标是指企业与施工项目经理部签订的《项目管理目标责任书》所确定的目标。施工企业从业主那里获得施工任务以后，并不直接从事施工项目管理活动，而是任命施工项目经理，组成施工项目经理部，并与之签订《项目管理目标责任书》，通过《项目管理目标责任书》把一级目标分解为二级目标。二级目标是施工项目经理部进行施工项目管理的目标。

施工企业与施工项目经理部签订的《项目管理目标责任书》一般应包括以下内容：

（1）施工项目的基本情况。

（2）施工项目管理的内容与要求。

（3）施工项目应达到的进度目标、质量目标和安全生产与文明施工要求。

（4）按中标价与项目可控责任成本分离的原则确定的施工项目经理目标责任成本。

（5）施工项目经理的职责、权力和利益。

（6）企业各业务部门与施工项目经理部之间的关系。

（7）施工项目需要资源的提供方式和核算办法。

（8）施工项目经理部应承担的风险。

（9）施工项目目标评价的原则、内容和方法。

（10）企业对施工项目经理部进行奖惩的依据、标准和办法。

（11）施工项目经理解职及项目经理部解体的条件与办法。

（12）争议的解决办法。

（三）施工项目目标管理的阶段划分

1. 研究一级目标并为制定二级目标做好准备工作

施工企业认真研究一级目标，并收集相关资料，制定相关标准，为制定二级目标做好准备工作。

2. 明确二级目标

施工企业与施工项目经理部签订《项目管理目标责任书》，明确二级目标，并对施工项目经理部提出完成施工任务的要求，对企业相关职能部门提出工作效率的要求。

3. 确定施工项目计划目标

施工项目经理部编制施工项目管理规划或施工组织设计，确定施工项目计划目标和阶段计划目标。施工项目计划目标的标准一般要高于二级目标，这样才能体现施工项目经理部独立的经济利益。

4. 落实计划目标

施工项目经理部落实计划目标，具体包括：

（1）落实计划目标的责任主体，即谁对目标的实现负责。

（2）明确计划目标责任主体的责任、权利、义务。

（3）落实对计划目标责任主体进行检查、监督的上一级责任人及检查、监督手段。

（4）落实计划目标实现的保证条件。

5. 计划目标的实现与评价

施工项目经理部对实现计划目标的过程进行协调和控制，发现目标偏差及时进行分析和纠正，并对目标的完成结果进行评价。

（四）施工项目目标管理应注意的问题

根据目标管理的基本理论和我国一些施工企业的具体实践，推行施工项目目标管理要特别注意以下问题：

（1）目标分解与责任落实。施工项目经理部确定了施工项目计划目标以后，一定要认真进行计划目标的分解与责任落实。施工项目计划目标的分解应从三个方面进行：一是纵向分解，把计划目标分解到施工项目经理部的各个层次以及施工分包企业和劳务分包企业；二是横向分解，把计划目标分解到施工项目经理部各层次的各部门，并明确主次关联责任；三是时序分解，把计划目标分解到各年、季、月、旬，以形成年度计划、季度计划、月度计划和旬计划。

施工项目计划目标分解以后，还要落实实现目标的具体措施、手段和保证条件；落实目标责任，定出主要责任人、次要责任人和关联责任人；落实实现目标的检查标准。

（2）确定目标管理点。目标管理点是指在一定时期内，影响某一目标实现的关键问题和薄弱环节。目标管理点是施工项目重点管理的对象，但不同时期的管理点又是可变的。对于施工项目目标管理点要制定详细的管理计划和具体措施，以确保施工项目目标的实现。

（3）以目标指导行动。目标管理的精髓是以目标指导行动。进行施工项目管理，必须以实现施工项目目标统领项目管理的全过程，以实现施工项目目标安排项目管理工作，配备人、财、物等生产要素，并做到生产要素的优化组合。

第二节　施工项目管理规划

一、施工项目管理规划及其作用

施工项目管理规划是对施工项目全过程中的各种管理职能工作、各种管理过程以及各种管理要素进行完整的、全面的、总体的计划，是指导施工项目管理工作的纲领性文件。按照管理学对规划的定义，规划实质上就是计划，规划的作用就是计划的作用。但与传统计划不同，施工项目管理规划的范围更大，综合性更强，所以具有更为特殊的作用。

（1）规划是对施工项目目标的详细论证。在施工项目经营效益目标确定以后，通过施工项目管理规划可以分析研究经营效益目标能否实现以及由经营效益目标分解的成本目标、质量目标、进度目标是否均衡。

（2）规划是对施工项目目标实现方法、措施和过程的安排。施工项目管理规划通过对施工项目及其目标进行分解，可以得出许多更详细、更具体的子目标组合，并在此基础上研究和安排目标实现的方法、措施和过程。

（3）规划是施工项目管理工作的指南和依据。施工项目管理规划作为指导施工项目管理的纲领性文件，对施工项目管理的目标、依据、内容、组织、资源、方法、程序和控制措施进行确定。进行施工项目管理，必须以施工项目管理规划为指南，并以它作为对施工项目管理实施过程进行监督、跟踪、诊断和评价的依据。

二、施工项目管理规划的分类与内容

施工项目管理规划分为施工项目管理规划大纲和施工项目管理实施规划两种。其中，前者是在获得施工招标文件后，由企业管理层编制，其具体作用是作为企业施工项目管理的总体构想或宏观方案，指导施工企业编制投标文件、投标报价和签订施工合同；后者是在施工合同签订以后，由施工项目经理组织编制，是对前者的具体化和深化，其具体作用是作为施工项目经理部实施施工项目管理的依据，是施工项目管理人员的行为指南。

施工项目管理规划涉及的范围与深度应视施工项目的特点而定。施工项目管理规划大纲可包括下列内容，应根据需要选定：

（1）施工项目概况。应说明项目的功能、投资、设计、建设要求和实施条件等。

（2）施工项目目标规划。应策划施工项目进度、质量、成本目标，并进行目标分解。

（3）施工项目目标控制规划。应策划施工项目进度、质量、成本目标控制的宏观方案和控制措施。

（4）施工项目相关管理规划。主要包括职业健康安全与环境管理、采购与资源管理、信息管理、风险管理规划。

施工项目管理实施规划应以施工项目管理规划大纲的总体构想和决策意图为指导，具体规定各项管理工作的要求、职责分工和管理方法，把履行施工合同和落实《项目管理目标责任书》的任务贯彻其中。施工项目管理实施规划的主要内容包括：

（1）施工项目概况。应在施工项目管理规划大纲的基础上根据项目实施的需要进一步细化。

（2）总体工作计划。应明确项目总目标并对其进行明确划分，对各种资源的投入作出安排，制定宏观技术方案和管理方案。

（3）组织方案。应确定施工项目经理部的职能部门和主要人员，制定管理规章制度；编制项目结构图、组织结构图、合同结构图、重点工作流程图、任务分工表、职能分工表并进行必要的说明。

（4）技术方案。制定施工技术方案，确定施工方法和措施。

（5）进度计划。确定进度目标、制定进度控制方案，编制反映工艺关系和组织关系的进度计划和资源消耗计划。

（6）质量计划。进行质量策划、确定质量目标、制定质量控制方案，编制切实可行的质量计划。

（7）成本计划。进行成本策划、确定成本目标、制定成本控制方案，编制切实可行的成本计划。

（8）职业健康安全与环境管理计划。进行职业健康安全与环境管理策划，制定职业健康安全与环境管理方案和措施，编制切实可行的职业健康安全与环境管理计划。

（9）风险管理计划。进行项目风险识别与风险评估，制定风险防范措施，编制切实可行的风险管理计划。

（10）信息管理计划。进行信息管理策划，制定信息收集、处理、运用方案和措施，编制切实可行的信息管理计划。

（11）施工现场平面图。按照施工总平面图和单位工程施工平面图设计和布置的要求进行编制。

（12）施工项目目标控制措施。应针对目标控制需要进行编制，具体包括技术措施、经济措施、组织措施和合同措施。

（13）技术经济指标。应根据施工项目的特点选定有代表性的指标，应突出实施的难点和对策，以满足分析评价和改进的需要。

三、施工项目管理规划的编制要求

为了更好地体现施工项目管理规划的作用，避免其流于形式，使其具有科学性、针对性和可操作性，在编制施工项目管理规划时必须符合以下要求：

（1）符合招标文件、合同条件以及业主与监理工程师对施工项目的要求。

（2）与工程环境、现场条件、自然条件和当地的建筑市场条件相适应。

（3）符合施工活动的自身规律，按照工程规模、复杂程度、质量标准进行规划。

(4) 与施工项目相关各方的实际能力相适应，主要是施工企业的施工能力、装备水平、管理水平、过去同类工程的经验、业主的管理模式及支付能力、材料及设备的供应能力等。

(5) 符合相关法律、法规、标准、规范和规程。

(6) 采用新的管理方法、手段和工具。

(7) 必须经过系统化和优化处理，避免各部分出现矛盾和不协调，以达到相对最优水平。

四、施工项目管理规划与施工组织设计、质量计划的关系

施工项目管理规划、施工组织设计、质量计划这三个文件在我国的工程建设中都有所应用，三者在内容和作用上具有一定的共性，但其侧重点有所不同。施工组织设计是传统的指导施工准备和施工的技术经济文件，管理内容明显不足；质量计划是进行全面质量管理和贯彻质量管理体系标准中提倡使用的计划性文件，主要为质量管理服务；施工项目管理规划是实施施工项目管理的文件。应该说，做好施工项目管理工作理应编制施工项目管理规划，但在实际工程中，我国的工程项目发包人常常在施工招标文件中要求参与投标的施工企业编制施工组织设计或要求编制质量计划，监理单位常常在施工活动开始以前要求提交施工组织设计或质量计划，对此应注意它们之间的一致性和兼容性，避免重复性的工作。

如果按照发包人的要求在施工投标文件中提交施工组织设计，施工项目管理规划大纲的编制就应考虑发包人对施工组织设计的内容要求、评标的指标和评标方法。这样，施工项目管理规划大纲的许多内容就可以直接或经过细化、修改、调整、补充后在施工组织设计中应用。

在有些工程项目的招标中，发包人可能要求施工企业提交质量计划，这时施工项目管理规划就可以成为编制质量计划的依据。同样，施工项目管理规划的许多内容就可以直接或经过细化、修改、调整、补充后在质量计划编制时使用。

第三节　施工项目经理责任制

一、施工项目经理责任制及其特点

施工项目经理责任制是指由企业制定的、以施工项目经理为责任主体，确保施工项目目标实现的责任制度。施工项目经理责任制是施工项目目标实现的具体保障和基本条件，它是以施工项目为对象，以施工项目经理全面负责为前提，以

《项目管理目标责任书》为依据，以获得项目产品的最佳经济效益为目的，实行从施工项目开工到交工的一次性全过程的管理。施工项目经理责任制是推行施工项目管理的核心，也是完成业主和国家对企业要求的最终落脚点。

施工项目经理责任制和其他承包经营制相比具有自身明显的特点：

(1) 对象终一性。施工项目经理责任制以施工项目为对象，实行施工过程的一次性全面负责，不同于企业的年度或阶段性承包。

(2) 主体直接性。施工项目经理责任制实行经理负责、全员管理、指标考核、项目核算、确保上缴、超额奖励的复合型指标责任制，并重点突出施工项目经理个人的主要责任。

(3) 内容全面性。施工项目经理责任制是根据先进、合理、实用、可行的原则，以保证工程质量、缩短工期、降低成本、保证安全和文明施工等各项目标为内容的全过程的责任制，明显地区别于单项或利润指标承包。

(4) 责任风险性。施工项目经理责任制充分体现“指标突出、责任明确、利益直接、考核严格”的基本要求，其最终结果与项目经理部成员，特别是项目经理的奖、罚、晋升等个人利益直接挂钩，经济利益与责任风险同在。

二、施工项目经理责任制的内容

(一) 施工企业内部各层次之间的关系

推行施工项目经理责任制的施工企业内部分为企业管理层、项目管理层和劳务作业层。首先，企业管理层应制定和健全施工项目管理制度，用于规范施工项目管理工作；其次，应加强计划管理，保证资源的合理分布和有序流动，为施工项目生产要素的优化配置和动态管理服务；再次，应对项目管理层的工作进行指导、监督和检查。项目管理层对施工项目的资源进行优化配置和动态管理，执行和服从企业管理层的指导、监督和检查。企业管理层和劳务作业层应签订劳务分包合同，项目管理层与劳务作业层应建立共同履行劳务分包合同的关系。

(二) 施工项目管理的目标责任体系

1. 企业法人代表与项目经理之间的目标责任制

施工项目经理产生以后，与企业法人代表之间就施工项目全过程管理签订《项目管理目标责任书》，它是为应对施工项目从开工到竣工交付使用全过程及项目经理部建立、解体和善后处理期间重大问题的办理而事先形成的具有企业法规性的文件，也是对项目经理任职目标的规定，具有很强的约束力。

如果项目的施工任务跨年度，那么仅有《项目管理目标责任书》还不能保证施工项目阶段目标的顺利实现，这时，企业法人代表与项目经理之间还必须签订《年度项目经理经营责任状》，以企业下达给项目经理部的计划指标为依据，明确规定各年度的施工产值与形象进度、工程质量、成本降低率、安全生产和文明施工要求。

2. 项目经理与项目经理部成员之间的目标责任制

项目经理部组建以后，项目经理必须对项目经理部成员进行明确的职责分工，建立以项目经理为中心的分工负责目标责任制。项目经理应与项目经理部成员签订岗位责任状，明确每一业务岗位的责、权、利和各业务岗位之间的分工协作关系，把“一人负责”转变为“人人尽职尽责”。

3. 项目经理部与作业分包队之间的目标责任制

项目经理部对作业分包队的责任落实，在通常情况下，可以单位工程为对象，签订目标责任书。在料具按时供应、技术指导及时、责任目标兑现的前提下，落实以施工预算为依据、质量管理为中心、成本管理为手段的目标责任制。具体做法包括：

（1）按施工预算的有关费用一次包死，实行全额计件承包。

（2）定质量等级、定形象进度、定安全标准。

（3）工资总额的核定与工程质量、形象进度、施工成本、文明施工四项指标挂钩。

（4）实行优质工程奖和材料节约奖。

（三）施工项目经理的地位和素质要求

施工项目经理责任制确定了施工项目经理在施工项目管理中的地位。施工项目经理是施工企业的法定代表人在施工项目上的授权委托代理人，是施工项目管理的中心，在项目施工中具有举足轻重的作用，其既要对业主的成果性目标负责，又要对施工企业的效益性目标负责。大中型施工项目的项目经理必须由取得建造师执业资格证书的人员担任，并具备下列素质：

（1）具有符合项目管理要求的能力，善于进行组织协调与沟通。

（2）具有相应的项目管理经验和业绩。

（3）具有项目管理需要的专业技术、管理、经济、法律和法规知识。

（4）具有良好的职业道德和团结协作精神，遵纪守法、爱岗敬业、诚信尽责。

（5）身体健康。

（四）施工项目经理的职责、权力和利益

1. 施工项目经理的职责

施工项目经理的职责是由其工作与任务决定的。根据建设部有关文件的规定和我国目前的工程实践，施工项目经理在施工项目管理过程中，履行下列职责：

（1）贯彻执行国家与地方的有关法律、法规和政策，执行企业的各项管理制度，维护企业整体利益和权益。

（2）严格财经制度，加强成本核算，积极组织工程款回收，正确处理国家、企业与项目及其他单位和个人的利益关系。

（3）签订和组织履行《项目管理目标责任书》，在企业授权的范围内履行企业与业主签订的建设工程施工合同。

（4）主持编制施工项目管理实施规划，并组织实施。

（5）主持编制季（月）度施工计划，包括劳动力、材料、构件和机械设备的使用计划，据此与有关部门签订相关合同，并严格履行。

（6）对施工项目进行有效的控制，执行有关的技术规范和标准，积极推广应用新技术、新工艺、新材料，确保工程质量和工期，实现安全文明施工，努力提高经济效益。

（7）科学组织和管理进入工地的人、财、物资源，作好资源的优化配置，沟通、协调和处理与业主、监理工程师、分包单位之间的关系，及时解决施工中出现的问题。

（8）组织制定项目经理部各类管理人员的职责、权限和各项规章制度，搞好与企业各职能部门的业务联系和经济往来，定期向企业经理报告工作。

（9）做好工程竣工结算、资料整理归档工作，接受企业审计并做好项目经理部的解体与善后工作。

（10）协助企业进行施工项目的检查、鉴定和评奖申报工作。

2. 施工项目经理的权力

赋予施工项目经理一定的权力是确保其承担相应责任的先决条件。施工项目经理的权力由企业法人代表授予，并用企业制度和《项目管理目标责任书》的形式具体确定下来。根据建设部有关文件的规定和我国目前的工程实践，施工项目经理一般拥有以下权力：

（1）用人决策权。施工项目经理在不违背企业人事制度的前提下，有权决定施工项目经理部的设置；有权聘任、考核、监督、奖惩乃至辞退相关管理人员；有权选择作业队伍。

（2）生产经营指挥权。施工项目经理有权指挥施工项目的生产经营活动，调配并管理进入项目的人力、资金、物资、机械设备等生产要素。

（3）物资采购管理权。施工项目经理有权按照企业物资采购分类和分工对采购方案、到货要求、供货单位、现场存放等进行决策和管理。

（4）经济分配权。施工项目经理有权决定项目内部承包方式，有权对项目经理部管理人员的计酬方式、分配办法、分配方案等作出决策。

（5）现场管理协调权。施工项目经理有权以企业法人代表委托代理人的身份协调与施工项目有关的内外部关系，受托签署有关合同，选择施工作业队伍，有权处理现场突发事件，但事后要及时向企业汇报。

3. 施工项目经理的利益

施工项目经理的利益是其行使权力和承担责任的结果，是责、权、利相统一的具体体现。施工项目经理的利益包括物质利益和精神利益，具体表现为：

（1）获得基本工资、岗位工资和绩效工资。

（2）经过企业的考核与审计，在全面完成《项目管理目标责任书》确定的各项责任目标以后，除按规定获得物质奖励以外，还可获得表彰、优秀项目经理荣誉称号等精神奖励。

（3）如果经过企业的考核与审计，未完成《项目管理目标责任书》确定的责任目标或造成亏损的，按有关条款承担责任，并接受经济或行政处罚。

施工项目经理的职责、权力和利益是施工项目经理责任制的核心内容，是企业制定施工项目管理制度的依据。

（五）施工项目经理的工作与任务

施工项目经理的工作与任务主要包括两个方面：一是保证施工项目按照规定的目标高速、优质、低耗地全面完成；二是保证各生产要素在企业授权范围内最大限度地优化配置。它具体应包括以下几个方面：

（1）组建管理机构，制定管理制度。施工项目经理应当按照精干高效、分工协作的原则组建施工项目经理部，主持制定重要的管理制度，明确相关人员的职责，组织项目经理部开展工作。

（2）规划施工项目目标。施工项目经理应当对施工项目的质量、进度、成本目标作出规划，并主持对其进行分解，确定阶段目标，进行目标控制，确保项目建设成功。

（3）及时、适当地进行决策。施工项目经理应对包括人事任免、重大技术组织措施、重要资源调配、合同变更等重大问题及时、适当地进行决策，以确保施工项目管理活动的正常开展。

（4）协调与相关单位的关系。施工项目经理应在企业授权的范围内，协调与业主、监理工程师、分包单位、材料供应单位和政府主管部门之间的关系，进行有关签证，处理合同纠纷与索赔，为施工项目管理活动创造良好的外部条件。

三、施工项目经理责任制的作用

施工项目经理责任制作为施工项目管理的基本制度，在施工项目管理中具有十分重要的作用。这些作用主要体现在以下几点：

（1）有利于明确施工项目经理与企业、项目经理部成员三者之间的责任、权力和利益关系。

（2）有利于运用经济、法制手段强化对施工项目的管理。

（3）有利于对施工项目进行规范化、科学化管理和提高工程质量。

(4) 有利于促进和提高施工项目管理的经济效益和社会效益。

第四节 施工项目经理部的组建与解体

一、施工项目经理部与企业的关系

施工项目经理部作为施工企业内部相对独立的经济实体，承担施工项目实施的管理任务和目标实现的全部责任，与企业之间既有上下级的行政关系，又有经济责任关系。首先，在行政与生产管理上，根据企业经理的指令及企业管理制度，施工项目经理部要接受企业有关职能部门的指导，两者之间既是上下级的行政关系，又是服务与服从、监督与执行的关系，企业要对施工项目管理全过程进行必要的监督调控，施工项目经理部则要尽职尽责，全力抓好施工项目的具体实施；在业务管理上，施工项目经理部作为企业内部的项目管理层，接受企业有关职能部门的业务指导和服务，一切统计报表，包括技术、质量、预算、工资、外包队的使用计划及各种资料都要按系统管理和有关规定准时报送相关职能部门。其次，在经济往来上，两者之间根据企业法人代表与项目经理签订的《项目管理目标责任书》严格以实结算，建立双方合理的经济责任关系。

施工项目经理部与企业有关职能部门的主要业务管理关系表现在以下几个方面：

(1) 计划统计。施工项目管理的全过程必须纳入计划管理的轨道，施工项目经理部除每月度向企业报送施工统计报表外，还须按《项目管理目标责任书》所定工期，编制施工进度计划、物资使用计划、财务收支计划，坚持月计划、旬安排、日检查制度。

(2) 财务核算。施工项目经理部作为企业内部一个相对独立的核算单位，负责施工项目的财务收支与成本核算工作，并接受企业财务管理部门的监督指导。在整个工程的施工管理过程中，不论施工项目经理部成员如何变动，其财务系统管理与成本核算责任不变。

(3) 材料与周转料具供应。施工项目所需的三大主材、门窗及构配件、机电设备等由施工项目经理部按单位工程用料计划报企业供应，按规定结算；工程所需机械设备及周转材料，由施工项目经理部上报计划，企业组织供应，进入现场后，由项目经理部统一管理调配。

(4) 预算与经济洽商签证。企业经营管理部门负责项目投标报价的编制和报批，施工项目经理部预算人员负责工程施工预算、经济洽商签证和增减账预算的编制报批。各类经济洽商签证要分别送企业预算管理部门、项目经理部、施工作业队存档，以作为审批和结算的依据。

（5）施工业务管理。施工过程中的质量、安全、测试计量等施工业务实行从企业职能部门到施工项目经理部的系统管理，由企业职能部门对项目经理部的工作进行监控、检查、考核、评比。

（6）分包。施工项目经理部与企业内部水电安装、运输、吊装等专业分包单位之间是总包与分包的关系。应在企业的协调下通过签订分包合同明确双方的关系，各专业服从项目经理部的安排和调配，为项目经理部提供专业施工服务。

二、建立施工项目经理部的基本原则与步骤

为了充分发挥施工项目经理部的作用，提高管理效率，在组建施工项目经理部时，必须明确建立施工项目经理部的基本原则。根据施工项目管理的理论和我国的工程实践，建立施工项目经理部必须坚持适应性原则，具体体现在以下几个方面：

（1）与企业的管理方式相适应。施工项目经理部的建立与企业对施工项目的管理方式有关，与企业对施工项目经理部的授权有关。不同的企业管理方式，就会对施工项目经理部的管理力量和管理职责提出不同的要求，同时也会提供不同的管理环境。

（2）与施工项目的规模、复杂程度和专业特点相适应。大型施工项目经理部由于其管理工作多，一般可设置职能部、处；中型施工项目经理部一般可设置职能科、股；小型施工项目经理部一般只设置职能管理人员即可。如果施工项目的专业性强，则可设置专业性强的职能管理部门，如水电处、安装处等。

（3）与施工项目的进展情况相适应。施工项目经理部不应搞成一级固定性的组织，而应随着施工项目的进展情况进行调整，建成一个具有弹性的一次性管理组织。一般情况下，施工项目经理部在施工项目开工前组建，随着施工项目的进展和管理业务的不断增多逐渐地增加管理人员；当施工高峰期过后，又应该随着施工任务的逐步结束而逐渐地减少管理人员，直至工程交工，项目经理部解体。

（4）与施工项目的现场管理相适应。施工项目经理部的人员配备应面向现场，满足施工的计划与调度、技术与质量、成本与核算、劳务与物资、安全与文明施工的需要。

建立施工项目经理部应遵循下列步骤：

（1）根据施工项目管理规划大纲确定施工项目经理部的管理任务和组织结构。

（2）根据《项目管理目标责任书》进行目标分解与责任划分。

（3）确定施工项目经理部的组织设置。

（4）确定人员的职责、分工和权限。

（5）制定工作制度、考核制度与奖励制度。

三、施工项目经理部的规模与部门设置

施工项目经理部的规模与部门设置由企业决定。根据建立施工项目经理部的基本原则和我国推行施工项目管理的实践经验，施工项目经理部的规模一般可分为以下三个等级：

（1）一级施工项目经理部。适用于建筑面积在15万m^2及其以上的群体工程；面积在10万m^2及其以上的单体工程；投资在8000万元及其以上的各类施工项目。一级施工项目经理部的人员数量一般为30~45人。

（2）二级施工项目经理部。适用于建筑面积在15万m^2以下、10万m^2及其以上的群体工程；面积在10万m^2以下、5万m^2及其以上的单体工程；投资在8000万元以下、3000万元及其以上的各类施工项目。二级施工项目经理部的人员数量一般为20~30人。

（3）三级施工项目经理部。适用于建筑面积在10万m^2以下、2万m^2及其以上的群体工程；面积在5万m^2以下、1万m^2及其以上的单体工程；投资在3000万元以下、500万元及其以上的各类施工项目。三级施工项目经理部的人员数量一般为15~20人。

施工项目经理部的部门设置应贯彻一职多岗，一专多能，不留死角，避免职责重叠交叉的原则，全部岗位职责覆盖施工项目管理的预算、成本、合同、机械、材料、技术、施工、质量、安全、场容、档案等多种职能。

四、施工项目管理制度的建立

（一）建立施工项目管理制度的原则

施工项目经理部组建以后，为保证其正常运作，必须建立施工项目管理制度。施工项目管理制度是施工项目经理部制定的，对项目经理部及其作业组织全体职工具有约束力的内部法规。建立施工项目管理制度必须遵循以下原则：

（1）必须贯彻执行国家的法律、法规、政策与部门规章，不得危害公众利益。

（2）必须符合施工项目管理的需要，且制度之间应相互配套，不留漏洞，不产生矛盾，形成完整的体系。

（3）管理制度的制定应具有针对性，条款应明确具体，词语表达应简洁、明确。

（4）管理制度的颁布、修改和废除要有严格的程序，凡不涉及企业的管理制度，由项目经理签字决定，报企业备案；凡涉及企业的管理制度，由企业法人

代表批准方可生效。

（二）施工项目管理制度的分类和内容

施工项目管理制度按约束力的不同可以分为责任制度和规章制度。

施工项目管理责任制度是以施工项目经理部内部各部门、各岗位为对象制定的，它规定了每个人应该承担的责任，强调创造性地完成各项任务。施工项目管理责任制度强调各部门、各岗位因其重要程度和责任轻重不同而责任各不相同；责任制完成的标准是多层次的，可以评定等级。

施工项目管理规章制度是以各种活动、行为为对象，明确规定人们行为和活动不得逾越的规范和准则。它是施工项目经理部的内部法规，更强调约束性，对谁都同样适用，决不因人的地位高低而异，执行的结果只有是与非，即遵守与违反两个简单明了的衡量标准。

施工项目管理制度的内容主要涉及以下方面：

(1) 项目管理人员岗位责任制度。它是规定施工项目经理部各层次管理人员的职责、权限以及工作内容和要求的文件，具体包括项目经理岗位责任制度、项目副经理岗位责任制度以及经营、技术、财务、安全、材料、设备等管理人员的岗位责任制度。它通过各项制度做到分工明确、责任具体、标准一致，以便于管理。

(2) 项目技术管理制度。它是规定项目技术管理的系列文件，具体应包括图样会审制度、施工组织设计的编制与审查制度、技术组织措施的应用制度、技术交底制度以及新工艺、新材料、新技术的推广制度等。

(3) 项目计划、统计与进度管理制度。它是规定项目资源计划、统计与进度控制工作的管理文件。其内容包括生产计划和劳务、资金等的使用计划和统计工作制度，进度计划和进度控制制度等。

(4) 项目质量和安全管理制度。它是保证工程质量和安全生产的管理文件。其具体内容包括质量管理体系、质量管理规定、质量检查制度、质量事故处理制度、安全教育制度、安全生产制度、安全保证措施、安全事故处理制度等。

(5) 项目成本核算制度。它是规定项目成本核算的原则、范围、程序、方法、责任及要求的管理文件。其具体内容包括预算编制与审查制度、项目成本核算标准与方法、定额管理制度、劳动工资管理制度、固定资产管理制度、成本控制措施等。

(6) 项目材料、机械设备管理制度。它是规定项目材料和机械设备的采购、运输、仓储保管、保修保养以及使用和回收等工作的管理文件。

(7) 项目现场管理制度。它是规定施工现场布局、材料及设备的放置、运输路线的规划、文明施工要求等内容的一系列管理文件。

(8) 项目分包与劳务管理制度。它是规定项目分包类型、范围，劳务的组织、要求以及分包合同、劳务合同的签订与履行等工作的管理文件。

（9）项目信息管理制度。它是规定与项目相关的信息与资料的采集、归纳、总结和应用等工作的程序、方法和标准等的管理文件。

（10）项目分配与奖励制度。它是规定项目分配与奖励的标准、依据以及实施兑现等工作的管理文件。

五、施工项目经理部的解体

施工项目经理部是一次性具有弹性的施工现场管理机构。尽管其管理人员的数量应随着施工管理活动的需要进行调整，但是工程竣工以后，施工项目经理部还是应及时地解体并做好善后处理工作。施工项目经理部解体的条件是：

（1）工程已经交工验收，并已完成竣工结算。

（2）已经完成与各分包单位的结算。

（3）已协助企业与业主签订了《工程保修书》。

（4）《项目管理目标责任书》已经履行完成，并经审计合格。

（5）工程的各项善后工作已与企业主管部门协商一致并办理了有关手续。

（6）施工现场已经清理完毕。

施工项目经理部解体与善后问题的处理应注意：

（1）工程交工验收签字之日起 15 天内，施工项目经理要根据工作需要向企业提交解体申请报告与善后留用和解聘人员名单及时间，经审核批准后执行。

（2）项目经理部解体前，应成立以项目经理为首的善后工作小组，负责工程材料的处理、工程价款的回收、财务账目的结算移交等遗留问题。

（3）项目经理部解体前，要由企业根据竣工时间和质量等级确定工程保修费的预留比例。

（4）工程保修期内，因质量问题造成的返修、维修及工程质量保修金的结算由企业负责。

（5）项目经理部自购的通信、办公用品及工程剩余的材料由企业与项目经理部双方按质论价，移交企业。

（6）项目经理部的综合效益审计由企业审计部门牵头，财务、工程部门参加，向企业提交审计报告；审计结果为盈余者，全部上缴，然后根据盈余情况给予奖励；审计结果为亏损者，亏损部分由项目经理负责，按相应比例从管理人员风险抵押金和工资中扣除，亏损数额较大的，按企业管理制度给予相应人员行政与经济处分，直至追究刑事责任。

（7）项目经理部与企业有关职能部门发生矛盾时，由企业经理办公会裁决。

第五节　施工项目组织形式

一、工作队式

（一）特征

工作队式项目组织形式是指由企业任命施工项目经理，并由其在企业内部招聘或抽调职能管理人员组成施工项目经理部的项目组织形式，其组织结构如图 3-1 所示。工作队式项目组织形式是一种按对象原则组织的项目管理机构，相当于一个“实体”，可独立地完成施工项目管理任务，企业职能管理部门处于指导、服务地位。

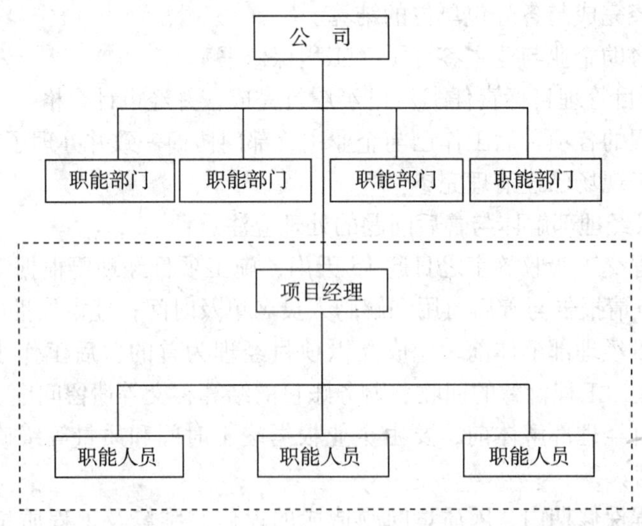

图 3-1　工作队式项目组织结构

（二）适用范围

工作队式项目组织形式适用于大中型项目、工期要求紧迫的项目和需多部门配合的项目。它要求施工项目经理素质要高、管理能力要强，有快速组织队伍及善于指挥来自各方人员的能力。

（三）特点

从工作队式项目组织形式的特征可以看出其具有明确的优点，主要表现在：

（1）不打乱企业的原有建制，企业传统的直线职能制组织模式仍可保留。

（2）施工项目经理权力相对集中，干扰少，指挥灵活，决策及时。

（3）施工项目经理可以根据工作的需要，及时招聘或抽调能胜任工作的职能管理人员，有利于项目管理工作的开展。

（4）减少了施工项目经理部与企业职能管理部门之间的结合部，易于协调关系，减少行政干预。

工作队式项目组织形式也有其缺点，主要表现在：

（1）由于施工项目经理部各类职能管理人员来自企业的不同职能部门，具有不同的专业背景，在工作中，特别是刚开始难免配合不力。

（2）企业职能管理部门的优势难以发挥作用。

二、部门控制式

（一）特征

部门控制式项目组织形式是指企业把施工项目管理的任务委托给企业某一专业部门，由该部门的领导出任施工项目经理，并在本部门内组织人员组成施工项目经理部的项目组织形式，其组织结构如图 3-2 所示。部门控制式项目组织形式是一种按职能原则建立的项目组织，它并不打乱企业的原有建制。

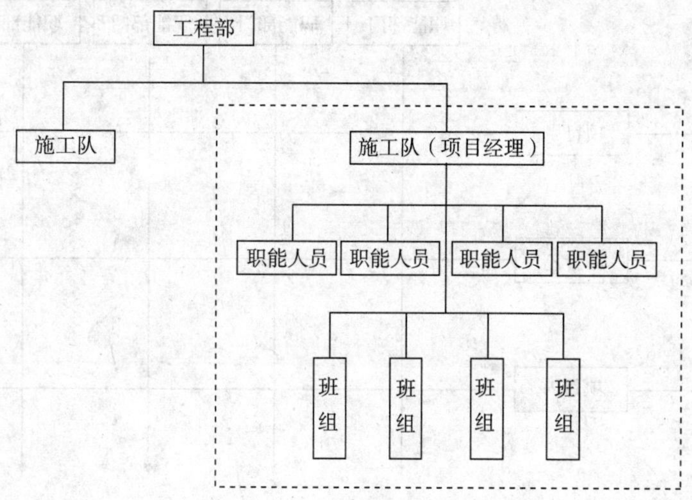

图 3-2 部门控制式项目组织结构

（二）适用范围

部门控制式项目组织形式一般适用于小型项目或专业性较强而不需要涉及众多企业职能管理部门的项目。

（三）特点

从部门控制式项目组织形式的特征可以看出其具有显著的优点，主要表现在：

（1）从接受任务到项目管理工作的开展时间短。

（2）由于相互比较熟悉，项目管理职能人员工作配合较好，有利于提高工作效率。

部门控制式项目组织形式也有其缺点，主要表现在这种组织形式不利于项目经理部组织机构的精简。

三、矩阵式

（一）特征

矩阵式项目组织形式是指由企业任命施工项目经理，并由企业有关部门派出相关人员组成施工项目经理部的项目组织形式，其组织结构如图 3-3 所示。矩阵式项目组织形式呈矩阵状，项目管理职能人员受项目经理的直接领导和企业有关职能管理部门的业务指导，把职能原则和对象原则结合起来，既能发挥职能部门的纵向优势，又能发挥项目组织的横向优势。

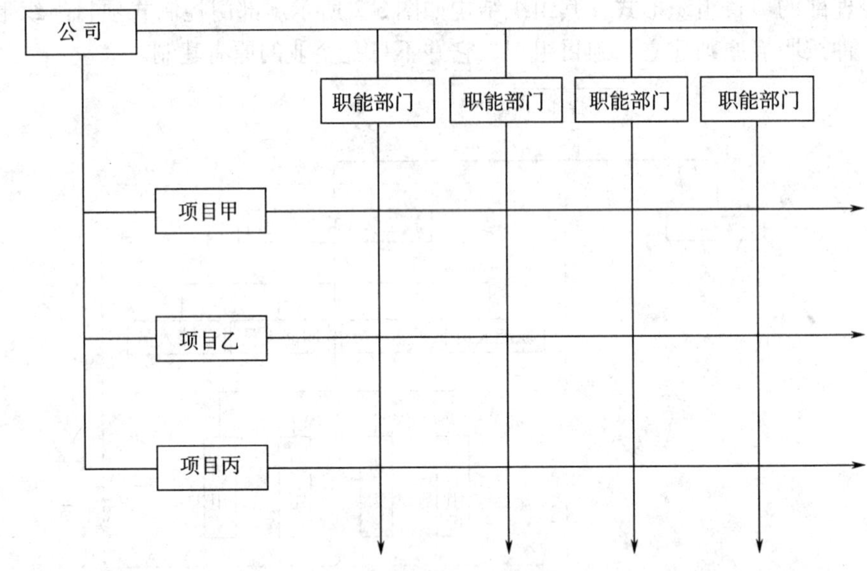

图 3-3 矩阵式项目组织结构

（二）适用范围

矩阵式项目组织形式适用于企业同时承担若干个大中型项目的情况。在这种情况下，各项目对专业技术人员和管理人员都有需求，且大中型项目需要企业各部门之间的相互配合。

（三）特点

从矩阵式项目组织形式的特征可以看出其具有明确的优点，主要表现在：

（1）它兼有工作队式和部门控制式两种组织形式的优点，把职能原则和对象原则融为一体，兼顾企业管理的长期性和项目管理的一次性。

（2）通过企业职能部门的协调，以尽可能少的人力，实现多个项目管理的高效率。

矩阵式项目组织形式也有其缺点，主要表现在：

（1）项目管理人员要接受项目经理和企业职能管理部门的双重领导，在这种情况下，如果双方领导的意见不一致甚至矛盾时，当事人将无所适从。

（2）项目管理人员身兼多职地管理多个项目，有时难免顾此失彼。

矩阵式是目前我国大中型施工企业较为理想的项目组织形式，它对企业管理水平、项目管理水平、领导者的素质、信息沟通渠道的畅通等均有较高的要求。采用这种项目组织形式，必须要有强有力的组织措施和协调办法，施工项目经理部和企业职能管理部门的职责、权限要有明确的划分，在双方意见分歧难以统一时，企业领导要及时出面协调。

案例　广州××电厂干法脱硫工程项目管理

一、项目简介

广州××电厂位于广州经济技术开发区，分为A、B、C三个分厂，该厂原有3台50MW燃煤机组和1台210MW燃油机组，本期扩建1台210MW燃煤机组。按环保要求，该电厂必须配置脱硫装置。凯迪公司对该项目的脱硫部分实行总承包，主要采用经中国环保产业协会论证认可的、引进德国WULFF公司RCFB干法脱硫技术对本工程的主要技术指标作保证，并与德国WULFF公司联合供货完成该项目。德国WULFF公司完成基础设计。该项目为交钥匙工程，合同类型为固定总价合同。合同范围为从空调器出口至引风机进口范围内的除尘脱硫岛的设计、采购、运输、安装服务、调试及性能验收。

二、项目管理组织

1. 项目组织机构

组建一个高效、有活力的项目经理部是项目能否成功运作的基本保证。项目经理部是为实现项目目标而组建的，它具有三个“一次性”的特点，即一次性的临时工程管理组织机构；一次性的成本控制中心；一次性的授权管理者。为最大限度地发挥公司各职能部门的人力资源优势，根据公司的项目管理制度，采用矩阵式组织结构进行项目组织管理。这样既有利于有效地实现项目目标，又能有效地利用本公司的资源。作为技术人员大本营的事业部门（如洁净燃烧部、脱硫事业部等），具有充足的技术力量支持项目不断进行。

2. 管理制度及项目目标

项目管理实行项目经理负责制。公司总经理对项目经理授权，项目经理在授权范围内行使对工程项目实施负责的权利并履行相应的义务，对工程项目进行计划、组织、协调、控制，完成公司下达的各项指标。同时，为保证项目目标的实现，公司总经理与项目经理签订项目管理目标责任书，责任书包括工程需要完成的明确的进度目标、质量目标、成本目标、安全要求、工程组织管理、文明施工、技术管理，以及公司对工程实施的考核和奖惩等内容。

本项目的工期目标为2002年3月20日必须完成脱硫系统的所有安装工作，且预除尘器、电除尘器能够满足热态运行要求的条件，2002年10月8日脱硫系统通过性能验收。质量目标为脱硫除尘系统脱硫率≥85%（Ca/S≤1.3），脱硫除尘后粉尘排放浓度≤200mg/km^3。成本目标是公司根据本项目概算以及成本预测分析后而确定，该目标根据成本的性质分为物资采购成本、设计成本、人工成本以及项目管理成本等。

在××电厂干法脱硫工程中，凯迪公司以“分层领导，矩阵管理，责、权、利明确，目标科学合理”为原则，以先进的工程项目管理理论为指导，实现了“控制成本，工期合理，优质高效”的工程建设目标，同时在项目实施过程中，健全了项目管理的相关制度，为今后项目的运作提供了有益的借鉴。

案例思考

1. 施工项目有哪些目标？它们之间是什么关系？
2. 施工项目经理部由哪些内部部门组成？各部门有哪些主要工作内容？
3. 施工项目有哪些组织形式？各有什么特点？
4. 项目管理目标责任书包括哪些主要内容？

思考题

1. 施工项目管理在施工准备与施工阶段有哪些工作内容？
2. 施工项目管理采用什么方法？
3. 何谓施工项目目标体系？
4. 项目管理目标责任书包括哪些主要内容？
5. 施工项目目标管理应注意什么问题？
6. 何谓施工项目管理规划？它包括哪些主要内容？
7. 施工项目管理规划与施工组织设计、质量计划有什么关系？
8. 施工项目经理责任制包括哪些主要内容？有什么特点？
9. 施工项目管理制度的内容主要涉及哪些方面？
10. 施工项目有哪些组织形式？各有什么特点？

第四章　施工项目进度控制

第一节　施工项目进度控制目标和施工项目进度计划

一、施工项目进度控制目标与计划进度目标

进行施工项目进度控制的首要任务是确定施工项目进度控制目标。施工项目进度控制目标由施工企业确定，它以实现施工合同约定的竣工日期为依据，在《项目管理目标责任书》中下达，要求施工项目经理部实现。施工项目经理部根据这个目标在编制施工项目管理实施规划中确定计划进度目标。计划进度目标的数值不得超过施工项目进度控制目标。

施工项目经理部确定计划进度目标的实质就是确定施工目标工期。为此必须在全面细致地分析影响施工进度的各项因素的基础上，依据施工项目进度控制目标、工期定额或类似施工项目的经验、工程的难易程度、管理水平和经济效益的要求等进行决策，从而确定一个科学合理的施工目标工期。施工目标工期的确定通常可以采用以下方法：

（1）以合同工期为施工目标工期。通常情况下，施工合同中都明确规定施工工期，施工企业也往往以合同工期作为施工项目进度控制目标。此时，施工目标工期可参照合同工期，结合生产能力和资源条件确定，并充分估计各种可能影响进度的因素及风险，适当留有余地，保证一定的提前量。这样，即使在施工中发生不可遇见的意外事件，也不会使施工工期产生太大的偏差。

（2）以正常工期为施工目标工期。所谓正常工期，是指与正常施工速度相对应的工期。正常施工速度是根据现有的施工条件制定的施工方案和企业经营的利润目标确定的，用以保证施工活动必要的劳动生产率。如果正常工期能满足施工项目进度控制目标的要求，则以正常工期为施工目标工期，这样实现计划进度目标的可能性最大。

（3）以最优工期为施工目标工期。所谓最优工期，是指施工总成本最低的工期，它可以正常工期为基础，应用工期—成本优化的方法求解。以最优工期为施工目标工期，充分地考虑了施工进度与施工成本之间的关系，能够在实现计划进度目标的前提下降低施工成本。

二、施工项目进度计划及其类型

施工项目进度计划是在确定施工项目目标工期的基础上，根据应完成的工程量，规定施工项目的施工顺序、开竣工时间和相互衔接关系的计划。作好施工项目进度计划并按计划组织实施，是施工项目管理的重要内容。

根据不同的划分标准，施工项目进度计划有不同的种类。

（一）按计划时间划分

施工项目进度计划按计划时间划分有总进度计划和时间周期计划。其中总进度计划是控制项目施工全过程的；时间周期计划包括年、季、月、旬施工进度计划，而月、旬计划又是根据年、季计划结合现场施工条件编制的具体执行计划。

（二）按计划对象划分

施工项目进度计划按计划对象划分有施工总进度计划、单位工程施工进度计划和分项工程施工进度计划。如果施工项目是一个群体工程，则应编制施工总进度计划，用于确定各单项工程的施工顺序、开竣工时间和相互衔接关系，进行全局性的施工战略部署；单位工程施工进度计划是对单位工程中的各分部、分项工程施工计划安排；分项工程施工进度计划是针对施工项目中的某一部分（子项目）或某一专业工程的施工计划安排。

三、施工项目进度计划编制的基本要求

施工项目计划进度目标确定以后，施工项目经理部应对其进行分解，并在分解的基础上编制施工项目进度计划。编制施工项目进度计划应体现以下基本要求：

（1）保证拟建施工项目在施工目标工期期限范围内完成，努力缩短工期。

（2）保证施工的均衡性和连续性，尽量减少工作面的闲置和窝工现象。

（3）尽量节约施工费用，在合理的范围内尽量减小施工现场各种临时设施的规模。

（4）合理安排机械化施工，充分发挥施工机械的作用。

（5）合理安排施工活动，努力减少因组织安排不当等人为因素造成的时间损失和资源浪费。

（6）保证施工质量和安全。

第二节　施工项目进度控制的过程和措施

一、施工项目进度控制及其过程

施工项目进度控制是指施工项目经理部依据企业下达的施工项目进度控制目标的要求，针对各种影响因素，控制施工活动的进度，以保证施工项目按期完成。施工项目进度控制是一个动态的过程，它由以下环节组成：

（1）施工进度目标的分析和论证。

（2）在收集资料和调研的基础上编制施工项目进度计划。

（3）进行施工进度计划交底，落实责任。

（4）实施施工项目进度计划，并定期跟踪检查其执行情况，如果发现实际施工进度与计划进度存在偏差，则应采取措施纠正偏差，并视需要调整施工进度计划，以保证施工项目按期完成。

有必要指出的是，以上四个环节在施工项目进度控制中缺一不可，忽视其中任何一个环节，都将对进度控制造成不利的影响。在工程实践中，有的施工企业不重视施工进度目标的分析和论证，导致所编制的施工进度计划节奏失衡，施工节奏往往前松后紧，造成施工成本的提高；有的施工企业只重视施工进度计划的编制，而忽视计划的跟踪检查，往往导致施工进度失控，工期拖延。

二、施工项目进度控制的措施

为了做好施工项目进度控制工作，施工项目经理部必须根据施工项目的具体情况，认真制定施工进度控制措施，以确保施工进度目标的实现。施工项目进度控制的措施包括组织措施、管理措施、经济措施和技术措施。

（一）组织措施

施工项目进度控制的组织措施主要包括：

（1）健全项目经理部中的施工进度控制机构，由专门的部门和符合要求的专人负责进度控制工作。

（2）进度控制过程中各个环节的工作任务和管理职能都要在项目经理部进度控制机构的相关人员中落实。

（3）建立施工进度计划审核制度和进度计划实施中的跟踪检查、分析制度。

（4）建立项目经理部内部的进度控制协调会议制度，明确会议进行的时间、地点、主持人、参加人员和议题。

（二）经济措施

施工项目进度控制的经济措施主要包括：

（1）为确保施工进度目标的实现，应编制与进度计划相适应的资金需求计划和劳动力、主要材料、施工机械需要量计划。

（2）制定加快施工的经济激励措施。

（3）在编制施工成本计划时，应考虑加快施工进度所需要的资金。

（三）技术措施

施工项目进度控制的技术措施主要包括：

（1）选择有利于加快施工速度的施工方案。

（2）尽可能的采用网络计划技术编制施工进度计划。

（3）当施工进度拖延时，选择合理的赶工方案，尽可能降低赶工费用。

（四）管理措施

施工项目进度控制的管理措施主要包括：

（1）进行进度计划的多方案比较和优选，编制资源合理使用、工作面合理安排、有利于提高施工质量、有利于合理缩短工期的施工进度计划。

（2）注意分析影响施工进度的风险，并在分析的基础上采取风险管理措施。

（3）加强索赔管理，及时进行工期索赔。

第三节　施工项目进度计划的实施、检查与调整

一、施工项目进度计划的实施

施工项目进度计划的实施就是按照施工进度计划的规定组织生产要素，开展施工活动。在施工项目进度计划的实施过程中，应注意做好相关工作。

（一）编制并执行时间周期计划

时间周期计划包括年、季、月、旬施工进度计划。

1. 年（季）度施工进度计划

大型施工项目的施工活动往往要持续几年，这就需要编制年（季）度施工进度计划。施工项目年（季）度施工进度计划可采用表4-1的表式进行编制。

表4-1　××施工项目＿＿＿年（季）度施工进度计划表

单位工程（分部工程）名称	工程量	总产值/万元	计划开工日期	计划完工日期	本年（季）完成数量	本年（季）形象进度

（续）

单位工程（分部工程）名称	工程量	总产值/万元	计划开工日期	计划完工日期	本年（季）完成数量	本年（季）形象进度

2. 月（旬）施工进度计划

对于单位工程来说，月（旬）施工进度计划具有指导施工作业的作用，因此应在单位工程施工进度计划的基础上分段细化。施工项目月（旬）施工进度计划可采用表4-2的表式进行编制，其中施工进度每格代表的天数根据月（旬）分别确定。

表4-2　××施工项目______月（旬）施工进度计划表

分项工程名称	工程量		本月（旬）完成工程量	需要人数（机械数）	施工进度						
	单位	数量									

编制并执行时间周期计划的目的是以短期计划落实、调整并实施长期计划，做到短期保长期、周期保进度（计划）、进度（计划）保目标。

（二）用施工任务书把施工计划任务落实到班组

施工任务书是几十年来我国坚持使用的有效的班组管理工具，是项目经理部向作业层下达施工任务，进行质量、安全、技术、节约等交底的好形式。它可作为原始记录文件用来进行作业控制和核算，特别有利于进度控制，故应当坚持使用。

施工任务书可采用表4-3的表式，随施工任务书一起下达的限额领料单可采用表4-4的表式。

表4-3　施工任务书

××施工队______班组　任务书编号______

	开工时间	完工时间	天　数
计划			
实际			

施工项目名称＿＿＿＿＿单位工程名称＿＿＿＿＿签发日期＿＿＿年＿＿＿月＿＿＿日

定额编号	工程部位及项目	计量单位	计划				实际			安全、质量、技术、节约措施及要求	
			工程量	时间定额	每工产量	定额工日	工程量	定额工日	实际用工		
										验收意见	
										定额用工	工日
										实际用工	工日
										工效	%

工长＿＿＿＿＿　　　　　　　　　　班组长＿＿＿＿＿

表 4-4　限额领料单

材料名称	规格	计量单位	单位用量	限额用量		领料记录				退料数量	执行情况		
				按计划工程量	按实际工程量	第一次		第二次			实际耗用量	节约或浪费（+－）	其中：返工损失
						日/月	日/月	日/月	日/月				

发料人＿＿＿＿＿＿　　　　　　　　领料人＿＿＿＿＿＿

施工任务书一般由施工员根据计划要求、工程数量、工艺标准、技术要求、质量标准、节约措施、安全措施等为依据进行编制，在编制时涉及定额以外的项目和用工，由工长、定额员及班组长进行估工，编制完成以后，由工长签发。

施工任务书下达给班组时，由工长进行交底。交底内容为：交任务、交施工计划、交操作规程、交施工方法、交质量和安全、交定额、交节约措施、交材料使用、交奖罚要求等。施工任务书要做到任务明确、报酬预知、责任到人。

班组接到施工任务书以后，应做好分工，执行中要保进度、保质量和安全、保节约、保工效提高。任务完成后，班组应自检，自检通过后，向工长报请验收。工长验收时查数量、查质量、查安全、查用工、查节约，然后回收施工任务书，交施工项目经理部登记结算。结算内容有工程量、工期、用工、效率、耗材、成本、报酬，还要进行数量、质量、安全和节约统计，然后存档。

（三）做好施工进度计划实施的管理工作

施工进度计划实施的管理工作主要包括：

（1）确保资源供应计划的实现。

（2）跟踪监督并加强施工调度。

（3）跟踪进行统计与分析。

（4）执行施工合同对进度控制的承诺。

（5）落实进度控制措施。

（6）处理工期索赔。

（四）做好分包进度控制工作

由分包单位根据施工进度计划编制分包工程施工进度计划并组织实施，项目经理部将分包工程施工进度计划的实施纳入进度控制的范畴，并协助分包单位解决进度计划实施中的相关问题。

二、施工项目进度检查

施工项目进度检查与施工进度计划的实施是融会在一起的。检查是计划执行信息的主要来源，是施工进度调整和分析的依据，是进度控制的关键步骤。

施工项目进度检查分为定期检查和不定期检查两种形式，其中定期检查包括年、季、月、旬、周、日检查；不定期检查是指根据需要由施工企业或施工项目经理部确定的专项检查。施工项目进度检查应包括下列内容：

（1）工程量的完成情况。

（2）工作时间的执行情况。

（3）资源使用及与进度的匹配情况。

（4）上次检查提出问题的整改情况。

施工项目进度检查的方法主要是对比法，即将计划进度与实际进度进行对比，从而发现偏差，以便采取措施纠正偏差或调整计划。

施工项目计划进度与实际进度的对比最好是在图上进行。但由于施工进度计划图形的不同，便产生了多种对比检查方法。

（一）横道图对比法

横道图对比法是指用横道图表示施工进度计划时，将检查实际进度时收集的信息，经过整理后直接用横道线并列标注于原计划的横道线处，进行直观比较的方法。例如某基础工程在第 7 周末的施工实际进度与计划进度比较，如图 4-1 所示。图中横道线表示施工计划进度，涂黑部分则表示施工实际进度。从图中可以看出，在第 7 周末进行检查时，第 1、3 项工作已经完成；第 2 项工作按计划进度应完成 83%，而实际进度只完成了 67%，已经拖延了 16% 的工程量，即 1 周时间。

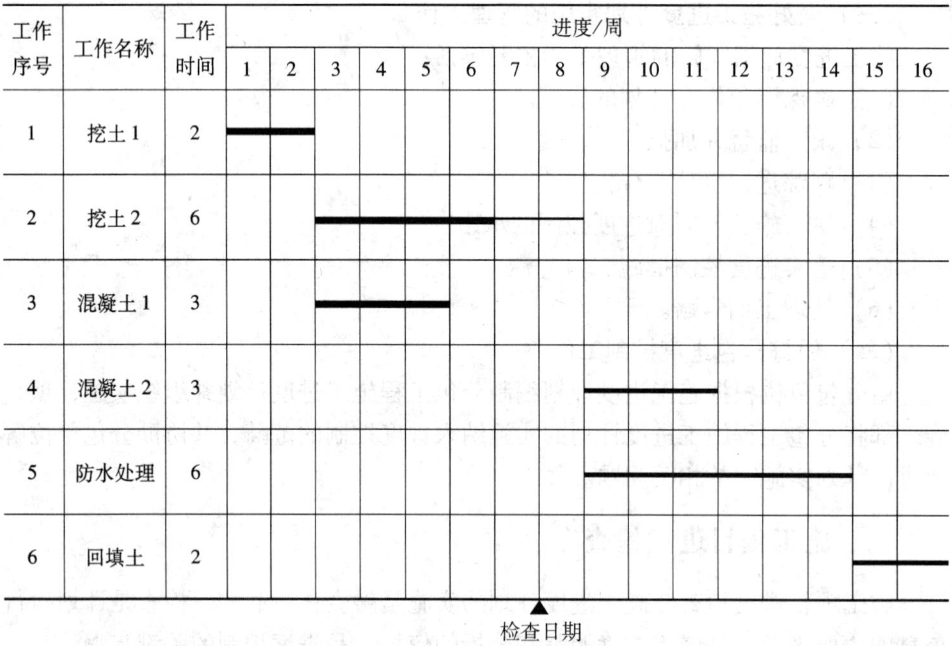

工作序号	工作名称	工作时间	进度/周															
			1	2	3	4	5	6	7	8	9	10	11	12	13	14	15	16
1	挖土 1	2																
2	挖土 2	6																
3	混凝土 1	3																
4	混凝土 2	3																
5	防水处理	6																
6	回填土	2																

检查日期

图 4-1　某基础工程施工实际进度与计划进度比较图

（二）网络图对比法

网络图对比法是指用网络图表示施工进度计划时，将检查实际进度时收集的信息，经过整理后直接在网络图上绘制实际进度前锋线，并进行分析比较的方法。例如，某工程在第 5 天的施工实际进度与计划进度比较，如图 4-2 所示。图中折线表示第 5 天的实际进度前锋线。它表示在第 5 天进行施工进度检查时，工作 A 已经完成；工作 B 按计划进度应完成两天的工程量（总工程量的 67%），而实际进度只完成了一天的工程量（总工程量的 33%），已经拖延了一天时间（总工程量的 34%）；工作 C 按计划进度应完成两天的工程量（总工程量的 67%），实际进度也完成了两天的工程量（总工程量的 67%），没有拖延；工作 D 按计划进度应完成全部的工程量（总工程量的 100%），而实际进度只是刚刚开始，拖延了 2 天时间。

通过上述检查、记录与比较，项目经理部的进度控制人员就可以看出实际施工进度与计划进度之间的偏差。发现了偏差，就为采取调整措施提出了明确的

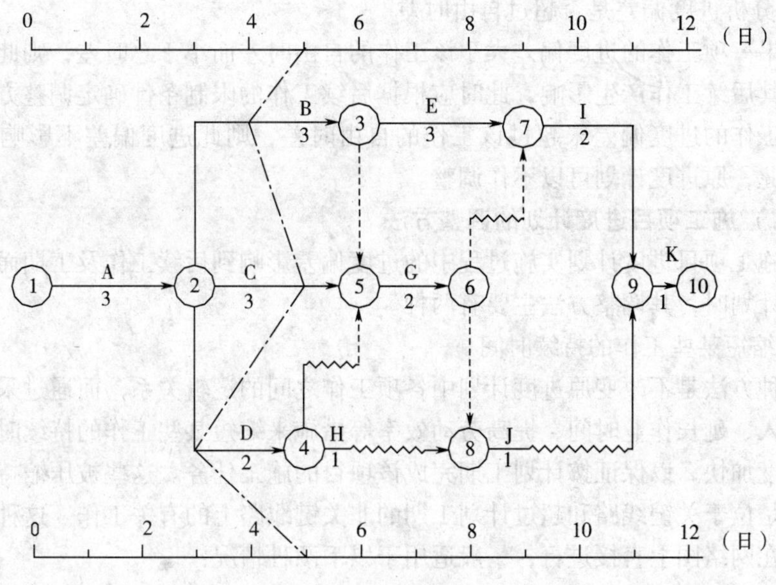

图4-2　某工程施工实际进度与计划进度比较图

任务。

三、施工项目进度计划的调整

（一）分析进度偏差对后续工作及总工期的影响

在施工项目进度计划的实施过程中，当通过实际进度与计划进度的比较，发现有进度偏差时，需要分析该偏差对后续工作及工期的影响，从而采取相应的调整措施对原进度计划进行调整，以确保工期目标的顺利实现。进度偏差的大小及其所处位置的不同，对后续工作及工期的影响程度是不同的，分析时需要利用网络计划中工作总时差和自由时差的概念进行判断。

1. 分析出现进度偏差的工作是否为关键工作

如果出现进度偏差的工作位于关键线路上，即该工作为关键工作，则无论其偏差有多大，都将对后续工作及工期产生影响，必须采取相应的调整措施；如果出现进度偏差的工作是非关键工作，则需要根据进度偏差值与总时差和自由时差的关系作进一步的分析。

2. 分析进度偏差是否超过总时差

如果一项工作的进度偏差大于该工作的总时差，则此进度偏差必将影响后续工作及工期，必须采取相应的调整措施；如果一项工作的进度偏差未超过该工作的总时差，则此进度偏差不影响工期。至于对后续工作的影响程度，还需要根据偏差值与其自由时差的关系作进一步分析。

3. 分析进度偏差是否超过自由时差

如果一项工作的进度偏差大于该工作的自由时差而小于总时差，则此进度偏差将对其后续工作产生影响，此时应根据后续工作的限制条件确定调整方法；如果一项工作的进度偏差未超过该工作的自由时差，则此进度偏差不影响后续工作，因此，原进度计划可以不作调整。

（二）施工项目进度计划的调整方法

当施工项目进度计划实施过程中的进度偏差影响到后续工作及工期而需要调整进度计划时，其调整方法主要有两种。

1. 缩短某些工作的持续时间

这种方法是不改变原进度计划中各项工作之间的逻辑关系，而通过采取增加资源投入、延长作业时间、提高劳动效率等措施来缩短某些工作的持续时间，使工作进度加快，以保证按计划工期完成该项目的施工任务。这些被压缩持续时间的工作是位于关键线路和超过计划工期的非关键线路上的有关工作。这种方法通常可以在网络图上直接进行，一般适用于以下两种情况：

（1）原进度计划中某项工作进度拖延的时间已超过其自由时差但未超过其总时差。

（2）原进度计划中某项工作进度拖延的时间已超过其总时差。

2. 改变某些工作之间的逻辑关系

当施工项目进度计划实施过程中的进度偏差过大，再按原进度计划执行实际工期必定超过计划工期时，可以改变原计划关键线路和超过计划工期的非关键线路上的有关工作之间的逻辑关系，以达到缩短工期之目的。例如，可以把原进度计划中依次进行的有关工作改变为平行作业、搭接作业以及分段组织流水作业等，都可以达到缩短工期的目的。

第四节　施工项目进度控制的分析与总结

一、施工项目进度控制分析

（一）施工项目进度控制分析的内容

施工项目进度控制分析是施工项目进度控制的一项重要内容，它是对施工项目进度控制工作进行评价的前提，也是提高控制水平必要的阶梯。施工项目进度控制分析的主要内容包括：

（1）施工进度目标的完成情况分析。

（2）进度控制中的问题及原因分析。

（3）提高进度控制工作水平的措施。

（二）施工进度目标完成情况分析

1. 时间目标完成情况分析

时间目标完成情况可以通过计算以下指标进行分析：

指令工期节约值 = 指令工期 − 实际工期　(4-1)

合同工期节约值 = 合同工期 − 实际工期　(4-2)

计划工期提前率 = （计划工期 − 实际工期）/计划工期　(4-3)

缩短工期的经济效益 = 缩短一天产生的经济效益 × 缩短工期天数　(4-4)

2. 资源利用情况分析

资源利用情况可以通过计算以下指标进行分析：

单方用工 = 总用工数/建筑面积　(4-5)

劳动力不均衡系数 = 最高日用工数/平均日用工数　(4-6)

节约用工日数 = 计划用工工日 − 实际用工工日　(4-7)

主要材料节约量 = 计划材料用量 − 实际材料用量　(4-8)

主要机械台班节约量 = 计划主要机械台班数 − 实际主要机械台班数　(4-9)

（三）进度控制中的问题及原因分析

施工进度控制中可能出现工期拖后、资源浪费、计划变化太大等问题，分析时可以定量计算，指标与前项分析相同；也可以定性地分析。应围绕计划本身、资源的供应与使用、组织协调和施工环境等方面查找原因。

（四）提高进度控制工作水平的措施

制定提高进度控制工作水平的措施应在分析进度控制中问题及其原因的基础上进行，一般应包括：

（1）编制更好的施工进度计划的措施。

（2）更好地执行施工进度计划的措施。

（3）有效地进行施工进度控制的措施。

二、施工项目进度控制总结

（一）施工项目进度控制总结的分类和依据

施工项目进度控制总结分为中间总结和最终总结。进行总结应依据施工进度计划、施工进度计划执行的实际记录及检查结果、施工进度计划的调整资料等。

1. 中间总结

施工项目进度控制的中间总结一般通过编制月度施工进度报告进行。施工进度计划实施以后，施工项目经理部应向企业提交月度施工进度报告。通过编制月度施工进度报告进行总结的内容一般包括：

（1）施工进度执行情况的综合描述。

（2）实际施工进度图表。

（3）工程变更及价格调整。

（4）施工进度偏差及其导致偏差的原因。

（5）解决进度偏差的措施。

（6）施工进度计划调整的意见。

2. 最终总结

施工活动完成以后，施工项目经理部应进行进度控制的最终总结。最终总结的重点是施工进度控制经验及教训、施工进度控制的改进意见、科学的施工进度计划方法的应用情况等。

（二）施工项目进度控制经验及教训总结

施工项目进度控制经验及教训是指对施工进度控制的成绩与失误及其原因进行分析以后，归纳出来的为以后施工进度控制借鉴的本质性、规律性的东西。总结施工进度控制的经验及教训可以从以下几个方面进行：

（1）怎样编制施工进度计划，编制什么样的施工进度计划才能取得更大的效益，包括准备、绘图、计算等。

（2）怎样对施工进度计划进行优化才更有实际意义，包括优化目标的确定、优化方法的选择、电子计算机的应用等。

（3）怎样更好地实施、调整与控制施工进度计划，包括组织保证、建立责任制、信息反馈、施工调度、检查、调整、修改等。

（4）施工进度控制创新。

通过总结得出有应用价值的经验，可以经有关领导部门审查批准，形成规范、标准或制度，作为以后工作必须遵守或参照执行的文件。

案例　广州××电厂干法脱硫工程进度控制

一、进度计划编制方法

进度计划是项目管理的基本组成部分，作好项目的计划安排，根据计划组织实施、控制项目的进展、协调处理各相关任务是项目能否成功的重要保障。计划是组织、控制与协调的依据。本项目采用P3（Primavera Project Planner）软件进行计划编制与管理，将工程的组织和项目的实施步骤进行全面的规划、编排，以便在工程项目实施初期对多种方案进行深入的研究比较，更科学地进行计划安排。

二、计划管理层次

为便于不同管理层对计划控制的要求，本工程设置了三级网络进度计划：一级网络计划为里程碑进度计划，由公司根据与业主签订的总承包合同确定；二级网络计划作为项目总体目标计划，为控制性计划，由项目经理部根据里程碑计划以及项目投资与单位（体）工程的轻重缓急编制，要覆盖合同范围内的全部内容，作为项目总体（设计、采购、安装、调试）协调、控制的依据，并报送监理单位、业主审批，得到批复后即为整个工程的控制性目标计划；三级网络计划是由控制性计划滚动编制的详细实施计划，作为各标段控制性目标计划，由项目经理部各部门或分包单位在二级计划的基础上根据开工时间的前后，逐渐细化而来，是对二级计划的进一步分解，并可作为项目具体实施与现场进度协调的依据。各级计划相互依存，下级计划是上级计划的分解，而上级计划的进度数据由下级计划汇总而来。

一级网络计划在项目实施中如无重大工程事件，一般不能变动。二级计划与三级计划如遇到较大的工程变更和其他特殊情况，经各方协调可以对其中不影响重要里程碑节点的作业进行调整。

三、网络计划的动态控制

网络计划动态控制是项目能否按预定目标实现的关键。项目进展过程中要监控实际进度，及时、定期地将它与计划进度进行比较，并采取必要的纠正措施。同时，根据实际进度并结合可能发生的改变，定期作出一个更新的进度计划，并预测出项目的完成将提前还是落后于预定进度。项目部动态控制的措施主要有：

（1）及时检查和审核各部门及分包单位提交的进度统计资料和进度控制报表。

（2）进行严格的进度检查，为了掌握项目实际进度情况，项目计划部门需进行必要的现场跟踪检查，掌握第一手资料，为网络计划的分析提供可靠的数据。

案例思考

1. 施工项目进度计划编制的基本要求是什么？
2. 施工项目进度控制包括哪些环节？进度控制有哪些措施？
3. 进行施工项目进度检查有哪些方法？
4. 怎样进行施工项目进度控制？

思考题

1. 施工项目进度计划怎样分类？
2. 施工项目进度控制包括哪些环节？进度控制有哪些措施？

3. 进行施工项目进度检查有哪些方法？这些方法怎样应用？
4. 施工项目进度计划怎样调整？
5. 怎样进行施工项目进度控制分析？

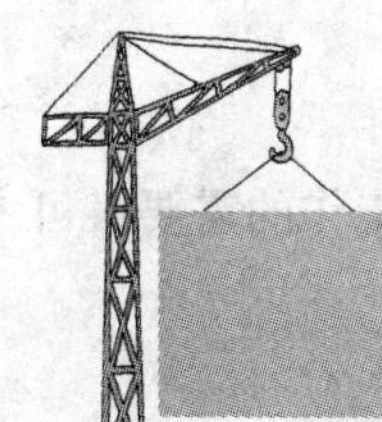

第五章　施工项目成本控制

第一节　施工项目成本控制概述

一、施工项目成本及其构成

施工项目成本是指在工程施工过程中所发生的全部生产费用的总和，包括所耗费的主、辅材料，构配件，周转材料的摊销费或租赁费，施工机械的台班费或租赁费，支付给生产工人的工资、奖金以及在施工现场进行施工组织与管理工作所发生的全部费用支出。施工项目成本是施工企业的主要产品成本，按其经济性质分为直接成本和间接成本。

（一）直接成本

直接成本是指施工过程中耗费的构成工程实体或有助于工程实体形成的各项费用支出，具体包括以下内容：

（1）人工费。

（2）材料费。

（3）机械使用费。

（4）其他直接费。

（5）分包费（在实行施工总分包体制时计入总包方成本）。

（二）间接成本

间接成本是指企业派出的施工项目经理部为施工准备、组织和管理施工生产所发生的全部施工费用的支出，具体包括以下内容：

（1）管理费，如工作人员薪金、劳动保护费、职工福利费、办公费、差旅交通费、固定资产使用费、工具用具使用费等。

（2）措施费，如安全施工费、文明施工费、临时设施费、夜间施工费、材料的二次搬运费等。

（3）其他间接费，如冬雨期施工增加费、为加快施工进度而发生的赶工费等。

二、施工项目成本的主要形式

为了明确认识和掌握成本的特性，搞好成本控制，根据管理工作的需要，可以从不同的角度进行考察，将成本分为不同的形式。

（一）按成本控制的需要从成本发生的时间来划分

1. 预算成本

预算成本是反映企业竞争水平的成本。它根据施工图由全国统一的工程量计算规则计算出来的工程量，全国统一的建筑、安装工程基础定额和由各地区的市场劳务价格、材料价格信息及价差系数，并按有关取费的指导性费率进行计算。

预算成本是确定工程造价的基础，也是编制计划成本和评价实际成本的依据。

2. 计划成本

计划成本是指施工项目经理部根据工程的具体条件和为实施该项目所采取的技术组织措施等计划期的有关资料，在实际成本发生前预先计算的成本，亦即施工企业考虑降低成本措施后的成本计划数，反映了企业在计划期内应达到的成本水平。它对于加强企业和项目经理部的经济核算，建立、健全施工成本控制责任制，控制施工过程中的生产费用，降低施工成本，具有十分重要的作用。

3. 实际成本

实际成本是指施工项目在报告期内实际发生的各项生产费用的总和。它把实际成本与计划成本比较，可揭示成本的节约与超支，考核企业施工技术水平及技术组织措施的贯彻执行情况和经营效果。把实际成本与预算成本比较，可以反映工程盈亏情况。

（二）按企业推行施工项目管理的需要从管理的程序来划分

1. 施工项目经理部的责任目标成本

每个施工项目在实施项目管理之前，首先由企业与项目经理部协商，将合同预算的全部造价收入分为现场施工费用和企业管理费用两部分。其中，现场施工费用核定的总额，作为项目成本核算的界定范围和确定项目经理部责任目标成本的依据。

责任目标成本是企业对项目经理部提出的指令成本目标，是对项目经理部进行详细施工组织设计，优化施工方案，制定降低成本对策和管理措施提出的要求。责任目标成本确定的过程和方法如下：

（1）在投标报价时所编制的工程估价单中，各项单价由企业内部价格构成，就形成直接费中的人工费、材料费的目标成本。

（2）以施工组织设计为依据，确定机械台班和周转材料的使用量。

（3）其他直接费中的各子项目均按具体情况或内部价格来确定。

（4）现场施工管理费，也按各子项目视项目的具体情况加以确定。

（5）投标中压价让利的部分，原则上由企业统一承担，不列入项目经理部的责任目标成本。

以上确定的过程，应在仔细研究投标报价时的各项目清单、估价的基础上，由企业职能部门与项目经理部共同分析研究确定。

确定施工项目经理部的责任目标成本并非仅是施加压力的权宜之计，而是体现了施工项目成本控制的三层意思：首先，体现了施工项目成本目标的分解和责任的落实，即将现场可控部分的成本作为施工项目经理部的责任目标进行控制，界定了企业与项目经理部成本控制的责任范围；其次，在确定施工项目经理部责任目标成本的同时，企业各职能部门作为赢利计划中心，对施工项目成本控制从方法、途径、措施等方面进行指导，体现了施工项目管理依托企业技术和管理的综合优势，谋求降低成本，提高效益的努力；再次，体现了以施工项目经理为核心的施工成本责任制，为施工项目成本控制建立了运行机制。

2. 施工项目经理部的计划目标成本

项目经理部在接受企业委托之后，应在寻求降低成本的前提下编制详细的施工组织设计，在不断优化施工方案和合理配置生产要素的基础上，通过工料消耗分析和制定节约措施之后确定项目经理部的计划目标成本。施工项目经理部的计划目标成本经常以施工预算的形式表示。

一般情况下，项目经理部的计划目标成本应控制在责任目标成本的范围内，并留有一定的余地。在特殊情况下，如果项目经理部经过反复挖潜不能把计划目标成本控制在责任目标成本的范围内时，应与企业共同探讨进一步降低成本的措施，或与企业协商修正责任目标成本。

计划目标成本确定以后，项目经理部还应在项目经理的主持下将其分解到各相关部门并落实到相关责任人，以保证计划目标成本的实现。

三、施工项目成本控制及其系统过程

施工项目成本控制，通常是指在施工项目成本的形成过程中，对生产经营所耗费的人力资源、物质资源和费用开支进行指导、监督、调节和限制，及时纠正将要发生和已经发生的偏差，把各项生产费用控制在计划成本的范围之内，以保证成本目标的实现。施工项目成本控制既涉及企业经营管理层的控制职能，又涉及施工项目经理部的控制职能，而且对于工程承发包双方都具有现实意义。

施工项目成本控制是一个由成本预测、计划、实施、核算、分析、考核、整理成本资料与编制成本报告等环节组成的系统过程。

（一）成本预测

成本预测是依据成本信息和施工项目的具体情况，对未来的施工成本水平及其可能的发展趋势作出科学的估计，它是施工企业在施工以前对施工成本所进行的核算。成本预测是成本控制的关键，其目的是预见成本的发展趋势，为编制成本计划提供依据。

（二）成本计划的编制

成本计划一般由施工项目经理部编制。它是以货币形式编制施工项目在计划期内的生产费用、成本水平、成本降低率以及为降低成本所采取的主要措施和规划的书面方案，也是建立施工项目成本控制责任制、进行成本控制和核算的基础。

（三）成本计划的实施

成本计划的实施就是根据成本计划所作的具体安排对施工项目的各项费用实施有效的控制，不断收集实施信息，并与成本计划进行比较，一旦发现偏差，就分析原因，并采取措施纠正偏差，从而实现成本计划的目标。

（四）成本核算

成本核算是对施工中各种费用的支出和成本的形成进行核算。施工项目经理部作为企业的成本中心，应大力加强施工项目成本核算，为成本控制各环节提供必要的资料。

（五）成本分析

成本分析是在施工项目跟踪核算的基础上，动态分析各成本项目节约或超支的原因。成本分析主要利用成本核算资料，与计划成本、预算成本以及类似施工项目的实际成本等进行比较，了解成本的变动情况，研究成本变动的因素，检查成本计划的合理性，并揭示成本变动的规律，寻求降低成本的途径。

（六）成本考核

成本考核就是在施工项目完成后，对成本形成中的各责任者按成本目标责任制的有关规定，将成本的实际指标与计划、定额、预算进行对比和考核，评定成本计划的完成情况和各责任者的业绩，并据此给予相应的奖励和处罚。

四、施工项目成本控制的任务

进行施工项目成本控制，应伴随项目施工的进程渐次展开，要注意各个时期的特点和要求。工程建设各阶段的工作内容不同，施工项目成本控制的主要任务也不同。

（一）工程投标报价阶段成本控制的任务

工程投标报价阶段施工成本控制的主要任务是编制适合本企业施工管理水平和施工能力的报价。为此应做好以下工作：

(1) 根据工程概况和招标文件，联系市场和竞争对手的情况，进行成本预测，提出投标决策意见。

(2) 中标以后，应根据项目的规模和特点，组建与其相适应的施工项目经理部，同时以投标书为依据确定项目的成本目标，并下达给施工项目经理部。

(二) 施工准备和施工阶段成本控制的任务

施工准备和施工阶段成本控制的主要任务是确定施工项目经理部的成本控制目标，建立成本控制体系，明确施工项目经理部各部门的成本控制指标，加强成本的过程控制。为此应做好以下工作：

(1) 根据施工图样和有关技术资料，对施工方法、施工顺序、作业组织形式、机械设备选型、技术组织措施等进行认真的分析研究，制定先进合理的施工方案。

(2) 根据企业下达的成本目标，以分部分项工程实物工程量为基础，联系劳动定额、材料消耗定额以及技术组织措施，编制明细而具体的成本计划，并按照部门、施工队和班组的分工进行分解，作为部门、施工队和班组的责任成本落实下去，为以后的成本控制作好准备。

(3) 根据施工时间的长短和参加施工人数的多少，编制间接费预算，并对其进行明细分解，以施工项目经理部有关部门（或业务人员）责任成本的形式落实下去，为以后的成本控制和绩效考评提供依据。

(4) 加强施工任务单和限额领料单的管理，特别是要做好每一个分部分项工程完工后的验收，以及实耗人工、实耗材料的数量核对，为成本控制提供真实可靠的依据。

(5) 将施工任务单和限额领料单的结算资料与计划成本进行核对，计算分部分项工程的成本差异，分析成本差异的原因，并采取有效的纠偏措施。

(6) 作好月度成本原始资料的收集与整理，正确计算月度成本，并分析月度计划成本与实际成本的差异。

(7) 在月度成本核算的基础上，实行责任成本核算。也就是利用原有会计核算资料，按责任部门或责任者归集成本费用，每月结算一次，并与责任成本进行对比，由责任部门或责任者自行分析成本差异，为全面实现责任成本创造条件。

(8) 施工项目经理部要定期（一般为每月一次）检查各责任部门或责任者的成本控制情况和成本控制责、权、利的落实情况，发现问题应及时解决，使成本控制工作得以顺利进行。

(9) 精心安排，干净利落地完成工程竣工的扫尾工作，及时办理竣工结算和转移施工机械、设备，避免施工阶段取得的经济效益逐步流失。

五、施工项目成本控制的组织

施工项目成本控制不仅仅是专业成本员的事情，施工项目经理部所有的管理人员，特别是施工项目经理，都要按照自己的业务分工各负其责。为了保证施工项目成本控制工作的顺利进行，需要把施工项目经理部所有的管理人员组织起来，将计划目标成本进行交底，使其明确自己的成本控制责任，并按照各自的分工开展工作。

（一）建立以项目经理为核心的施工项目成本控制体系

项目经理责任制是项目管理的特征之一。实行项目经理责任制，就是要求项目经理对项目施工的进度、质量、成本、安全和现场管理等全面负责，特别是要把成本控制放在重要位置，因为项目成本失控，就无法实现预期的成本目标，必然影响项目的经济效益和企业的发展。

（二）建立项目成本控制责任制

施工项目成本控制责任制，是指施工项目经理部所有的管理人员在处理日常业务中对施工项目成本控制应尽的责任。建立项目成本控制责任制，要求联系实际，整理成文，作为施工项目管理的一项制度加以贯彻。

1. 合同预算人员的成本控制责任

（1）根据合同条件、预算定额和有关规定，充分利用有利因素，编好施工图预算，为企业正确确定责任目标成本提供依据。

（2）深入研究合同中规定的“开口”项目，在工程技术人员、材料员等的帮助下，努力增加工程收入。

（3）全面收集工程变更资料、按实结算资料，及时办理工程增加账，确保工程收入。

（4）参与对外合同谈判和决策，严格控制分包、采购等合同的数量、单价和金额。

2. 工程技术人员的成本控制责任

（1）根据施工现场的实际情况，合理规划施工现场平面布置，为减少浪费、文明施工创造条件。

（2）严格执行工程技术规范、规程，贯彻预防为主的方针，确保工程质量，减少零星修补，消灭质量事故，不断降低质量成本。

（3）根据工程特点和设计要求，采取适用有效的技术组织措施，走技术与经济相结合的道路，为降低成本开拓新的途径。

（4）严格执行安全操作规程，减少一般安全事故，消灭重大伤亡事故，将事故损失降低到最低程度。

3. 材料管理人员的成本控制责任

（1）选择质量好、价格低、运距短的材料和构配件供应单位，对到场的材料和构配件进行认真的计量和验收，降低管理过程中的损耗。

（2）根据施工进度计划及时组织材料和构配件的供应，杜绝因停工待料造成的损失；合理安排材料储备，减少资金占用。

（3）在施工过程中，严格执行限额领料制度，控制材料消耗并作好余料的回收和利用，为考核材料的实际消耗水平提供正确的依据。

（4）仔细清点钢管脚手、钢模板等周转材料的进出场数量，及时回收、整理、堆放，提高利用效率。

4. 机械管理人员的成本控制责任

（1）根据工程的特点和施工方案，合理选择机械的型号和数量。

（2）根据施工的需要，合理安排机械的进、出场时间和机械施工，充分发挥机械效能，减少机械使用费用。

（3）严格执行机械维修保养制度，保证机械完好。

5. 财务管理人员的成本控制责任

（1）按照成本开支范围、费用开支标准和有关财务制度，严格审核各项成本费用，控制成本支出。

（2）建立月度财务收支计划制度，根据施工的需要，平衡调度资金，通过控制资金使用达到控制施工成本的目的。

（3）建立辅助记录，及时向项目经理和有关管理人员反馈信息，以便对资源消耗进行有效的控制。

（4）开展成本分析，特别是分部分项工程成本分析、月度成本综合分析和针对特定问题进行的专题分析，及时向项目经理和有关管理人员反映情况，提出建议，以便采取针对性措施纠正成本偏差。

（5）协助项目经理检查、考核各部门、各单位责任成本的执行情况，落实责权利相结合的有关规定。

6. 行政管理人员的成本控制责任

（1）根据生产的需要合理安排项目管理人员和后勤管理人员，节约工资性支出。

（2）具体执行费用开支标准和有关财务制度，控制非生产性开支。

（3）管好用好行政办公用财产、物资，防止损坏和流失。

（三）实行对作业队分包成本的控制

1. 工程量和劳动定额的控制

施工项目经理部与作业队的发包和承包，是以实物工程量和劳动定额为依据的。在实际施工中，由于用户需要等原因，往往会发生工程设计和施工工艺的变更，使工程量和劳动定额与劳务合同有所出入，需要按实调整承包金额。对于上述变更事项，一定要强调事先的技术签证，严格控制合同金额的增加；同时还要根据劳务费用增加的内容，及时办理增减账，以便通过工程款结算，从业主那里获得补偿。

2. 估点工的控制

由于建筑施工的特点，施工现场经常会出现一些零星的任务需要作业队去完成。而这些零星任务都是事先无法预计的，只能在劳务合同规定的定额用工以外另行估工或点工，这就会增加相应的劳务费用支出。为了控制估点工的数量和费用，可以按定额用工的一定比例（一般为5%～10%）由作业队包干，并在劳务合同中明确规定。

第二节　施工项目成本控制的基本方法

一、施工成本费用的控制方法

（一）人工费的控制

人工费的控制按照“量价分离”的原则进行，人工用工数按照施工预算、钢筋下料单、模板量等计算出的定额人工工日，并考虑将安全生产、文明施工及零星用工按定额工日的一定比例（一般为15%～25%）综合确定，通过施工项目经理部与作业队签订的劳务合同进行控制。

（二）材料费的控制

由于材料费在施工成本中占有很大的比重，所以材料费的控制是施工项目成本控制的重要内容。材料费的控制采用与人工费控制相同的原则，即按照“量价分离”的原则进行，一是材料用量的控制；二是材料价格的控制。

1. 材料用量的控制

材料用量的控制应在保证符合设计规格和质量标准的前提下，合理和节约使用材料，通过定额管理、计量管理等手段以及施工质量控制、避免返工等有效控制材料物资的消耗。具体方法有：

（1）计量控制。为了准确核算实际材料的用量，保证材料消耗准确，在各种材料进场时，项目材料员必须准确计量，查明是否发生损耗或短缺，如有发生，要查明原因，明确责任。

（2）定额控制。对于有消耗定额的材料，应以消耗定额为依据，通过“限额领料单”进行控制。

（3）指标控制。对于没有消耗定额的材料则实行计划管理和指标控制的方法。应根据长期实际耗用，结合当前具体情况和节约要求，制定领用材料指标，据以控制发料。超过指标的材料，必须经过一定的审批手续方可领用。

（4）以钱代物，包干控制。在材料使用过程中，对部分小型及零星材料（如铁丝、钢丝等）可以采用以钱代物、包干控制的方法。其具体做法是根据工程量计算出所需材料的数量，并将其折算成现金，每月结算时发给施工班组，一次包死，班组需要用料时再从项目材料员处购买，超支部分由班组自负，节约部分归班组所得。

2. 材料价格的控制

材料价格的控制主要由企业材料采购部门在采购中加以控制。由于材料价格是由购买价、运杂费、运输中的合理损耗等所组成，因此控制材料价格主要是通过市场信息、询价、运用竞争机制和合同手段等进行。这就要求材料采购人员必须密切关注市场材料价格的变动，积累系统翔实的市场信息，如遇市场材料价格大幅度增长，可以采用将企业若干个在建工程所用材料集中采购的方法降低材料费。当然也应积极争取业主按实补贴。

（三）机械使用费的控制

据某些工程实例的统计，高层建筑地面以上部分的总费用中，垂直运输机械费约占6%～10%，由此可见机械使用费在施工项目成本中占有较大比重，应进行严格的控制。

控制机械使用费应在考虑工程特点和施工条件合理选择、使用施工机械设备的前提下，控制机械台班数量和台班单价。为此应注意做好以下工作：

（1）合理安排施工生产，加强机械设备的计划管理，减少因安排不当引起的机械设备闲置。

（2）加强机械设备的调度工作，尽量避免窝工，提高现场机械设备利用率。

（3）加强现场机械设备的维修保养，避免因不正当使用造成机械设备的停置。

（4）作好机上人员与辅助生产人员的协调与配合，提高施工机械台班产量。

（四）构件加工费和分包工程费的控制

在市场经济条件下，门窗、木制成品、砼构件、金属构件的加工，以及打桩、土方、吊装、装饰、屋面防水等专项工程往往采用分包的形式进行，在签订分包合同时，一定要坚持“以施工预算控制合同金额的原则”，决不允许合同金额超过施工预算。如果能做到这一点，实现预期的成本目标，就有了相当大的把握。

（五）施工管理费的控制

施工管理费在施工项目成本中占有一定的比重，但其使用和开支弹性较大，因此进行控制较难把握。根据我国的国情和一些施工企业的经验可采取的主要控制措施有：

（1）根据施工管理费占施工项目计划成本的比重，确定施工管理费总额。

（2）在施工项目经理的领导下，编制项目经理部施工管理费总额预算作为控制管理费的依据。

（3）制定施工管理费开支范围和标准，落实各部门和岗位的控制责任。

（4）制定并严格执行施工管理费的审批、报销程序。

（六）临时设施费的控制

施工现场临时设施费的控制有硬手段和软手段两个途径。所谓硬手段主要是指优化施工技术方案、改进施工方法、控制施工规模以合理配置施工现场临时设施；所谓软手段主要是指通过加强管理、克服浪费、提高利用率来降低单位建筑产品临时设施的数量和费用。

有必要强调的是，施工规模或施工集中度大，虽然可以缩短工期，但所需要的施工临时设施的数量也多，势必导致临时设施费的增加，反之亦然。因此，合理确定施工规模或施工集中度，在满足计划工期目标要求的前提下，尽量减少各类施工临时设施，蕴藏着极大的降低施工项目成本的潜力。

二、以施工预算控制资源的消耗

资源消耗数量的货币表现就是成本费用。因此，资源消耗数量的减少，就等于成本费用的降低；控制了资源消耗，也就是控制了施工项目成本。以施工预算控制资源消耗的实施步骤和方法如下：

（1）在项目开工以前，应根据施工图、施工方案和企业定额编制施工预算，作为指导和管理施工的依据。施工过程中，如遇工程变更或改变施工方法，应由预算员对施工预算做统一调整和补充。

（2）对施工班组的任务安排，必须签发“施工任务单”和“限额领料单”，并向施工班组进行技术交底。“施工任务单”和“限额领料单”的内容应与施工预算完全吻合，不允许篡改施工预算，也不允许有定额不用而另行估工。

（3）在“施工任务单”和“限额领料单”的执行过程中，要求生产班组根据实际完成的工程量和实耗人工、实耗材料作好原始记录，作为“施工任务单”和“限额领料单”结算的依据。

（4）任务完成后，根据回收的“施工任务单”和“限额领料单”进行结算，并按照结算内容支付劳动报酬。

为了保证“施工任务单”和“限额领料单”结算的正确性，要求对“施工任务单”和“限额领料单”的执行情况进行认真的验收和核查。

为了便于在任务完成后进行“施工任务单”和“限额领料单”与施工预算的逐项对比，要求在编制施工预算时，对每一个分项工程（工序）名称进行编号，以便对号检索对比，分析节约与超支。分项工程（工序）实际消耗与施工预算对比表的格式如表 5-1 所示。

表 5-1 工料消耗对比表

分项工程编号	分项工程名称	单位	名称	工程量	人工	钢材	水泥	木材	……
			规格						
			单位						
			预算						
			实际						
			节超						
			预算						
			实际						
			节超						
			预算						
			实际						
			节超						
			预算						
			实际						
			节超						
			预算						
			实际						
			节超						
			预算						
			实际						
			节超						
			预算						
			实际						
			节超						

三、建立资源耗用台账，实行资源消耗的中间控制

资源耗用台账主要包括人工耗用台账、材料耗用台账、结构件耗用台账、周转材料使用台账、机械使用台账、临时设施台账等。由于建筑工程的特点，材料

成本是整个施工项目成本的主要组成部分，因此这里仅以“材料耗用台账”为例，说明资源耗用台账在施工项目成本控制中的应用。

（一）材料耗用台账的格式

材料耗用台账的格式如表5-2所示。

表5-2　材料耗用台账

时间		摘　　要	水泥	水泥	水泥	砂	碎石	碎石	砖
年	月		32.5/t	42.5/t	52.5/t	/t	25/t	40/t	甲级/千块
		施工图预算	280	500	150	1400	300	1500	235.5
		施工预算	270	480	130	1350	290	1400	220.0
2008	5	本月耗用	30	50	—	120	—	220	—
2008	6	本月耗用	15	60	—	110	—	250	3.2
		累计	45	110	—	230	—	470	3.2
2008	7	本月耗用	10	50	40	150	60	220	20.5
		累 计	55	160	40	380	60	690	23.7

材料耗用台账（见表5-2）的账面数字中，第一、二行分别为施工图预算数和施工预算数，它是整个施工项目用料的控制依据；第三行为施工第一个月的材料耗用数，第四、五行分别为施工第二个月的材料耗用数和到第二个月为止的累计材料耗用数；依此类推，直到项目竣工为止。

（二）材料耗用的中间控制

项目成本员应于每月初根据材料耗用台账的记录，向项目经理和材料部门反馈信息，项目经理和材料部门收到材料耗用的信息以后，应做好以下工作：

（1）根据本月材料耗用数，联系本月实际完成的工程量，分析材料消耗水平和节超原因，制定节约使用材料的措施，分别落实到相关人员和生产班组。

（2）根据材料的尚可使用数（施工预算数减去累计耗用数），联系项目施工的形象进度，从总量上控制今后的材料消耗，而且要保证有所节约。这是降低材料成本的重要环节，也是实现施工项目成本控制目标的关键。

四、进行施工成本与进度同步跟踪，控制分部分项工程成本

建筑施工过程中，成本与进度之间存在着必然的同步关系，即施工进行到什么程度，就应该发生相应的成本费用。如果成本与进度之间不对应，就要作为“不正常”现象进行分析，找出原因，并加以纠正。

为了便于在分部分项工程的施工中进行成本与进度的同步跟踪控制，掌握施工进度与成本的变化过程，可以按照横道图与网络图的特点分别进行处理。

（一）横道图计划的施工成本与进度同步跟踪控制

现以某施工项目基础工程的成本与进度同步跟踪控制为例，说明分部分项工程成本的控制。

某施工项目基础工程的横道图进度计划如图 5-1 所示，图中表示作业进度的横线有两条，其中一条为计划进度线（线上 C 后面的数字表示与计划进度相对应的计划成本）；另一条为实际进度线（线下 C 后面的数字表示与实际进度相对应的实际成本）。

从图 5-1 可以掌握以下信息：

（1）每个分项工程的进度与成本的同步关系，即施工进行到什么程度，就将发生多少成本。

（2）每个分项工程的计划施工时间与实际施工时间之比（提前或拖后），以及对后面一个分项工程的影响。

（3）每个分项工程的计划成本与实际成本之比（节约或超支），以及对完成某一时期责任成本的影响。

（4）每个分项工程提前或拖后对成本的影响程度，如挖土提前一天完成，共节约机械台班费和人工费 752（6270－5518）元。

（5）整个施工阶段的进度和成本情况，如该项目基础工程阶段共提前 2 天完成，节约成本费用 7325 元，成本降低率 7.03%。

进行成本与进度同步跟踪，要求实现：

（1）以计划进度控制实际进度。

（2）以计划成本控制实际成本。

（3）随着每个分项工程的提前或拖后，对其成本进行动态控制，以保证项目成本目标的实现。

（二）网络图计划的施工成本与进度同步跟踪控制

网络图计划的施工成本与进度同步跟踪控制与横道图计划的基本原理相同。其表示方法为：在双代号网络图计划箭线上方 C 后面用数字表示该工作的计划成本，箭线下方的数字表示该工作的计划施工时间；实际施工的成本与时间则在箭线附近的方格内按实填写。这样，就能从网络图计划中看到每项工作的计划进度与实际进度、计划成本与实际成本之间的对比情况，同时也可清楚地看出以后控制进度、控制成本的方向，如图 5-2 所示。

五、坚持现场管理标准化，堵塞浪费漏洞

建筑施工中，现场管理标准化的范围很广，比较突出而又需要特别关注的是现场平面管理和现场安全生产管理，因为在这两方面稍有不慎，就会造成浪费，甚至会造成重大损失。

分项工程编号	分项工程工序名称	单位	工程量	产值/元	人工 技	人工 辅	施工进度/天（5 10 15 20 25 30 35）
01-001	蟹斗挖土	m^3	11.30	6968	–	44	C6270 / C5518
01-002	C10素混凝土垫层	m^3	3.75	7.28	3	2	C650 / C614
01-003	有梁带基扎筋	t	9.45	28448	41	5	C18400 / C17400
01-004	有梁带基支模	m^2	320.00	6888	68	50	C5480 / C5261
01-005	C20有梁带基混凝土	m^3	150.00	20.000	40	44	C26700 / C24564
01-006	砖基础M10砂浆	m^3	135.00	21477	141	49	C19330 / C17977
01-007	C20钢筋混凝土防水带	m^3	6.75	3787	30	12	C3400 / C2992
01-008	架空板12cm	m^3	450.00	25002	120	31	C22500 / C21150
01-009	基础回填土	m^3	1048.00	1572	–	231	C1420 / C1349

图 5-1　××项目基础工程施工成本与进度同步跟踪控制横道图

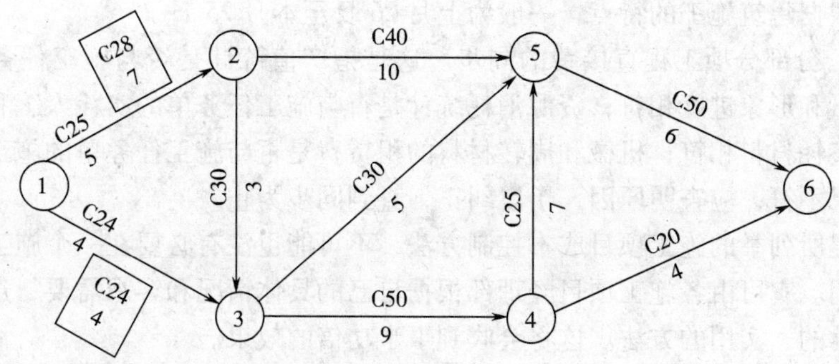

图 5-2　施工成本与进度同步跟踪控制网络图

施工现场的平面布置和安全生产管理制度、措施，是根据工程特点和场地条件，以配合施工为前提合理安排的。但是在施工过程中，往往会出现不执行现场平面布置、忽视安全的情况，较为常见的是：

（1）材料、构件不按规定的地点堆放，造成二次搬运，不仅浪费人力，还会造成材料、构件在搬运中的损失。

（2）模板及钢管脚手随便堆放，甚至放在路边，既影响场容整洁，又容易在车辆通行中造成损失。

（3）任意开挖道路又不采取措施，造成交通中断。

（4）排水系统不畅，一遇下雨则现场积水严重，造成电器设备受潮容易触电，水泥变质报废。

（5）不遵守现场安全操作规程，容易发生工伤、死亡事故或设备事故。

（6）忽视消防工作和设施的检查，容易发生火警和对火警的有效抢救。

上述这些情况一旦发生，必将造成浪费甚至重大损失，从而影响施工成本。因此，必须加强施工现场管理标准化，切实做好预防工作，堵塞浪费漏洞，把可能发生的损失减少到最低程度。

六、定期开展“三同步”检查，防止项目成本盈亏异常

所谓“三同步”就是统计核算、业务核算和会计核算的同步。统计核算即产值统计；业务核算即人力资源和物质资源的消耗统计；会计核算即成本会计核算。根据施工活动的经济规律，这三者之间有着必然的同步关系，具体表现为完成多少产值，消耗多少资源，发生多少成本，三者应该同步。否则，施工项目成本就会出现盈亏异常。

开展“三同步”检查的目的，就是查明不同步的原因，纠正施工项目成本盈亏异常的偏差。“三同步”检查的方法，可以从以下三方面着手：

（1）时间上同步。这是指产值统计、资源消耗统计和成本核算的时间应该

统一。根据建筑施工的特点，一般为上月26日至本月25日。

（2）分部分项工程直接费的同步。这是指产值统计是否与施工任务单的实际工程量和形象进度相符；资源消耗统计是否与施工任务单的实耗人工和限额领料单的实耗材料相符；机械和周转材料的租赁费是否与施工任务单的施工时间相符。如果不符，应查明原因，予以纠正，直到同步为止。

以上所列举的施工项目成本控制方法，不可能也没有必要在一个施工项目上全部使用。它可由各施工项目经理部根据自己的具体情况和客观需要，选用其中有针对性的、实用的方法。这将会收到事半功倍的效果。

第三节　施工项目成本核算

一、施工项目成本核算的对象、任务与要求

施工项目成本核算是对项目经理部计划目标成本是否实现的检验，是施工项目成本控制中的重要职能。进行成本核算，首先要明确成本核算的对象与任务。

（一）施工项目成本核算的对象

施工项目成本核算的对象，是指在计算施工成本中，确定归集和分配生产费用的具体对象，即生产费用承担的客体。确定施工项目成本核算的对象是归集和分配生产费用，正确计算施工成本的前提。一般来说，施工项目成本核算对象的划分有以下几种方法：

（1）一个单位工程由几个施工单位共同施工时，各施工单位都应以同一单位工程为成本核算的对象，各自核算自行完成的部分。

（2）规模大、工期长的单位工程，可以将工程划分为若干部位，以分部位的工程作为成本核算对象。

（3）同一建设项目，又由同一施工单位施工，并在同一地点，属于同一结构类型，开竣工时间相近的若干单位工程，可以合并为一个成本核算对象。

（4）改建、扩建的零星工程，可以将开竣工时间相接近，属于同一建设项目的各个单位工程合并作为一个成本核算对象。

（5）土石方工程、打桩工程，可以根据实际情况和管理需要，以一个单位工程为成本核算对象，或将同一施工地点的若干个工程量较少的单项工程合并为一个成本核算对象。

（二）施工项目成本核算的任务

鉴于施工项目成本核算在成本控制中的重要地位，施工项目成本核算一般应完成以下任务：

（1）执行国家有关成本开支范围、费用开支标准和企业施工预算、成本管理的有关规定，促使施工项目合理、节约地使用人力、物力和财力。

（2）正确及时地核算施工过程中发生的各项费用，计算施工项目的实际成本。

（3）反映和监督施工项目成本计划的完成情况，为项目管理提供可靠的成本报告和有关资料，促使项目经理部改善经营管理，降低成本，提高经济效益。

（三）施工项目成本核算的要求

施工项目成本核算是一项很复杂的工作，为使其仔细、准确，并充分地发挥作用，必须达到下列要求：

（1）以每一月为一个核算周期。

（2）核算对象按单位工程划分，并与责任目标成本的界定范围相一致。

（3）坚持施工形象进度、施工产值统计和实际成本归集“三同步”的原则。

（4）采用会计核算、统计核算和业务核算“三算结合”的方法。

（5）编制月度项目成本报告上报企业，以接受指导、检查和考核。

（6）每月末预测后期成本的变化趋势，制定改善成本控制的措施。

二、施工项目成本核算的基础工作

（一）健全企业和项目经理部两级核算组织体系

施工项目管理和企业生产经营管理相互联系，但又有不同的责任目标，因此必须从核算组织体制上打好基础。为了科学有序地进行施工项目成本核算，分清责任，合理考核，应做好以下工作：

（1）建立健全原始记录制度。

（2）建立健全各种财产物资的收发、领退、转移、清查、盘点等制度。

（3）制定先进合理的企业成本定额。

（4）建立企业内部结算体系。

（5）对成本核算人员进行培训。

（二）规范企业成本会计账表

以项目核算为基点的成本会计账表是施工项目成本的记录，它应真实地反映施工项目成本的实际情况。施工项目成本核算重要的基础工作之一就是企业应规范相关成本会计账表。这些会计账表主要包括：工程施工账、施工间接费账、其他直接费账、项目工程成本表、在建工程成本明细表、施工间接费表等。

（三）建立施工项目成本核算的辅助记录台账

施工项目成本是生产耗费的货币表现，而不是生产耗费的原始事务状态，这往往使项目经理和项目经理部的管理人员有一种模糊的感觉。通过建立施工项目成本核算的辅助记录台账，还其本来面目，就会有清晰的透明度。为了作好成本核算的辅助记录台账，应由项目经理理部的有关业务人员记录各项经济业务的过程，项目预算员（或成本员）记录各项经济业务的结果，并要求按时完成。例如：项目料具员应记录各种材料的收、发、耗、存数量和金额，项目预算员记录主要材料耗用和金额的总数。

施工项目成本核算的各种辅助记录台账的原始资料来源及设置要求如表5-3所示。

表5-3　施工项目成本核算辅助记录台账

序号	台账名称	责任人	原始资料来源	设置要求
1	人工费台账	预算员	劳务合同结算单	分部分项工程的工日数、实物量金额
2	机械使用费台账	预算员	机械租赁结算单	各种机械使用台班金额
3	主要材料收发台账	材料员	材料入库单、限额领料单	反映月度分部分项收发数量、金额
4	周转材料使用台账	材料员	周转材料租赁结算单	反映月度租用数量、动态
5	设备使用台账	材料员	设备租赁结算单	反映月度租用数量、动态
6	构件、门窗台账	技术员	入库单、领用单	反映进场、耗用的数量和金额
7	商品砼专用台账	材料员	商品砼结算单	反映月度收发数量、金额
8	其他直接费台账	预算员	与各子项目相应的单据	反映月度耗费的金额
9	施工管理费台账	预算员	与各子项目相应的单据	反映月度耗费的金额
10	预算增减账台账	预算员	技术核定单、返工记录、预算定额、实际报耗资料、签证单	预算增减账内容、金额
11	索赔记录台账	预算员	索赔单据	反映及时、便于收取
12	资金台账	预算员	工作量、预算增减账、工程账单、收款与支付凭证	反映工程价款收支及拖欠情况
13	工程进度台账	统计员	工程实际进展情况	按分部分项工程据实记录
14	产值构成台账	统计员	施工预算、工程形象进度	按“三同步”要求正确反映每月的施工产值
15	质量成本科目台账	技术员	技术措施项目的报耗实物量费用原始单据	便于结算费用
16	成本台账	预算员	归集记录有关成本费用资料	反映“三同步”
17	甲方供料台账	预算员	甲方提供的材料、构件验收、领用单据	反映供料数量、规格、损坏情况

三、施工项目成本核算的基本框架

（一）人工费核算

1. 外包人工费核算

进行外包人工费核算，应按项目经理部与劳务基地（内部劳务市场外来劳务）或直接与单位施工队伍签订的包清工合同，以当月验收完成的工程实物量，计算出定额工日数乘以合同人工单价确定人工费。并按月凭项目成本管理人员提供的“包清工工程款月度成本汇总表”预提计入项目单位工程成本。

2. 内包人工费核算

内包人工费核算是指施工企业两层分开后企业所属的劳务公司（内部劳务市场自有劳务）与项目经理部签订的劳务合同结算的全部工程价款。适用于类似外包工的合同定额结算支付办法，按月结算计入单位工程成本。

（二）材料费核算

1. 施工耗用材料费核算

施工耗用的材料，根据限额领料单、退料单、报损报耗单、大宗材料耗用计算单等，由项目料具管理人员按单位工程编制“材料耗用汇总表”，据此计入项目成本。

2. 周转材料费核算

施工项目周转材料费按以下方法进行核算：

（1）周转材料实行租赁制，以租赁费的形式反映其消耗情况，按“谁租用谁负担”的原则核算其项目成本。

（2）按周转材料租赁合同，由出租方和项目经理部按月结算租赁费。租赁费计入项目成本。

（3）周转材料在调入移出时，必须进行计量验收，如有短缺、损坏，按原价赔偿，计入项目成本。

（4）对扣件、卡具等零件，考虑到其比较容易散失的因素，按规定实行定额预提摊耗，摊耗数计入项目成本，相应减少次月租赁基数及租赁费。单位工程竣工，必须进行盘点，盘点后的实物数与前期逐月按控制定额摊耗后的数量差，按实调整清算计入项目成本。

（5）实行租赁制的周转材料，一般不再分配负担周转材料差价。

3. 构件费核算

施工项目构件费按以下方法进行核算：

（1）构件的使用必须要有领发手续，并根据这些手续，按照单位工程使用对象编制“构件耗用月报表”。

（2）构件的单价，以项目经理部与加工单位签订的合同为准，计算耗用金额计入项目成本。

(3) 根据实际施工形象进度、已完施工产值统计、各类实际成本报耗三者在月度时点上的“三同步”原则，构件耗用的品种和数量应与施工产值相对应。构件数量金额账的结存数，应与项目成本员的账面余额相符。

(4) 构件的高进高出价差核算同材料费的高进高出价差核算一致。构件内的“三材”数量、单价、金额均按报价书核定，或按竣工结算单的数量按实结算。

(5) 门窗等部位分项分包，按照类似构件管理和核算的办法，作好月度已完工程验收记录，正确计报部位分项分包产值，及时、正确、足额地计入项目成本。

(三) 机械使用费核算

施工项目机械使用费按以下方法进行核算：

(1) 机械设备实行租赁制，以租赁费的形式反映其消耗情况，按“谁租用谁负担”的原则核算其项目成本。

(2) 项目经理部租赁的各类大、中、小型机械，其租赁费全额计入项目机械费成本。

(3) 根据企业内部机械设备的租赁规定要求，结算原始凭证由项目指定专人签证开班和停班数，据以结算费用。

(4) 向外单位租赁机械设备，按当月租赁费用金额计入项目机械费成本。

(5) 机械租赁费结算，尤其是大型机械费及进出场费应与产值相对应，防止只有收入无成本或形成收入与支出不匹配的状况。

(四) 其他直接费核算

(1) 临时设施摊销费按搭建的临时设施总价除以项目合同工期，求出每月应摊销额，临时设施使用一个月就摊销一个月，摊完为止。项目竣工搭拆差额(盈亏)按时调整实际成本。

(2) 大型机动工具、用具等可以套用机械租赁办法以租赁费形式计入项目成本，工、用具的修理费按实际发生数计入项目成本。

(3) 除上述以外的其他直接费内容，均应按实际发生的有效结算凭证计入项目成本。

(五) 施工间接费核算

为了明确项目经理部的经济责任，正确合理地反映项目管理的经济效益，项目经理部自身不但应该掌握、控制直接成本，而且应该掌握、控制间接成本，即对全部项目成本负责。企业的管理费用、财务费用作为期间费用，不再构成项目成本，企业与项目经理部分开核算。

施工项目发生的施工间接费必须是自己可控的，应作到知道将发生什么耗费，有办法计量、控制、调节这些耗费，使施工项目成本（包括施工间接费）处于受控状态。

（1）以项目经理部为单位编制工资单和奖金单列支工作人员薪金。项目经理部工资总额每月必须正确核算，以此计提职工福利费、教育经费、劳保统筹费等。

（2）施工间接费先在项目“施工间接费”总账归集，再按一定的分配标准计入受益成本核算对象——单位工程。

（六）分包工程成本核算

项目经理部将部分工程内容以分包形式交由外单位承包，其核算要求包括：

（1）包清工工程纳入人工费——外包人工费内核算。

（2）部位分项分包工程，纳入结构件费内核算。

（3）对双包工程（包工包料），可根据总分包企业合同差（总包单位管理费、分包单位让利收益等），测定目标盈利率。月度结算时，以双包工程已完工价款作收入，应付双包单位工程款作支出，适当负担施工间接费预结降低额。为稳妥起见，拟控制在目标盈利率的50%以内，也可月结成本时作收支持平，竣工结算时，再按实调整实际成本，反映利润。

（4）机械作业分包工程的产值统计只计分包费用，而不包括物耗价值，其分包实际成本与此对应包括分包结账单内除工期奖之外的全部工程费用。机械作业分包工程的结算同双包工程相同。

（5）对分包单位领用、租用、借用的物资、工具、设备、人工等费用，必须根据项目经理部管理人员开具的，且经分包单位指定专人签字认可的专用结算单据入账，抵作已付分包工程款。

四、施工项目实际成本数据的收集与计算

为使施工项目成本核算坚持施工形象进度、施工产值统计和实际成本归集“三同步”的原则，施工产值及实际成本的归集宜按照下列方法进行：

（1）应按照统计人员提供的当月完成工程量的价值及有关规定，扣减各项上缴税费后作为当期工程结算收入。

（2）人工费应按照劳动管理人员提供的用工分析和收益对象进行账务处理，计入工程成本。

（3）材料费应根据当月项目材料消耗和实际价格计算当期损耗，计入工程成本；周转材料按照当月使用时间、数量、单价计算，计入工程成本。

（4）机械使用费按照项目当月使用台班和单价计入工程成本。

（5）其他直接费应根据有关核算资料进行财务处理，计入工程成本。

（6）间接成本应根据现场发生的间接成本项目的有关资料进行账务处理，

计入工程成本。

第四节　施工项目成本偏差分析与考核

一、施工项目成本偏差分析

（一）计划偏差

在施工项目成本偏差分析中，把施工项目预算成本与计划成本相比较的差额叫做计划偏差，即

$$计划偏差 = 预算成本 - 计划成本 \tag{5-1}$$

这里的预算成本是指企业下达给施工项目经理部的责任目标成本；计划成本是指项目经理部的计划目标成本。两者的计划偏差反映了项目经理部的计划目标成本与企业预期目标成本之间的差异。如果计划偏差为正值，则反映了项目经理部施工项目成本事前预控所要达到的目标，即反映成本预控的计划效益。

（二）实际偏差

在施工项目成本偏差分析中，把施工项目计划成本与实际成本相比较的差额叫做实际偏差，即

$$实际偏差 = 计划成本 - 实际成本 \tag{5-2}$$

分析实际偏差的目的在于检查施工项目计划成本的执行情况。如果实际偏差为正值，则反映了项目经理部成本控制的实绩；如果实际偏差为负值，则反映项目经理部在计划成本控制中存在缺点和问题，需继续挖掘成本控制中的潜力。

（三）施工项目成本偏差分析的应用

1. 分部分项工程成本偏差分析

分部分项工程成本偏差分析是以已完的分部分项工程为对象，进行预算成本、计划成本和实际成本的“三算”对比，分别计算计划偏差和实际偏差，并分析偏差产生的原因，为今后的分部分项工程成本寻求节约途径。分部分项工程成本偏差分析表如表 5-4 所示。

表 5-4　分部分项工程成本偏差分析表

单位工程：

分部分项工程名称：　　　　　　　　工程量：　　　　　　　施工日期：

工料名称	规格	单位	单价	预算成本		计划成本		实际成本		计划偏差		实际偏差	
				数量	金额	数量	金额	数量	金额	数量	金额	数量	金额

（续）

工料名称	规格	单位	单价	预算成本		计划成本		实际成本		计划偏差		实际偏差	
				数量	金额	数量	金额	数量	金额	数量	金额	数量	金额
合计													
预算与计划比较（%）（计划＝100）													
实际与计划比较（%）（计划＝100）													
节超原因说明													

由于施工项目包括很多分部分项工程，不可能也没有必要对每一个分部分项工程都进行成本分析，特别是一些工程量小、成本费用低的零星工程。但是，对于那些主要分部分项工程则必须进行成本偏差的数量分析，而且要做到从开工到竣工的系统分析。这是一项很有意义的工作，因为通过主要分部分项工程成本偏差的数量分析，可以基本上了解成本形成的全过程，为竣工成本分析和今后的成本控制工作提供宝贵的参考资料。

2. 月（季）度成本偏差分析

月（季）度成本偏差分析，是施工项目定期的、经常性的中间成本分析。对于具有一次性特点的施工项目来说，有着特别重要的意义。因为通过月（季）度成本偏差分析，可以及时发现问题，以便按照成本计划指示的方向进行监督和控制。

月（季）度成本偏差分析可分为直接成本偏差分析和间接成本偏差分析。

（1）月（季）度直接成本偏差分析。月（季）度直接成本偏差分析主要是反映分部分项工程实际完成的实物量和与成本相对应的情况，以及计划偏差和实际偏差，为分析偏差产生的原因和针对偏差采取相应的措施提供依据。月度直接成本偏差分析表如表5-5所示，季度直接成本偏差分析表与此同理。

表 5-5　月度直接成本偏差分析表

项目名称：　　　　　　　　　　　　　　　　　　　　年　　　　　月

分项工程名称	单位	实物工程量				预算成本		计划成本		实际成本		计划偏差		实际偏差	
		计划		实际		本月	累计	本月	累计	本月	累计	本月	累计	本月	累计
		本月	累计	本月	累计										
1	2	3	4	5	6	7	8	9	10	11	12	7 − 9	8 − 10	9 − 11	10 − 12

（2）月（季）度间接成本偏差分析。月（季）度间接成本偏差分析主要反映间接成本的发生情况，以及计划偏差和实际偏差，为分析偏差产生的原因和针对偏差采取相应的措施提供依据。此外，还要通过间接成本占产值的比例来分析其支出水平。月度间接成本偏差分析表如表 5-6 所示，季度间接成本偏差分析表与此同理。

表 5-6　月度间接成本偏差分析表

项目名称：　　　　　　　　　　　　　　　　　　　　年　　　　　月

间接成本项目	产值		预算成本		计划成本		实际成本		计划偏差		实际偏差		占产值的百分数(%)	
	本月	累计	本月	累计	本月	累计	本月	累计	本月	累计	本月	累计	本月	累计
1	2	3	4	5	6	7	8	9	4 − 6	5 − 7	6 − 8	7 − 9	8 ÷ 2	9 ÷ 3

月（季）度成本偏差分析的依据是月（季）度成本报表。分析的方法通常有以下几个方面：

1）通过实际成本与预算成本的对比，分析当月（季）的成本降低水平；通过累计实际成本与累计预算成本的对比，分析累计的成本降低水平，预测实现项目成本目标的前景。

2）通过实际成本与计划成本的对比，分析计划成本的落实情况，以及目标管理中的问题和不足，进而采取措施，加强成本管理，保证成本目标的落实。

3）通过对各成本项目的分析，可以了解成本总量的构成比例和成本控制的薄弱环节并采取相应的节支措施。

4）通过主要技术经济指标的实际与计划的对比，分析产量、工期、质量、"三材"节约率、机械利用率等对成本的影响。

5）通过对技术组织措施执行效果的分析，寻求更加有效的节约途径。

3. 年度成本偏差分析

由于施工项目的工期一般都比较长，除了要进行月（季）度成本偏差分析外，还要进行年度成本偏差的数量分析。这不仅是为了满足企业汇编年度成本报表的需要，同时也是施工项目成本控制的需要。

年度成本偏差分析的依据是年度成本报表，其内容除了月（季）度成本偏差的数量分析的五个方面的内容外，重点是总结一年来成本控制的成绩和不足，并针对下一年度的施工进展情况规划切实可行的成本控制措施，以保证成本目标的实现。

（四）施工项目成本偏差的原因分析与纠偏对策

进行施工项目成本偏差分析的目的，就是要找出引起成本偏差的原因，进而采取针对性的措施，有效地控制施工成本。

一般来说，引起成本偏差的原因是多方面的，既有客观方面的原因，也有主观方面的原因。其中，客观方面的原因主要是自然因素（如气象条件、地质条件、环境条件）的影响；主观方面的原因主要是主观因素（如施工队伍、施工方案、进度安排、技术能力、质量标准）的影响。为了对成本偏差进行分析，首先应将各种可能导致偏差的原因一一列举出来，加以分类，再找出主要原因，并针对其采取切实可行的措施。施工项目成本偏差的纠偏措施包括组织措施、技术措施、经济措施和合同措施。

1. 组织措施

施工项目经理部应将成本责任分解落实到各个岗位、个人，并确定合理的工作流程，进行全过程控制、全员控制和动态控制，形成一个分工明确、责任到人的成本控制责任体系，以完善的规章制度、稳定的作业秩序、完整的信息传递确保成本控制的成功。

施工项目成本控制的组织措施是其他各类措施的前提和保障，而且一般不需要增加什么费用，运用得当可以收到良好的效果。

2. 技术措施

施工过程中降低成本的技术措施主要包括进行技术经济比较，确定最佳施工方案；结合施工方法进行材料的比选和代用，改变配合比、使用填加剂降低材料消耗费用；确定最合适的施工机械、设备使用方案；新技术、新工艺、新材料的应用等。在实践中，也要避免仅从技术角度选定方案而忽视对其经济效果分析论证的情况。

3. 经济措施

项目经理部的管理人员应认真作好成本预测，编制资金使用计划；确定、分解成本管理目标，严格控制各种费用开支，及时、准确地记录、收集、整理核算实际发生的成本；对各种变更，做好增减账并及时落实业主签证，及时结算工程款。

4. 合同措施

应根据工程规模、性质和特点选用合适的合同结构；在合同条款中应仔细分析影响成本的因素，并采取必要的对策；在合同履行期间，既要注意自身的履约情况，以免被业主处罚，又要关注对方的履约情况，以寻求索赔的机会。

二、施工项目成本偏差与进度偏差同步分析

建筑施工活动中，常常由于某种原因的影响，既出现成本偏差又出现进度偏差，这时，必须应用挣值法进行施工项目成本偏差与进度偏差同步分析。

（一）挣值法及其基本参数

挣值法也称曲线法，是一种测量施工项目成本与进度实施情况的方法。它是通过实际完成的施工内容与计划要求相比较，确定施工项目进度是否符合计划要求，从而确定施工项目成本是否与原计划存在偏差的方法。挣值法涉及以下几个基本参数：

（1）拟完工程计划成本 BCWS（Budgeted Cost of Work Scheduled）。这是指根据施工项目进度计划安排在某一给定期间（如施工进度计划中的一个月）内所应完成的施工内容的计划成本（包括所有应分摊的间接成本）。BCWS 是施工项目进展时间的函数，为计划成本累计值，随项目的进展而增加。拟完工程计划成本 BCWS 数值的确定，要先根据施工项目进度计划确定在某一给定期间内的拟完工程的内容，然后通过查阅施工项目成本计划得出。

（2）已完工程计划成本 BCWP（Budgeted Cost of Work Performed）。这是指在某一给定期间（如施工中的一个月）内实际完成的施工内容的计划成本（包括所有应分摊的间接成本）。已完工程计划成本 BCWP 数值的确定，要根据某一

给定期间内已完工程的内容，通过查阅施工项目成本计划得出。

（3）已完工程实际成本 ACWP（Actual Cost of Work Performed）。这是指在某一给定期间（如施工中的一个月）内完成的施工内容所实际发生的成本（包括直接成本和间接成本）。ACWP 是施工项目进展时间的函数，为实际成本累计值，随项目的进展而增加。已完工程实际成本 ACWP 数值的确定，要根据某一给定期间内已完工程的内容，通过成本核算得出。

（二）成本偏差与进度偏差

为了测定施工活动是否按照计划进行，挣值法引入以下两个变量来反映施工项目进展偏差。

1. 成本偏差

施工项目成本偏差是指在某一给定期间（如施工中的一个月）内，已完工程计划成本（BCWP）与已完工程实际成本（ACWP）之差。其计算公式为

成本偏差 = 已完工程计划成本(BCWP) - 已完工程实际成本(ACWP)　　(5-3)

如果施工项目成本偏差为正值，说明施工成本节约；成本偏差为负值，说明施工成本超支。

2. 进度偏差

为了真实地反映施工项目成本偏差，不被一些表面现象所迷惑，必须引入进度偏差的概念。因为施工项目成本与进度有着密切的关系，而施工进度又往往受到一些因素的干扰，使实际施工进度不能完全按照计划进度进行。

施工项目进度偏差是指在某一给定期间（如施工中的一个月）内，已完工程计划成本（BCWP）与拟完工程计划成本（BCWS）之差。其计算公式为

进度偏差 = 已完工程计划成本(BCWP) - 拟完工程计划成本(BCWS)　　(5-4)

进度偏差的实质是用施工成本的支出情况来反映施工活动的进展。如果施工项目进度偏差为正值，说明施工进度提前；进度偏差为负值，说明施工进度拖后。

成本偏差与进度偏差反映施工项目成本与进度偏差的绝对值。

3. 偏差程度

反映偏差程度的指标有两个，即成本偏差程度和进度偏差程度。它反映施工项目成本与进度偏差的相对值。

施工项目成本偏差程度是指截止到某一时点的施工项目已完工程计划成本（BCWP）与已完工程实际成本（ACWP）的比值。其计算公式为

成本偏差程度 = 已完工程实际成本(ACWP)/已完工程计划成本(BCWP)　　(5-5)

成本偏差程度反映已完工程成本实际值对计划值的偏离程度，如果施工项目成本偏差程度大于1，说明施工成本超支；成本偏差程度小于1，说明施工成本节约。

施工项目进度偏差程度是指截止到某一时点的施工项目已完工程计划成本（BCWP）与拟完工程计划成本（BCWS）的比值，其计算公式为

进度偏差程度 = 已完工程计划成本(BCWP)/拟完工程计划成本(BCWS) (5-6)

如果施工项目进度偏差程度大于1，说明施工进度提前；进度偏差成本程度小于1，说明施工进度拖后。

4. 局部偏差和累计偏差

局部偏差是对施工项目已经实施的时间而言，是指每一控制周期所发生的成本偏差。累计偏差是一个动态的概念，其数值总是与具体的时间联系在一起的，第一个累计偏差在数值上等于局部偏差，最终的累计偏差就是整个施工项目的成本偏差。

局部偏差的引入，可使施工项目成本控制人员清楚地了解成本偏差发生的时间、所在的分部分项工程，这有利于分析成本偏差发生的原因；而累计偏差所涉及的施工内容较多、范围较大，且原因也较复杂，所以累计偏差分析必须以局部偏差分析为基础。从另一方面来看，因为累计偏差分析是建立在对局部偏差进行分析的基础上，所以其结果更能显示出代表性和规律性，对成本控制工作在较大范围内具有指导作用。

下面以一个工程实例说明施工项目成本偏差与进度偏差同步分析。

某施工项目计划工期为两年，施工项目经理部针对该项目编制的施工项目成本计划的计划总成本为800万元（其中第一年计划总成本为300万元，第二年为500万元）。在该项目实施过程中，通过成本核算和有关成本与进度的记录得知，该项目开工后第一年末实际成本发生额为200万元，经查阅施工项目成本计划，第一年所完成施工内容的计划成本为180万元。试对该项目进行成本偏差与进度偏差同步分析。

［计算］

该项目进行到第一年末时，使用挣值法所需的基本参数分别为

拟完工程计划成本（BCWS）300万元

已完工程计划成本（BCWP）180万元

已完工程实际成本（ACWP）200万元

成本偏差＝已完工程计划成本（BCWP）－已完工程实际成本（ACWP）＝180万元－200万元＝－20万元

进度偏差＝已完工程计划成本（BCWP）－拟完工程计划成本（BCWS）＝

180 万元 - 300 万元 = -120 万元

成本偏差程度 = 已完工程实际成本（ACWP）/已完工程计划成本（BCWP）= 200/180 = 1.11

进度偏差程度 = 已完工程计划成本（BCWP）/拟完工程计划成本（BCWS）= 180/300 = 0.6

［**分析**］

成本偏差为负值，表明该项目第一年末已完工程实际成本支出超过计划成本，项目处于超支状态，超支额为 20 万元。

进度偏差为负值，表明该项目实施的第一年内计划成本没有足额完成，项目实际进度落后于计划进度，拖欠的工作量为 120 万元。

进度偏差程度小于 1，表明该项目第一年计划工期的实际完成程度只有 60%，即在该项目实施的第一年里只完成了计划应完成工作量的 60%，施工进度拖后 40%。也就是说，在项目开工后第一年内，有相当于 120 万元工作量的施工内容应完成而未完成。

成本偏差程度大于 1，表明该项目第一年完成同样的工作量实际发生的成本是计划成本的 1.11 倍。

［**结论**］

该项目开工后第一年末实际成本发生额（200 万元）小于计划成本（300 万元），表面上看来节约了施工成本，其实则不然，实际情况是该项目施工成本不但没有节约，反而超支。这是因为：

（1）该项目实际进度落后于计划进度（拖欠工作量 120 万元）。

（2）该项目实际成本高于计划成本（超支额为 20 万元）。

综合成本偏差与进度偏差两方面的情况，该项目开工后第一年末总的施工成本偏差应为 140 万元（120 + 20）。因此，在第二年的施工活动中，施工项目经理部必须采取强有力的降低成本措施与加快进度措施，以扭转这种不利的局面。

三、施工项目成本考核

（一）施工项目成本考核的分类

施工项目成本考核从层次上来说，分为企业对项目经理（部）的考核和项目经理部对所属部门、施工队和班组的考核；从时间上来说，分为中间考核和竣工后的考核。进行施工项目成本考核特别要强调施工过程中的中间考核，这对于具有一次性特点的施工项目尤为重要。因为通过中间考核发现问题还可以“亡羊补牢”，而竣工后的考核虽然也很重要，但对成本控制中的不足和由此造成的损失已经无法弥补。

（二）施工项目成本考核的内容

1. 施工企业对项目经理（部）考核的内容

（1）项目成本目标和阶段成本目标的完成情况。

（2）建立以项目经理为核心的成本控制责任制的落实情况。

（3）成本计划的编制和落实情况。

（4）对项目经理部各部门、各作业队和班组责任成本的检查和考核情况。

（5）在成本控制中贯彻责、权、利相结合原则的执行情况。

2. 项目经理部对所属各部门、各作业队和班组考核的内容

（1）本部门、本岗位责任成本的完成情况。

（2）本部门、本岗位成本控制责任的执行情况。

（3）对劳务合同规定的承包范围和承包内容的执行情况。

（4）对班组施工任务单的管理情况，以及班组完成施工任务后的考核情况。

（三）施工项目成本考核的实施

1. 成本考核的依据和条件

施工项目成本考核采用评分制。具体方法是先按考核内容评分，然后按一定比例（一般为7:3）对责任成本完成情况和成本控制业绩进行加权平均，求出总得分，以该总得分作为依据进行奖罚。

当然，进行施工项目成本考核还要以相关指标的完成情况为奖罚的前提条件。这些指标一般有进度、质量、安全和现场标准化管理等。下面以某施工项目经理部质量指标的完成情况为例进行说明：

（1）质量达到优良，以应得奖金加奖20%。

（2）质量合格，奖金不加不扣。

（3）质量不合格，扣除应得奖金的50%。

2. 加强施工项目成本的中间考核

（1）月度成本考核。一般是在月度成本报表编制以后，根据月度成本报表的内容进行成本考核。进行月度成本考核时，不能仅仅进行奖罚，还要结合成本分析资料和施工生产、成本控制的实际情况进行正确评价，带动今后的成本控制工作，保证项目成本目标的实现。

（2）阶段性成本考核。一般是在施工项目的基础、结构（高层建筑的每层）、装饰和总体完成后进行成本考核。进行阶段性成本考核，一定要注意将成本与施工阶段的其他指标（如进度、质量、安全等）的考核相结合，以便更全面地反映施工项目的管理水平。

3. 成本考核的奖罚

施工项目成本考核可分为月度考核、阶段性考核和竣工后的考核三种，对成本完成情况的经济奖罚，也应分别在上述三种成本考核的基础上立即兑现，不能

只考核不奖罚，或者考核后拖了很长时间才奖罚。因为职工所担心的就是领导对贯彻责、权、利相结合原则的执行不力，忽视群众利益。

由于月度考核和阶段性考核都是假设性的，正确程度有高有低，因此在进行月度考核奖罚和阶段性考核奖罚时不妨留有余地，最后再按竣工考核的奖罚总额进行调整，多退少补。

施工项目成本奖罚的标准，应通过合同的形式明确规定，任何人都无权中途变更，以使群众明确努力的目标和方向，在实现项目成本目标的过程中发挥积极作用。

在确定施工项目成本奖罚标准时，必须经过认真测算，从项目的实际出发，既要考虑职工的利益，又要考虑项目成本的承受能力。此外，企业领导和项目经理还可对完成项目成本目标有突出贡献的部门、作业队、班组和个人进行随机奖励。这是项目成本奖励的另一种形式，不属于上述成本奖罚的范围。实践证明，这种奖励形式往往能起到立杆见影的效果。

案例　广州××电厂干法脱硫工程成本控制

一、项目责任目标成本的确定

根据项目合同价及项目管理的实际需要和可能，按国家有关规定及文件精神，结合公司经营管理水平与类似项目的历史数据并提取公司所需综合费用后，公司确定了项目经理部的责任目标成本，它包含设计费、设备材料费、安装费、调试费、项目管理费等。

二、项目计划成本的确定

根据项目责任目标成本，在考虑降低成本措施的基础上，编制施工预算，确定项目计划成本，并将其与所需的资源一起加载到网络计划中。

三、实际成本与计划成本的比较分析

项目实施过程中，建立及时和定期的收集成本实际支出数据的制度，该项制度包括收集数据的步骤和报表。对于跨越多个成本报告期的大型设备的采购和安装费用分期分摊到实际成本中，采用成本曲线直观地比较实际成本与计划成本。

四、成本控制

在项目的实施过程中必须严格进行成本控制才能获得最佳经济效益，特别是对闭口价合同，由于风险由总包方承担，成本控制至关重要。必须在设计、采

购、施工等各个阶段对成本进行严格控制，在满足合同要求的前提下，尽可能地降低项目成本费用。为实现成本费用控制的目的，在项目的实施过程中利用了成本计划及绩效理论对成本进行了分析和控制，取得了良好的效果。

有效成本控制的关键是经常及时地分析成本绩效，尽早发现成本偏差，并及时采取纠偏措施。因为一旦成本失控，要在预算内完成项目是非常困难的。成本控制的内容主要包括：分析成本绩效以确定需要采取纠偏措施的工作；决定采取哪些特别的纠偏措施；修订项目计划，包括进度和成本计划、综合筹划纠偏措施。

案例思考

1. 项目责任目标成本怎样确定？
2. 施工项目成本怎样分类？
3. 施工项目成本控制包括哪些环节？
4. 怎样进行施工项目成本偏差分析？

思考题

1. 施工项目成本怎样分类？
2. 施工项目成本控制包括哪些环节？
3. 合同预算人员、工程技术人员、材料管理人员各有哪些成本控制责任？
4. 怎样进行施工成本费用控制？
5. 怎样进行施工项目成本核算？
6. 怎样进行施工项目成本偏差分析？
7. 施工项目成本偏差的纠偏措施有哪些？

第六章　施工项目质量控制

第一节　施工项目质量控制概述

一、施工项目质量及其特点

施工项目质量是指施工项目满足业主需要的，符合国家法律、法规、技术规范、标准、设计文件及合同规定的特性综合。施工项目施工质量是形成建设工程项目实体质量的决定性环节。

施工项目质量的特点是由建设工程产品及其生产的特点决定的。建设工程产品及其生产的特点是：

（1）产品的固定性，生产的流动性。

（2）产品的多样性，生产的单件性。

（3）产品体积庞大、生产周期长、具有风险性。

（4）产品的社会性，生产的外部约束性。

正是由于建设工程的这些特点，形成了施工项目质量本身所具有的特点，具体如下：

（一）影响因素多

施工项目质量受到多种因素的影响，如设计、材料设备、施工方法与工艺、技术措施、人员素质、工期、造价等，这些因素直接或间接地影响施工项目质量。

（二）质量波动性大

由于建筑生产活动不像工业生产那样具有固定的生产线、规范的生产工艺和完善的检测技术、成套的生产设备和稳定的生产环境，所以，施工项目质量容易产生波动且波动性大。同时由于影响因素比较多，其中任一因素发生变动都会使施工项目质量产生波动，如材料设备规格或品种使用错误、施工方法不当、操作未按规程进行、机械设备过度磨损等都会发生质量波动，产生质量变异，造成质量事故。

（三）质量的隐蔽性

由于施工过程中分项工程交接多、中间产品多、隐蔽工程多，所以，施工项目质量存在隐蔽性。若在施工过程中不及时进行质量检查，事后从表面上检查就很难发现质量问题，容易产生错误判断。

（四）终检的局限性

施工项目建成后不可能像一般工业品那样依靠终检来判断产品质量，也不可能将产品拆卸、解体来检查其内部质量，或对不合格部分进行更换。因此，施工项目的终检存在一定的局限性。这就要求施工项目质量控制应以预控为主，重视事先、事中控制，防患于未然。

（五）评价方法的特殊性

施工项目质量的检查评定与验收是按检验批、分项工程、分部工程、单位工程进行的。检验批的质量是整个建设工程项目质量的基础，检验批的质量合格与否主要取决于主控项目和一般项目抽样检验的结果。隐蔽工程在隐蔽前要进行验收；涉及结构安全的试块、试件以及有关材料，应根据规定见证取样检测；涉及结构安全和使用功能的重要分部工程要进行抽样检测。工程质量是在施工单位按合格标准自行检查评定的基础上，由监理工程师或业主组织有关单位、人员进行检验确认。这种评价方法体现了“验评分离、强化验收、完善手段、过程控制”的指导思想。

二、施工项目质量控制及其原则

施工项目质量控制是指施工企业及其项目经理部致力于建设项目的质量要求，也就是为了保证施工质量满足国家法律、法规、技术规范、标准、设计文件及合同规定所采取的一系列方法、措施和手段。进行施工项目质量控制必须遵循一定的原则。

（一）坚持质量第一的原则

施工项目质量不仅关系到工程的适用性和建设项目的投资效果，而且关系到人民群众生命财产的安全。所以，施工企业及其项目经理部在进行进度、质量、成本目标控制时，在处理这些目标的关系时，应坚持“百年大计，质量第一”的方针，在施工过程中始终把“质量第一”作为施工项目质量控制的基本原则。

（二）坚持以人为核心的原则

人是工程施工活动的组织者、管理者和操作者。施工过程中，施工企业及其项目经理部的各部门、各岗位人员的工作质量水平和完善程度，都直接或间接地影响施工质量。所以，在施工质量控制中，要以人为核心，重点控制人的素质和人的行为，充分发挥人的积极性和创造性，以人的工作质量保证施工项目质量。

（三）坚持预防为主的原则

施工项目质量控制应该是积极主动的，应事先对影响质量的各种因素加以控制，而不应是消极被动的，如果等出现质量问题以后再进行处理，已造成不必要的损失。所以，要重点做好质量的事先控制和事中控制，以预防为主，加强过程和中间产品的质量检查和控制。

（四）坚持质量标准的原则

质量标准是评价产品质量的尺度。施工项目质量是否符合合同规定的质量标准要求，应通过质量检验并和质量标准对照，符合质量标准要求的才是合格，不符合质量标准要求的就是不合格，必须进行修补或返工处理。

三、施工项目质量控制的基本原理

（一）PDCA 循环原理

PDCA 循环（图 6-1），是人们在管理实践中形成的基本理论方法。从实践论的角度看，控制就是在确定了任务目标以后，按照 PDCA 循环原理来实现预期目标。由此可见，PDCA 循环是施工项目质量控制的基本方法。

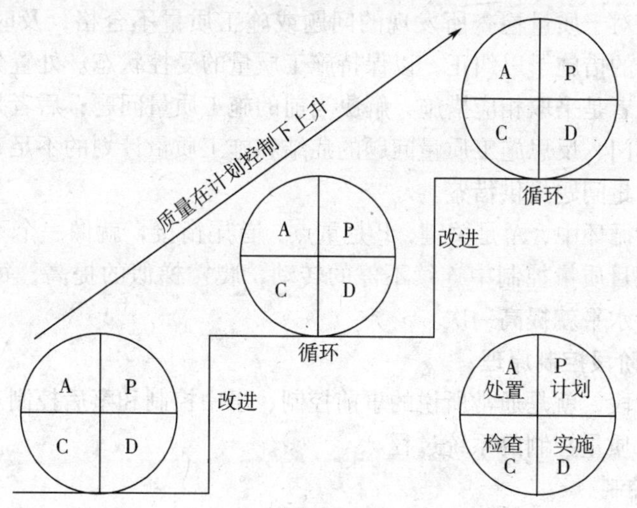

图 6-1　PDCA 循环示意图

1. 计划 P（Plan）

计划可以理解为施工项目经理部在确定了施工项目质量目标以后，通过编制施工项目质量计划制定实现质量目标的行动方案。在进行施工项目质量控制的过程中，“计划”是指施工项目经理部根据其质量控制的任务目标和职责范围，确定施工项目质量控制的组织制度、工作程序、技术方案、业务流程、资源配置、检验试验要求、质量记录方式、不合格品的处理、管理措施等具体内容和做法的文件。“计划”还需对其实现预期质量目标的可行性、有效性、经济合理性进行分析论证，按照规定的程序与权限审批执行。

2. 实施 D（Do）

实施包含两个环节，即施工项目质量计划行动方案的交底和按照施工项目质量计划规定的方法与要求展开作业技术活动。需要强调的是，计划交底是实施施工项目质量计划的重要环节，只有做好计划交底工作，才能使质量计划的管理者和作业者明确计划的意图和要求，掌握标准，从而规范行为，全面地执行计划的行动方案，步调一致地去努力实现计划预期的目标。

3. 检查 C（Check）

检查是指在施工项目质量计划实施过程中进行的各种检查。检查包括作业者的自检、互检和专职管理者的专检。各类检查都应包括两大方面的内容：一是检查是否严格执行了计划的行动方案、实际条件是否发生了变化、不执行计划的原因；二是检查计划执行的结果，即施工质量是否达到标准的要求，对此进行确认和评价。

4. 处置 A（Action）

处置是指对于质量检查所发现的问题或施工质量不合格，及时进行原因分析，采取必要的措施予以纠正，以保持施工质量的受控状态。处置分纠偏和预防两个步骤，前者是采取相应措施，解决当前的施工质量问题；后者是把相关信息反馈给管理部门，反思施工质量问题的症结和施工质量计划的不足，为今后解决类似的施工质量问题提供借鉴。

在 PDCA 循环中，A 是关键，P 是重点，首尾衔接，就像一个不断运转的车轮，在施工项目质量控制中连续不停的转动，爬楼梯似的提高，每经过一次循环，施工质量水平就提高一次。

（二）三阶段控制原理

所谓三阶段，就是通常所说的事前控制、事中控制和事后控制。这三阶段构成了施工项目质量控制的系统过程。

1. 事前控制

事前控制属于预控方式，其内涵包括两层意思，一是强调施工项目质量目标的计划预控；二是按施工项目质量计划进行质量活动前的准备工作状态的控制。事前控制要求施工项目经理部预先编制周密的、切实可行的施工项目质量计划（或施工组织设计或施工项目管理实施规划），并把它作为一种行动方案进行部署。特别应该强调的是，目前有些施工企业往往把施工项目管理的模式曲解为“以包代管”，这就失去了企业整体技术和管理经验对施工项目质量计划的指导和支撑作用，从而造成施工项目质量预控的先天缺陷。这对施工项目质量控制是相当有害的。

2. 事中控制

事中控制主要是通过技术作业和管理活动行为的自我约束和他人监控，来达到施工项目质量控制的目的。

所谓自我约束，就是在施工项目质量计划的指导下，依靠作业者和管理者的内在因素，把作业技术能力调整到最佳状态，努力按规定的程序和标准去完成预定质量目标的作业任务。所谓他人监控，包括来自企业和项目经理部内部管理者的检查监督和来自企业外部的监控，是自我约束行为的一种外在推动力。

自我约束和他人监控相辅相成，构成机制，是施工项目事中质量控制的基本保证。事中控制虽然包括自控和监控两大环节，但其关键还是增强操作者的质量意识，发挥其自我约束和自我控制的作用，即自我约束是根本，他人监控作补充。施工项目经理部应建立和实施施工质量保证体系，运用激励机制和监督机制相结合的管理办法，更好地发挥操作者的主观能动性，以达到施工项目质量控制的效果。

3. 事后控制

事后控制包括对施工质量活动结果的评价和对质量偏差的纠正。从理论上分析，如果施工项目计划预控的行动方案考虑的越是周密，事中自控和监控能力越强、越严格，则实现施工项目质量预期目标的可能性就越大。施工项目质量控制的理想状况是做到各项作业活动“一次成活”、“一次交验合格率100%”，但这种理想状况并不是所有的施工过程都能做到，因为在施工过程中不可避免地会存在一些计划时难以预料的影响因素，由于这些因素的影响，当出现施工质量实际值与计划值之间超出允许偏差时，必须分析原因，采取措施纠正偏差，以保证施工项目质量处于受控状态。

施工项目质量的事前控制、事中控制和事后控制这三大环节不是孤立和截然分开的，他们之间构成有机的系统过程，实质上就是PDCA循环的具体化，并在每一次滚动中不断提高，达到质量控制的持续改进。

（三）三全控制原理

三全控制原理来自于全面质量管理TQC的思想，同时包容在质量体系标准（GB/T19000—ISO9000）中，它指生产企业的质量管理应该是全面、全过程和全员参与的。这一原理对施工项目质量控制同样具有理论和实践的指导意义。

1. 全面质量控制

全面质量控制是指对施工质量和工作质量的全面控制。其中，工作质量是指参与工程施工的管理者和操作者，它是指为了保证施工质量所从事工作的水平和完善程度。工作质量是施工质量的保证，工作质量直接影响施工质量的形成。

2. 全过程质量控制

全过程质量控制是指根据施工质量的形成规律，从源头抓起，全过程控制。对于施工企业及其项目经理部来说，也就是要作好施工准备、施工、竣工验收、交付使用和质量保修等各个环节的质量控制。

3. 全员参与质量控制

全员参与质量控制是指把施工质量控制工作落实到每一个施工活动的管理者和操作者，让他们都关心和参与施工质量控制。也就是说，施工项目经理部一旦确定了施工项目质量目标和质量计划，就应该动员全体人员参与到实施质量计划的系统活动中去，发挥自身角色的作用，把提高施工项目质量和本人的工作结合起来，通过他们的努力工作，保证施工项目质量。

四、施工项目质量控制的依据和系统过程

（一）施工项目质量控制的依据

1. 合同文件

围绕着施工项目的施工活动，要签订施工合同、材料供应合同、设备供应合同等合同文件。这些合同文件分别规定了参与建设的各方在质量控制方面的权利和义务，施工企业及其项目经理部要以合同文件为依据，行使合同文件规定的权利，履行合同文件规定的义务，实施施工项目质量控制。

2. 设计文件

“按图施工”是施工项目质量控制的一项重要原则。因此，经过批准的设计文件无疑是施工质量控制的重要依据。在施工活动开始以前，施工企业及其项目经理部要认真参加设计交底和图样会审工作，理解设计意图和质量要求，为施工项目质量控制奠定基础。

3. 国家及政府有关部门颁发的有关质量管理方面的法律、法规性文件

为了确保建设工程质量，强化质量管理，国家及政府有关部门颁发了《中华人民共和国建筑法》、《建设工程质量管理条例》等一系列有关质量管理方面的法律、法规性文件。此外，其他各行业如交通、能源、水利、化工等的政府主管部门和各省、市、自治区的有关主管部门，也根据本行业及本地区的特点，制定和颁发了有关的法规性文件。这些文件是施工项目质量控制所应遵循的基本文件。

4. 有关质量检验与控制的专门技术法规性文件

有关质量检验与控制的专门技术法规性文件主要包括各种有关的标准、规范、规程或规定。这些文件概括起来主要有以下几类：

（1）建设工程质量验收标准。

（2）有关工程材料、半成品和构配件质量控制的专门技术法规。

（3）控制施工作业活动质量的技术规程。

（4）采用新技术、新工艺、新材料的有关质量标准和施工工艺。

（二）施工项目质量控制的系统过程

由于施工阶段是使工程设计意图最终实现并形成工程实体的阶段，是最终形

成工程实体质量的过程，所以，施工项目质量控制是一个由对投入的资源和条件的质量控制，进而对生产过程及各环节质量进行控制，直到对所完成的工程产出品的质量检验与控制为止的系统控制过程。这个过程可以根据施工项目实体质量形成的时间阶段不同来划分；也可根据施工项目实体形成过程中物质形态的转化来划分；还可以将施工项目作为一个大系统，按施工层次来划分。

1. 按工程实体质量形成的时间阶段不同来划分

施工项目质量控制的系统过程按工程实体质量形成的时间阶段不同，划分为以下三个环节：

（1）施工准备工作质量控制。这是指在各工程对象施工活动开始以前，对各项准备工作的质量及影响质量的各项因素进行控制。这是确保施工项目质量的先决条件，属于施工项目质量预控。施工准备工作质量控制主要应做好施工图样会审、施工组织设计的编制与审查、施工生产要素配置等工作。

（2）施工过程质量控制。这是指在施工过程中对实际投入的生产要素质量及作业技术活动的实施状态和结果所进行的控制。施工过程质量控制主要应做好作业技术交底、专业施工交接检查、隐蔽工程质量验收、分部及分项工程质量验收、工程变更的实施等工作。

（3）竣工验收质量控制。这是指对于通过施工过程所完成的具有独立的功能和使用价值的单位工程或整个建设项目及有关方面的质量进行控制。竣工验收质量控制主要包括竣工质量检验、工程质量评定、技术质量文件的整理、归档等工作。

2. 按工程实体形成过程中物质形态的转化来划分

由于建设工程施工是一项物质生产活动，所以，施工项目质量控制的系统过程也是一个经由以下三个阶段的系统控制过程。

（1）对投入的物质资源质量的控制。

（2）施工过程的质量控制。即在使投入的物质资源转化为工程产品的过程中，对影响产品质量的各因素、各环节及中间产品的质量进行控制。

（3）对完成的工程产出品质量的控制与验收。

在上述三个阶段的系统控制过程中，前两个阶段对于最终产品质量的形成具有决定性的作用，而所投入的物质资源的质量控制对最终产品质量又具有举足轻重的影响。所以，在质量控制的系统过程中，无论是对投入物质资源的控制，还是对施工及安装过程的控制，都应当对影响工程实体质量的五个重要因素，即对施工有关人员因素、材料和构配件因素、机械设备因素、施工方法因素以及环境因素等进行全面的控制。

3. 按工程实体施工层次划分

一个施工项目的施工活动可以划分为检验批、分项工程、分部工程、单位工程等若干层次，这些层次之间具有一定的施工先后顺序关系。显然，施工作业过程的质量控制是最基本的质量控制，它决定着检验批的质量，而检验批的质量决定着分项工程的质量，分项工程的质量决定着分部工程的质量，分部工程的质量决定着单位工程的质量，单位工程的质量决定着建设项目的质量。

五、施工项目质量保证体系的建立和运行

施工项目质量保证体系是我国工程施工实践中形成的习惯用语，专指现场施工管理组织的施工质量自控系统和管理系统。即施工企业为实施施工项目的质量控制，以施工项目经理部组织构架为基础，通过施工项目质量控制目标的确定与分解，所需人员和资源的配置，以及施工项目质量控制制度的建立和运行，形成具有施工项目质量控制和质量保证能力的工作系统。

施工项目质量保证体系是以项目经理部为主体，根据施工企业质量管理体系和业主的要求，结合施工项目的特点和范围而建立的，其主要内容有：

（1）施工项目质量控制的目标体系。

（2）施工项目质量控制的业务职能分工。

（3）施工项目质量控制的基本制度和主要工作流程，如质量控制岗位责任制、质量检查与检验制度、检测试验管理制度、质量例会制度等，以及各相关方面的工作流程。

（4）施工项目质量计划或施工组织设计文件。

（5）施工质量控制点及其控制措施。

（6）施工项目质量控制的内外沟通协调关系网络及其运行措施。

施工项目质量保证体系的运行模式是：

（1）PDCA 循环模式。施工项目质量保证体系的运行应以质量计划为龙头，过程管理为重心，按照 PDCA 循环原理展开。

（2）三阶段控制模式。施工项目质量保证体系的运行应按照事前控制、事中控制和事后控制相结合的模式展开。

第二节　施工项目质量的预控方法

一、施工项目质量计划预控

（一）施工项目质量计划的内容与编制要求

施工项目质量计划是指导施工项目质量控制的文件，应体现从工序、分项工程、分部工程到单位工程的过程控制，也应体现从资源投入到工程质量最终检验

和试验的过程控制。施工项目质量计划作为施工企业对外进行质量保证和对内进行质量控制的依据，一般应包括以下主要内容：

（1）施工项目质量目标和要求。

（2）施工过程中管理者和操作者职责、权限的分配，以及资源的配置。

（3）施工程序、工艺流程、施工方案、质量控制点，以及与此有关的技术措施及资源要求等。

（4）材料、设备质量管理及控制措施。

（5）施工中要进行的试验、检查、检验和评审大纲。

（6）达到质量目标的检验、评审方法。

（7）随着项目的进展而修改和完善质量计划的程序。

（8）为达到项目质量目标应采取的其他措施，如研究新的工艺、方法，更新检验测试设备，需要补充制定的程序、标准、方法和其他文件等。

施工项目质量计划由施工项目经理部编制，其编制要求主要体现在以下方面：

1. 质量目标

质量目标一般由企业技术负责人和项目经理部经认真分析项目特点、项目经理部实际情况以及企业生产经营总目标后确定。其基本要求是施工项目竣工交付使用时，质量应达到设计要求，并符合施工质量验收统一标准的规定。

2. 管理职责

施工项目质量计划应明确规定项目经理部管理人员及操作人员的岗位职责。

施工项目经理作为施工项目实施的最高负责人应对工程质量负责。他可以委托项目经理部技术负责人负责施工项目质量计划和质量文件的实施及日常质量管理工作；主管生产的项目副经理负责调配人力、物力，保证按照图样和规范施工，以及质量审核、整改措施和质量纠正措施的实施；项目经理部质量控制机构相关人员在项目副经理的领导下负责施工全过程的质量；材料、机械管理人员负责对进场的材料、构件、机械设备进行验收；施工作业队相关人员负责工程质量的具体实施。

3. 资源提供

施工项目质量计划应明确规定项目经理部管理人员及操作人员的岗位任职标准及考核认定方法；规定施工项目人员流动的管理程序和进场培训的内容、考核和记录；规定新技术、新材料、新工艺的操作方法；规定材料、机械设备的采购标准及质量控制体系。

4. 质量实施过程策划

施工项目质量计划应明确规定施工组织设计或专项质量计划的编制要点；规定重要施工过程的技术交底要求；规定新技术、新材料、新工艺的策划要求；规定重要过程验收的准则或技艺评定方法。

5. 标识与可追溯性控制

由于建筑施工的特点，坐标点、标高控制点、沉降观察点、安全标志、标牌等是施工项目的重要标识，因而隐蔽工程与分部分项工程的验收、重要材料及重要施工设备的运作必须进行可追溯记录。质量计划应对重要标识的准确性控制措施与记录、可追溯的范围、内容与记录等作出详细规定。

6. 施工过程质量控制

施工项目质量计划应对施工过程质量控制作出明确规定，具体应包括施工过程质量控制方法、方案、措施及特殊要求；施工项目实施过程需用的程序文件、作业指导书；隐蔽工程或特殊工程的控制、检查、鉴定验收的方法及人员上岗条件和要求；施工中使用的主要机械设备、工具的技术和工作条件、运转方案等。

7. 检验、试验和测量的控制

施工项目质量计划应对施工过程中所要进行的检验、试验、测量、计量过程及设备的控制、管理制度作出相应的、明确的规定，并要编制分部分项工程不合格品的预防措施及补救方案。

施工项目质量计划编制以后，必须按照施工企业的具体规定和程序，经内审批准后报业主及其监理机构审核批准，才能作为组织施工和管理的依据。

（二）施工项目质量计划的作用

施工项目质量计划是施工项目质量的全面预控措施和控制手段。其作用有两大方面：一是为施工项目经理部的全面、全过程施工质量控制提供依据；二是向业主及其监理机构证实施工企业质量承诺的具体实现步骤和措施，以获得其信任，并成为其实施施工质量监控的依据。

计划是管理的一种职能，施工项目质量计划明确了具体的施工质量目标，制定了具体的行动方案和管理措施，规范了质量活动行为，保证了质量形成的技术能力，奠定了各项施工技术活动的一次成活、交验合格的基础。因此，施工企业及其项目经理部应以“预防为主”作为指导思想，切实地作好施工项目质量计划的编制工作，严格按照施工项目质量计划开展施工质量的预控工作。

二、施工准备状态预控

施工准备状态是指施工项目质量计划的各项安排和规定的内容，在施工准备过程或施工开始前具体落实到位的情况。从施工项目质量控制的角度来看，施工准备状态预控的目的在于抓好计划的落实，防止承诺与行为、计划与执行不相一致，而导致施工项目质量预控流于形式的现象。

做好施工准备状态预控工作，关键是进行施工项目开工前的全面准备工作检查、各分部分项工程施工前的准备工作检查和季节性施工准备检查。通过检查，督促落实施工准备工作的进行，从而为开展施工活动奠定基础。

全面施工准备阶段，施工项目开工前要检查以下各项施工准备状态：

（1）是否认真完成设计交底和施工图纸会审？

（2）施工项目质量计划是否已向现场管理人员与施工人员进行传达或说明？

（3）先期进场的材料、设备、施工机械等是否符合要求？

（4）施工平面布置是否正确执行施工平面图及有关安全生产的规定？

（5）分包单位的选择及其进场人员、机械设备是否符合要求？

（6）施工技术、质量、安全等专业专职管理人员是否到位？其责任与权力是否明确？

（7）施工所必须的文件资料、规范标准等是否已经取得？

（8）工程计量及测量器具、仪表等的配置数量和质量是否符合要求？

（9）工程定位轴线、标高引测基准是否明确？实施结果是否已经复核？

分部分项工程施工准备阶段，施工前要检查以下各项施工准备状态：

（1）相关技术内容的技术交底是否到位、理解、明确？

（2）所使用的原材料、构配件等是否已经进行验收和记录？

（3）规定必须持证上岗的人员是否经过资格核查或培训？

（4）对前道工序是否已按规定进行交接检查或隐蔽工程验收？

（5）施工作业环境是否符合要求？

（6）施工所必须的图样、资料、规范标准、作业指导书、材料使用说明等是否已准备就绪？相关内容是否理解、明确？

（7）工种之间的交叉衔接、配合关系是否已经协调明确？

三、施工生产要素预控

施工生产要素通常是指人、材料、机械、技术、环境和资金。它对施工项目质量具有重大的影响。进行施工项目质量控制，必须做好施工生产要素预控工作。

（一）施工人员资格预控

人是施工活动的主体。参与施工的各类作业人员和管理人员的质量意识、生产技能、管理水平等各方面的素质直接关系到施工质量的形成和控制。因此，施工企业首先要选派有资格、有能力的施工项目经理和管理人员，承担领导和组织施工管理的任务，施工技术人员、专职质检人员、安全员以及与作业活动有关的测量员、材料员、试验员应持证上岗；其次，应对分包单位的人员资格进行考核，严格执行规定工种的持证上岗制度。

（二）材料物资质量预控

施工中使用的原材料、半成品、结构件及工程用品等材料物资，是施工生产过程的劳动对象，构成施工产品的物质实体，其质量是工程实体的组成部分。因此，在施工作业之前，必须对进场的材料物资进行严格的检查验收，做好使用前的质量把关和预控工作，保证投入使用的材料物资质量符合规定标准的要求，其主要内容包括：

（1）控制材料物资的性能、标准与设计文件的相符性。

（2）控制材料物资各项技术性能指标、检验测试指标与标准要求的相符性。

（3）控制材料物资进场验收程序及质量文件资料的齐全程度。

（4）控制不合格材料物资的处理程序，及时清退处理，杜绝使用。

（三）施工方案预控

施工方案包括施工技术方案和组织方案，前者包括施工技术方法、施工工艺和操作方法；后者包括施工区段的划分、施工流向及劳动组织等。施工方案是施工项目质量计划的重要内容，必须在全面施工准备阶段编审完成。施工方案预控主要包括以下内容：

（1）在全面正确地分析工程特征、技术关键的前提下，合理确定施工技术方案和组织方案。

（2）各分部分项工程施工前必须结合具体条件进一步深化施工方案，并进行具体操作方法的详细交底。

（3）合理选用施工机械设备和施工临时设施，合理布置施工总平面图和各阶段施工平面图。

（4）编制施工所采用的新技术、新工艺、新材料的专项技术方案和质量保证措施。

（5）应针对工程具体情况，分析气象、地质等环境不利因素对施工方案的影响，并制定应对措施。

（四）施工设备因素预控

施工设备泛指施工现场所配置的各类施工机械、设备、工器具、模板、脚手架等。它们是施工过程的劳动手段，会对施工质量产生重大的影响。施工设备因素预控的内容，视具体设备特点而定，一般包括技术性能参数、计量精度、安全性、可靠性以及日常使用管理制度和措施等。进行施工设备因素预控应特别注意做好以下工作：

（1）根据工程需要，认真做好各类机械设备的选型并控制好主要性能参数，在施工之前严格按照配置计划所确定的型号、规格和数量落实到位，并做好安装、调试和检测。

（2）对施工方案中选用的模板、脚手等除按适用的标准定型选用外，还需按施工要求进行专项设计，对其设计方案及加工制作质量、验收应重点进行控制。

（3）对危险性较大的起重机械、人货两用电梯等，要对其安装方案进行审批，使用前要经专业管理部门验收，管理制度和措施要落实。

（五）施工环境因素预控

施工环境因素包括客观环境因素和主观环境因素，前者主要是指水文地质状况、气象变化、周边建筑、地下管线及其他不可抗力因素；后者主要是指施工现场的通风、照明、安全、卫生防护等由施工单位自身创设的劳动作业环境因素。

客观环境因素对施工质量的不利影响一般难以避免和消除，主要是加强预测预防，如对水文地质方面的影响因素，通常是根据水文地质方面的资料进行分析和预测，采取降水、排水和加固等措施；对气象方面的影响因素，可通过合理安排冬、雨季施工以及制定专项施工方案，从强化施工措施等方面控制其对施工质量的不利影响。

主观环境因素的预控，主要是根据施工项目质量计划的有关要求，认真落实施工现场的通风、照明、安全、卫生防护等措施，以提高施工质量。

四、通过设置质量控制点进行质量预控

（一）质量控制点及其设置

所谓质量控制点，是指为了保证施工作业过程的质量而确定的重点控制对象、关键部位或薄弱环节。设置质量控制点是保证达到施工质量要求的必要前提，因此，应根据施工活动的特点事先确定质量控制点，并分析可能造成质量问题的原因，再针对原因制定相应的对策和措施进行预控和跟踪。质量控制点一般应设置在：

（1）施工过程中的关键工序或环节，以及隐蔽工程，如框架结构中的钢筋工程、大体积混凝土工程、基础工程中的混凝土浇注等。

（2）施工中的薄弱环节或质量不稳定的工序、部位，如民用建筑的卫生间与屋面、大型设备的基础等。

（3）关键的作业，如混凝土浇注中的振捣、灌注桩的成孔作业等。

（4）关键作业中的关键质量特性，如混凝土的强度、回填土的含水量、灰缝的饱满程度等。

（5）对后续工程施工或对后续工序质量或安全有重大影响的工序、部位。

（6）采用新技术、新工艺、新材料的部位或环节。

（7）施工中无足够把握的、施工条件困难的或技术难度大的工序或环节。

进行施工项目质量预控，质量控制点的选择与设置是关键。在每个施工阶段之前，应设置并列出相应的质量控制点，如大体积混凝土施工的质量控制点应为：原材料及配合比控制、混凝土塌落度控制及试块取样、混凝土浇注控制、养护控制等。

（二）质量控制点控制措施设计

在设置质量控制点以后，要针对其进行控制措施设计，主要步骤和内容如下：

（1）列出质量控制点明细表。

（2）设计质量控制点施工流程图。

（3）进行作业分析，找出影响质量的主要因素。

（4）针对主要影响因素制定出明确的控制范围和控制要求。

（5）编制保证质量的作业指导书。

（三）质量控制点的实施

质量控制点的实施要点如下：

（1）把质量控制点的设置及其控制措施向有关人员进行交底，使其真正掌握控制意图和控制要点。

（2）严格要求操作人员按作业指导书进行操作，保证施工质量。

（3）进行质量控制点跟踪控制，认真记录跟踪结果。质量控制点设立及跟踪控制方式如表 6-1 所示。

表 6-1　质量控制点设立及跟踪控制方式表

序号	名称与位置	控制内容	对策和措施	控制标准	责任人	跟踪记录

（4）质量检查人员要在现场进行重点检查、指导和验收。

第三节　施工过程质量控制和验收

一、施工作业过程的质量控制

建筑施工活动是由一系列相互关联、相互制约的施工作业过程所构成，要控制施工过程的质量，必须控制全部作业过程，即各道工序的质量。

施工作业过程质量控制的基本程序是：

（1）进行作业技术交底，包括作业技术要领、质量标准、施工依据和与前后工序的关系等。

（2）检查施工工序、程序的合理性、科学性，防止由于工序流程错误而导致的工序质量失控。

（3）检查工序施工条件，即工序投入的材料、使用的工具、设备及操作工艺和环境条件等是否符合要求。

（4）检查人员操作程序、操作质量是否符合质量规程要求。

（5）检查工序质量是否符合验收标准的规定。

（6）质量合格的工序验收后可进入下道工序施工，未经验收合格的工序，不得进入下道工序施工。

施工工序质量控制的要求是：

（1）设置工序质量检查点，对材料质量状况、工具设备状况、施工程序、关键操作、安全条件、新材料和新工艺的应用、常见质量通病等进行重点检查。

（2）落实工序操作质量巡视、抽查和重点部位跟踪检查的要求，及时掌握施工质量总体状况。

（3）对工序产品、分项工程按标准进行目测、实测及抽样试验，并作好原始记录，经分析及时作出是否合格的判断，对合格的产品及时提交监理机构进行验收。

（4）完善施工中的各项检查记录、检测资料和验收资料，为工程质量验收和质量分析提供依据。

二、施工质量的检验、检查与检测

（一）施工质量的检验与检查

1. 施工质量检验的主要方式和方法

施工质量检验的主要方式包括自我检验、相互检验、专业检验和交接检验。

（1）自我检验。自我检验简称“自检”，是指作业组织和作业人员的自我质量检验。它包括随做随检和一批作业任务完成后提交验收前的全面自检。

（2）相互检验。相互检验简称“互检”，是指相同工种、相同施工条件的作业组织和作业人员，在实施同一施工任务时相互之间的质量检验。“互检”是对“自检”的一种复核与确认，起到相互监督的作用。如果在开展劳动竞赛中进行，对促进施工质量水平的提高更有积极的作用。

（3）专业检验。专业检验简称“专检”，是指专职质量管理人员的例行专业检验。只有经过专检合格的施工成果才能提交施工监理机构检查验收。

（4）交接检验。交接检验是指前后工序或施工过程进行施工交接时的质量检验。通过施工质量的交接检验，可以控制上道工序的质量隐患，形成层层设防的质量保证链。

施工质量检验的主要方法包括目测法和量测法。

（1）目测法。目测法是指用观察、触摸等观感方式所进行的检查。实践中人们把它归纳为“看、摸、敲、照”的检查操作方法。

（2）量测法。量测法是指用测量器具进行具体的量测，以获得质量特性数据，分析判断质量状况及其偏差情况的检验方法。实践中人们把它归纳为“量、靠、吊、套”的检查操作方法。

2. 施工质量检查的方式与内容

施工质量检查的方式包括日常检查、跟踪检查、专项检查和综合检查等。

（1）日常检查。日常检查是指施工质量管理人员所进行的施工质量经常性检查。

（2）跟踪检查。跟踪检查是指设置施工质量控制点，并指定专人所进行的相关施工质量的跟踪检查。

（3）专项检查。专项检查是指对某种特定的施工方法、材料、施工环境和某类质量通病等所进行的专项质量检查。

（4）综合检查。综合检查是指根据施工质量控制的需要或来自企业职能部门的要求所进行的不定期的或阶段性的全面质量检查。

施工质量检查的一般内容包括：

（1）检查施工依据，即检查是否严格按照质量计划的要求和相关的技术标准进行施工；有无擅自改变施工方法和降低质量标准的情况。

（2）检查施工结果，即检查已完的施工成果是否符合规定的质量标准。

（3）检查整改落实，即检查生产组织和人员对已被指出的质量问题或需要改进的事项，是否认真进行整改，以及整改的结果。

3. 分部、分项工程质量检验

施工过程中，每一分部、分项工程施工完毕后，质检人员均应根据合同规定、施工质量验收统一标准和专业施工质量验收规范的要求对其进行检验。分部、分项工程质量检验应在自检、专检的基础上，由专职质量检查员或企业的技术质量部门进行核定并经过监理工程师的检查验收后，才能进行后续工程的施工。

（二）施工质量的检测试验

施工质量的检测试验简称“测试”。常见的施工测试有：

（1）桩基础承载能力的静载和动载试验检测。

（2）基础及结构物的沉降检测。

（3）大体积砼的温控检测。

（4）材料物理力学性能的试验检测。

（5）砂浆、砼试块的强度检测。

（6）涉及结构安全和使用功能的重要分部分项工程的抽样检测。

（7）供水、供气、供油管道的承压试验检测。

（8）室内装饰装修的环境和空气质量检测。

施工质量的检测试验是施工质量控制的重要手段，也是贯彻执行建设法律、法规和强制性条文的重要内容。施工质量的检测试验必须贯彻执行国家有关见证取样、送检的规定，委托具有相应资质的检测机构进行。

三、施工技术核定

在实际施工过程中，施工项目管理者或操作者对施工图的某些技术问题有异议或者提出改善性建议，如材料代换、混凝土使用外加剂、工艺参数调整等，必须由施工项目技术负责人向监理工程师提出“技术核定单”，经设计单位和监理工程师同意后才能实施。

四、施工技术复核

所谓施工技术复核，是指对用于指导施工和提供施工依据的数据、参数、样本等的复查核实工作。如施工测量定位、工程轴线及高程引测点的设置、砂浆及砼配合比、模板位置与尺寸、预留洞口、预埋件的材质与规格、吊装预制构件强度、结构件加工图等。进行施工技术复核的目的在于保证技术基准的正确性，避免因技术工作的疏忽差错而造成工程质量问题。

施工技术复核工作必须以技术标准、施工规范和设计规定为依据，通过相关的复测、计算、核实等复核过程来认定技术工作结果的正确性或揭示其存在的差错。

进行施工技术复核必须贯彻技术工作责任制度，担任技术复核的人员必须具备相应的技术资格和业务能力。凡涉及施工活动的主要技术基准、影响施工总体质量的技术复核内容都要按规定报施工监理机构批准，获准后才能作为施工的依据。

五、施工质量验收

（一）施工质量验收的依据

1. 施工合同和施工图样

建设单位与施工企业签订的建设工程施工合同，规定了有关施工质量的内容，它既是建设单位所要求的施工质量目标，也是施工企业对施工质量责任的明确承诺，理所当然地成为施工质量验收的重要依据。由建设单位确认并提供的施工图样，以及按照规定程序和手续实施变更的施工图样，是施工合同文件的组成部分，也是直接指导施工和进行施工质量验收的重要依据。

2. 施工质量验收标准和验收规范

由建设部和国家质量监督检验检疫总局联合发布的《建筑工程施工质量验

收统一标准》（GB50300—2001）（简称“统一标准”）规范了全国建筑工程施工质量验收的基本规定、验收的划分、验收的标准以及验收的组织和程序，是建设工程施工质量验收的依据。由国务院各工业交通部门发布的专业建设工程施工质量验收统一标准，是各专业建设工程施工质量验收的依据。

在施工质量验收统一标准的指导下，结合专业工程的特点和要求编制的专业工程施工质量验收规范（简称“验收规范”），是施工质量验收统一标准的进一步深化和具体化，作为专业工程施工质量验收的依据。施工质量验收标准和验收规范必须配合使用。

3. 建设法律、法规、管理标准和技术标准

我国现行的建设法律、法规、管理标准和相关技术标准作为制定施工质量验收“统一标准”和“验收规范”的依据，强调了相应的强制性条文，也是组织和指导施工质量验收、评判工程质量责任行为的依据。

（二）施工质量验收的程序

施工质量验收是对已完成的工程实体的内在质量和外观质量按规定程序检查后，确认其是否符合设计及各项验收标准的要求，可交付使用的重要环节。正确进行施工质量检查评定和验收，是施工质量控制的重要手段。

施工质量验收分为过程验收和竣工验收，其程序及组织包括：

(1) 施工过程中，隐蔽工程在隐蔽前施工项目经理部首先应进行自检，合格后通知建设单位（或监理机构）进行验收，并形成验收文件。

(2) 分部分项工程完成后，施工项目经理部首先应进行自检，合格后通知建设单位（或监理机构）进行验收，重要的分部分项工程应请设计单位参加验收。

(3) 单位工程完成后，施工企业应自行组织检查、评定，符合验收标准的规定后，向建设单位提交验收申请。

(4) 建设单位收到验收申请后，应组织施工、设计、监理单位等方面的人员进行单位工程验收，明确验收结果，并形成验收报告。

(5) 按国家现行管理制度，房屋建筑工程及市政基础设施工程验收合格后，尚需在规定的时间内，将验收文件报政府管理部门备案。

建设工程施工质量验收应符合下列要求：

(1) 施工质量验收均应在施工单位自行检查评定的基础上进行。

(2) 参加施工质量验收的各方人员应具有规定的资格。

(3) 检验批、分项工程、分部工程、单位工程的施工质量应符合相关验收标准和验收规范的规定。

(4) 隐蔽工程应在隐蔽前由施工单位通知有关单位共同进行验收，并形成验收文件。

（5）涉及结构安全的材料及施工内容，应有按规定进行见证取样检测的资料。

（6）对涉及结构安全和使用功能的重要工程内容，应进行功能性抽样检测。

（7）工程外观质量应由验收人员通过现场检查后共同确认。

（8）施工质量保证资料的检查，包括施工全过程的技术质量管理资料，其中又以原材料、施工检测、测量复核及功能性试验资料为重点检查内容。

施工质量不符合要求时，应按以下规定进行处理：

（1）经返工或更换设备的工程，应该重新检查验收。

（2）经有资质的检测单位检测鉴定，能达到设计要求的工程应预以验收。

（3）经返修或加固处理的工程，虽局部尺寸等不符合设计要求，但仍能满足使用要求，可按技术处理方案和协商文件进行验收。

（4）经返修和加固后仍不能满足使用要求的工程严禁验收。

（三）隐蔽工程验收

隐蔽工程是指将被其后工程施工所隐蔽的分项、分部工程。隐蔽工程在隐蔽以前所进行的检查验收称为隐蔽工程验收。由于检查对象要被其他工程覆盖，给以后的检查整改造成障碍，故显得尤为重要。它是施工项目质量控制的一个关键环节。

以工业与民用建筑为例，下述工程部位进行隐蔽检查时必须重点控制，以防出现质量隐患：

（1）基础施工前对地基质量的检查，尤其要检测地基承载力。

（2）基坑回填土前对基础质量的检查。

（3）混凝土浇注前对钢筋、模板质量的检查。

（4）混凝土墙、板施工前对敷设在墙、板内的电线管质量的检查。

（5）防水层施工前对基层质量的检查。

（6）建筑幕墙挂板施工前对龙骨系统质量的检查。

（7）覆盖前对直埋于楼地面的电缆，封闭前对敷设于暗井道、吊顶、楼板垫层内的设备管道质量的检查。

（8）易出现质量通病的部位。

隐蔽工程的施工质量验收应按规定的程序和要求进行，即施工项目经理部必须先按有关技术规程、规范、施工图样等进行自检。自检包括施工班组自检和专职质量管理人员的检查。自检合格后，向监理工程师提交隐蔽工程检查记录及有关材料证明、试验报告、复试报告等文件，监理工程师首先对这些文件进行审查，并在合同规定的时间内到现场检查（检测或核查），施工单位的专职质检员及相应的施工人员随同检查，共同验收签证。必要时，还应约请设计单位参与验收。如检查结果符合质量要求，监理工程师在隐蔽工程检查记录上签字确认后，才能进行隐蔽、覆盖；如经现场检查发现不合格，应按监理工程师的指令进行整改，整改后自检合格再报监理工程师复查。

对于基础工程的隐蔽验收，应约请政府工程质量监督部门的监督人员实施全面核查验收，经批准认可后才能隐蔽覆盖，进行后续主体工程施工。

第四节　施工项目质量问题的分析与处理

一、施工项目质量问题及其特点

凡是施工项目质量没有满足《建筑工程施工质量验收统一标准》和施工质量验收规范规定的要求，达不到合格标准造成经济损失或人员伤亡的情况，统称为质量问题。质量问题中的严重情况为质量事故。

从我国推行施工项目管理的实际情况来看，施工项目质量问题的预防与处理已经成为施工项目质量控制的重要组成部分。

施工项目质量问题具有复杂性、严重性、可变性和多发性的特点。

（一）复杂性

施工项目质量问题的复杂性，主要表现在引发的因素复杂，从而增加了对质量问题性质与危害的分析、判断和处理的复杂性。例如建筑物主体结构的开裂与倒塌，单从施工方面来看，就可能是未处理好不均匀地基，产生过大的不均匀沉降；或是在施工中偷工减料、不按图施工、施工质量低劣；也可能是建筑材料及制品的质量不合格、擅自代用材料等原因所造成。由此可见，即使是同一性质的施工项目质量问题，原因有时也截然不同。这就要求在处理质量问题时必须深入地进行调查研究，针对质量问题的特征作具体分析。

（二）严重性

施工项目质量问题，轻者影响施工活动的顺利进行，拖延工期，增加施工成本费用；重者给工程留下隐患，影响安全使用，甚至造成建筑物倒塌，造成人民群众生命财产的严重损失。某市 20 层大厦主体浇注由于使用不合格水泥迫使拆除 3 层主体结构；某市 18 层住宅主体完工后整体倾斜，迫使爆破拆除；重庆綦江彩虹桥跨塌等都说明工程质量问题的严重性远远超过其他产品。

（三）可变性

许多施工项目质量问题都会随着时间不断地发展变化。例如，钢筋混凝土结构出现的裂缝将随着环境湿度、温度的变化而变化，或者随着荷载的大小和持续时间而变化；混合结构墙体的裂缝会随着温度应力和地基的沉降而变化，甚至有的细微裂缝也可以发展成结构倒塌等重大事故；建筑物的倾斜将随着附加弯矩的增加和地基的沉降而变化。所以，在分析与处理施工项目质量问题时，一定要特别重视其可变性，应及时采取措施，以免其进一步的恶化。

（四）多发性

有些施工项目质量问题就向人类的“常见病”和“多发病”一样经常发生，故被称之为“质量通病”，如抹灰层开裂、脱落；地面起砂、空鼓；屋面、卫生间漏水；预制构件裂缝等。还有一些质量问题如雨篷的倾覆、悬挑梁板的断裂、混凝土强度不足等时有发生。针对这些问题，应认真总结经验教训，制定专门的措施加以预防。

二、造成施工项目质量问题的施工原因

尽管造成施工项目质量问题的原因较多，但是施工问题必定是主要原因之一。从我国推行施工项目管理的实际情况来看，造成质量问题的原因主要表现在：

(1) 施工项目管理混乱，施工组织、工艺措施不当，不重视质量检查与验收工作，一味赶进度。

(2) 不照图施工，不遵守图样会审、设计变更及其他技术核定制度和管理制度，主观臆断。

(3) 施工中忽视结构理论问题，如不严格控制施工荷载，造成构件超载开裂；不控制砌体的自由高度（高厚比），造成砌体在砌筑中失稳破坏；模板与支架、脚手架设置不当发生破坏等。

(4) 施工操作人员缺乏业务知识，不具备上岗操作的技术资质，盲目蛮干。

(5) 使用不合格的建筑材料、半成品、构件等。

三、施工项目质量问题分析与处理的目的

施工项目质量问题分析与处理的主要目的是：

(1) 预防为主，针对造成施工项目质量问题的施工原因采取相应的措施，尽量避免质量问题的发生。

(2) 正确分析和妥善处理所发生的质量问题，以创造正常的施工条件，减少损失。

(3) 保证建筑物的安全使用。

四、施工项目常见质量问题的分析与处理

（一）边坡塌方

1. 原因分析

土方工程施工中出现边坡塌方的原因，一般有如下几种情况：

（1）基坑（槽）开挖较深，边坡太陡；挖土经过不同土层时，未根据土的特性分别放成不同的坡度，致使边坡失稳而造成塌方。

（2）在有地下水作用的土层开挖基坑（槽）时，未采取有效的降水措施，水的渗流对土体产生的动水压力增加了土体的下滑引起塌方。

（3）土质松软，开挖顺序、方法不当而造成塌方。

（4）土壁支撑不当而造成塌方。

（5）在基坑（槽）上边缘堆土或停放机械，因下雨使土的含水量增加而使土的自重增加，土体下滑。

2. 处理方法

施工中应针对边坡塌方的原因制定相应的措施进行预防。一旦发生边坡塌方可采用以下措施：

（1）先将坡脚塌方清除，再用草袋装土堆砌或砌石压住坡脚，亦可设置支撑作临时性支护。

（2）垂直坡面楔入直径 10～12mm、长 400～600 mm 的插筋，纵横间距 1000mm，绑扎 20 号钢丝网，上下用装砂或土的草袋压住或在钢丝网上抹水泥砂浆。

（二）基坑底部出现流砂

1. 原因分析

施工中当基坑外水位高于基坑内抽水后的水位时，坑外向坑内流动的动水压等于或大于土颗粒的浸水密度，使土颗粒悬浮失去稳定变成流动状态，随水从坑底或坑侧涌入坑内。如施工时采用强挖，抽水愈深，动水压就愈大，流砂现象愈严重。

2. 预防措施

（1）采用水下挖土（不抽水或少抽水），使基坑内水压与基坑外地下水压相平衡或缩小水头差。

（2）沿基坑外四周打板桩，减小动水压力。

（3）采用井点降水法，将水位降至基坑底部 500 mm 以下，使动水压力的方向向下，坑底保持无水状态。

3. 处理方法

如果基坑底部出现流砂现象，应尽快向坑底抛大石块，以增加土的压重和减少动水压力，同时组织快速施工。

（三）套管成孔灌注桩缩颈

1. 原因分析

（1）套管在强迫振动下迅速入土，局部土颗粒之间的水及空气不能很快向外扩散而形成孔隙压力，当套管拔出后因为混凝土没有柱体强度，在周围孔隙压力的作用下把局部桩体挤成缩颈。

（2）在淤泥质土中，由于套管发生震荡作用，使混凝土不能顺利灌入，被淤泥质土填充进来，形成缩颈。

2. 预防措施

（1）采用间隔跳打的打桩顺序。

（2）在淤泥质土中打桩时，采用翻插法或复打法。

（3）采取措施增加混泥土的密实性。

（四）预制桩桩身断裂

1. 原因分析

（1）打桩时遇到坚硬土层等障碍物。

（2）桩制作时，桩身弯曲超过规定或桩身局部强度不够。

（3）桩在堆放、起吊、运输过程中不符合规定要求。

2. 预防措施

（1）打桩前应严格检查桩的质量。

（2）遇到坚硬土层等障碍物时，应争取轻打穿过，不能穿过时应截桩。

3. 处理方法

当施工中出现桩身断裂时，应会同设计人员共同研究处理方法。

（五）墙体裂缝

1. 原因分析

施工中出现的墙体裂缝可能由以下原因引起：

（1）由地基不均匀下沉引起。由于地基不均匀下沉可能在大面积墙体上出现斜裂缝；在窗间墙上出现水平裂缝；在底层窗台下出现竖直裂缝。

（2）由温度变化引起。当外界温度上升时，由于屋盖与墙体的变形不同，可能在顶层墙体两端出现八字形裂缝；在檐口下出现水平裂缝和包角裂缝。

（3）由墙体原材料强度不够引起。施工中如果由于砌筑砂浆或粘土砖的强度不够，也可引起墙体裂缝，这些裂缝往往密度较大，且呈竖直状。

2. 处理方法

对于墙体裂缝，首先应分析产生的原因，然后注意观察其开展规律，再进行处理。对于局部宽裂缝，用水泥砂浆堵抹即可；对于影响结构安全的裂缝可在墙面贴钢筋网片，并配置穿墙拉筋加以固定，然后浇注细石混凝土或分层抹水泥砂浆进行加固。

（六）钢筋混凝土结构裂缝

1. 原因分析

（1）水泥凝固过程中，地基局部产生不均匀沉降，或因模板刚度不足、支撑不牢、拆模过早而产生不均匀沉降。

（2）温度、湿度变化过大，或混凝土早期受冻。

（3）对混凝土养护不够重视，使其表面水分蒸发过快。

（4）施工中混凝土受到剧烈振动，或较大施工荷载作用。

（5）构件在起吊、运输、堆放过程中，受到剧烈的颠簸、冲击，支撑垫木位置不当，致使构件受力不匀。

2. 处理方法

（1）对因干燥、碳化、沉降等原因引起的表面性裂缝，可向裂缝内装入干水泥粉，然后加水润湿，或在裂缝表面抹薄层水泥砂浆进行处理。

（2）对因温度、冻胀、施工等原因引起的一般裂缝，可以用涂两遍环氧胶泥或贴环氧玻璃布，以及抹、喷水泥砂浆等方法处理；当裂缝较宽时，应先沿缝凿成八字形凹槽，再用水泥砂浆或环氧胶泥嵌补；当裂缝较深时，可采用灌注环氧胶泥的方法处理。

（3）对承载力有较大影响的表面损坏严重的裂缝，应采用结构加固法处理，如围套加固法、钢箍加固法、粘贴加固法、喷浆加固法。

（七）施工项目质量通病

1. 质量通病的表现及防治要求

施工项目中的有些质量问题由于其经常发生，犹如“常见病”一样，被称为质量通病。例如，屋面、卫生间渗漏；阳台、雨篷等悬挑梁板断裂；混凝土出现蜂窝、麻面、漏筋；抹灰层空鼓、裂缝；地面起砂、空鼓；构件吊装就位偏差过大等。

施工项目质量通病，面大量广，危害极大；消除质量通病是提高施工项目质量的关键环节。产生质量通病的原因虽多，涉及面亦广，但究其主要原因还是施工项目管理者和操作者缺乏质量意识，不讲“认真”二字。其实，消除质量通病并不是什么高不可攀的事情，只要在思想上高度重视，认真遵守施工操作规程，仔细分析原因并采取有效的预防措施，严格检查、验收就能办到。

2. 质量通病的原因分析及防治措施

（1）屋面渗漏。屋面渗漏的主要原因是：卷材屋面的结构变形，基层处理不干净；找平层不平整、不干燥；油层太厚、涂刷不均匀；局部构造（如女儿墙、山墙、天沟、伸缩缝等部位）不合理或施工处理不当；卷材铺贴不实，接头、压边不严密等。钢筋混凝土刚性屋面的结构变形，灌缝不实，分隔缝不合理，油膏嵌缝不严密；防水层较薄，混凝土振捣不密实，收光不好，养护不良等。

防治屋面渗漏应从材料、屋面构造、施工技术措施等方面，针对不同原因采取有效的对策，进行综合治理。

（2）钢筋混凝土悬挑结构根部断裂。诸如阳台、雨篷等悬挑梁板在施工中发生根部断裂的主要原因是钢筋位置偏移和拆模过早。

防治钢筋混凝土悬挑结构根部断裂首先应防止施工中由于人员操作、走动等引起钢筋位置向下偏移，其次应严格控制拆模时间，决不能只考虑加快周转材料的周转而过早拆模。

（3）混凝土出现蜂窝、麻面、漏筋。结构中的混凝土不仅仅是受力，还起到保护钢筋的作用。如果混凝土出现蜂窝、麻面、漏筋现象，不仅强度会降低，而且容易发生钢筋锈蚀，直接影响结构安全。

混凝土产生蜂窝、麻面、漏筋的主要原因是：模板不平整、接缝不严密；支撑变形或形式不符合要求；混凝土振捣不均匀或漏振；钢筋位置不准确或保护层不足等。

当混凝土出现蜂窝、麻面、漏筋现象后，必须全部凿掉，并用钢丝刷刷洗干净，浇水湿润，再用比原混凝土强度高一级的细石混凝土填补压实。

（4）构件吊装就位偏差过大。在预制构件吊装过程中，误差超过规定，特别是单向误差过大，往往会失去稳定，甚至会发生倒塌。构件吊装就位偏差过大的主要原因是：构件本身尺寸偏差过大；基准位置不准；梁板安装时，不随坐浆随安装；大型板不能保证三点焊接，焊接质量、长度达不到要求；固定措施不力等。

构件吊装对建筑物的质量与安全影响极大，决不可掉以轻心。吊装施工中，应把握控制构件关、安装焊接关、自检互检关，贯彻轻、准、精、牢的原则。“轻”是指构件吊装要轻起、轻落、轻放，避免碰撞；“准”是指轴线标高、对位要准；“精”是指测量精确，误差要小；“牢”是指连接牢固，接头、封口浇注密实。

（5）抹灰层空鼓、裂缝。抹灰层空鼓、裂缝影响美观和对墙体的保护。其主要原因是：基层未处理干净，抹灰前未浇水湿润；底层干燥程度不足就抹面层；抹灰层过厚，干缩率较大；门窗框周边塞灰不严，固定不牢；砂浆及原材料质量不好，石灰膏未充分熟化等。

五、施工项目质量事故的分类与处理

（一）施工项目质量事故的分类

施工项目质量事故的分类方法有多种，既可按造成损失的严重程度划分，又可按其产生的原因划分，还可按其造成的后果或事故责任划分。各部门、各专业工程，甚至各地区在不同时期界定和划分质量事故的标准尺度也不一样。国家现行对施工项目质量事故通常采用按造成损失的严重程度进行分类，其基本分类如下：

1. 一般质量事故

凡具备下列条件之一者为一般质量事故：

（1）直接经济损失在0.5万元（含0.5万元）以上，不满5万元的。

（2）影响使用功能和工程结构安全，造成永久质量缺陷的。

2. 严重质量事故

凡具备下列条件之一者为严重质量事故：

（1）直接经济损失在5万元（含5万元）以上，不满10万元的。

（2）严重影响使用功能或工程结构安全，存在重大质量隐患的。

（3）事故性质恶劣或造成2人以下重伤的。

3. 重大质量事故

凡具备下列条件之一者为重大质量事故：

（1）工程倒塌或报废。

（2）由于质量事故，造成人员死亡或重伤3人以上。

（3）直接经济损失10万元以上。

重大质量事故根据程度的不同又分为以下四个等级：

（1）凡造成死亡30人以上或直接经济损失300万元以上为一级。

（2）凡造成死亡10人以上29人以下，或直接经济损失100万元以上不满300万元为二级。

（3）凡造成死亡3人以上9人以下，或重伤20人以上，或直接经济损失30万元以上不满100万元为三级。

（4）凡造成死亡2人以上，或重伤3人以上19人以下，或直接经济损失10万元以上不满30万元为四级。

（二）施工项目质量事故的处理

1. 施工项目质量事故处理的程序

（1）事故报告。施工质量事故发生以后，施工项目经理应按规定的时间和程序，及时向企业报告事故状况，内容包括：

1）发生事故的工程名称、部位、时间和地点。

2）事故发生的经过及主要状况和后果。

3）事故原因的初步分析判断。

4）现场已采取的控制措施。

5）向企业紧急请求的有关事项等。

（2）现场保护。当发生施工质量事故，特别是导致土方、结构、施工模板或平台坍塌等安全事故造成人员伤亡时，施工项目经理应组织在场人员果断采取应急措施保护现场，救护人员，并防止事故扩大。同时还应做好现场记录、标识、拍照等工作，为后续的事故调查保留客观证据。

（3）事故调查。事故调查是搞清施工质量事故原因，有效进行技术处理，分清事故责任的重要手段。事故调查包括施工项目经理部的自查和来自企业的技术、质量管理部门的调查；此外根据事故的性质和类型可能还要接受政府主管部门、工程质量监督部门的调查。施工项目经理部应积极配合，如实提供情况和资料。

无论是哪个方面进行施工质量事故调查，都要在查明事故原因、过程、严重程度和经济损失情况，明确事故性质、责任的基础上写出事故调查报告。

（4）事故处理。事故处理一般包括技术处理和责任处罚两个方面。前者主要是解决施工质量不合格或缺陷问题；而后者主要是根据事故的性质、损失的大小和情节的轻重对责任单位和责任人作出行政处分直至追究刑事责任等。

（5）恢复施工。对停工整改、处理质量事故的工程，经过对质量事故的处理过程和处理结果的全面检查验收，并有明确的处理鉴定意见后，施工项目经理部经报请施工监理机构批准恢复施工。

2. 施工项目质量事故技术处理的依据和要求

（1）处理依据。进行施工项目质量事故技术处理的主要依据包括以下四个方面：

1）施工质量事故调查报告。

2）施工合同文件。

3）工程勘察资料及设计文件。

4）相关建设法律、法规及强制性条文。

在以上四个方面的依据中，前三种是与特定施工项目密切相关的具有特定性质的依据；第四种法律、法规性依据，是具有很高权威性、约束性、通用性的依据，在施工质量事故处理中，也是具有及其重要的、毋庸置疑的作用。

（2）处理要求

1）搞清原因、稳妥处理。由于施工质量事故的复杂性，必须对事故原因展开深入的调查分析，必要时还应委托有资质的工程质量检测单位进行质量检测鉴定或邀请专家咨询论证。只有在真正搞清事故发生的原因以后，才能进行有效、稳妥的处理。

2）坚持标准、技术合理。在制定或选择事故技术处理方案时，必须严格坚持施工质量标准的要求，做到技术方案科学合理、切实可行。施工质量事故的技术处理方案原则上应委托原设计单位制定，施工单位或其他方面提出的技术处理方案，也应报请原设计单位审核签认后才能采用。

3）安全可靠、不留隐患。在施工质量事故的技术处理方案实施过程中，必须加强管理，落实各项技术处理措施，做好处理过程的检查、验收和记录，确保发生事故的部位经处理后安全可靠，不留隐患，功能和外观到位达标。

4）验收鉴定、结论明确。要对施工质量事故处理的结果进行检查、验收和必要的检测鉴定，获得可靠的数据，进行分析判断后对处理结果是否达到预期目的作出明确的结论。

施工质量事故处理完毕后，施工项目经理部要编制施工质量事故处理报告，报施工监理机构签认，并归入施工项目技术档案资料。施工质量事故处理报告的主要内容如下：

1）施工质量事故情况、调查情况、原因分析。

2）事故处理的依据。

3）事故技术处理方案。

4）实施技术处理方案过程中的有关问题和资料。

5）对处理结果的检查、鉴定和验收。

6）处理结论。

3. 施工项目质量事故处理的方式

（1）修补处理。修补处理是最常见的一种施工质量事故处理方式。通常当施工项目的某个检验批、分项或分部工程的质量虽未达到质量要求，存在一定缺陷，但通过修补或更换器具、设备后还可达到要求的标准，又不影响使用功能和外观要求。在此情况下，可以通过适当地采取加固补强、修补缺陷、复位纠偏、表面处理等措施，自检合格后重新进行检查验收。

（2）返工处理。当施工质量未达到规定的标准和要求，存在的严重质量问题，对结构的使用和安全构成重大影响，且又无法通过修补处理的情况下，可对检验批、分项工程、分部工程甚至整个工程进行返工处理，重新施工或更换零部件，自检合格后重新进行检查验收。

（3）让步处理。当施工项目的某个检验批、分项或分部工程的质量虽未达到质量要求，但经原设计单位核算尚不影响结构安全和使用功能，经建设单位同意后可予以验收。

（4）降级处理。对施工项目的已完施工部位，如因轴线、标高引测差错而改变设计平面的尺寸、标高，若返工则损失严重，在不影响结构安全和使用功能的前提下，可以经承发包双方协商进行验收。

（5）不做处理。对轻微的施工质量缺陷，如面积小、点数多、程度轻的混凝土蜂窝、麻面、漏筋等，可通过后续工序弥补；某些隐蔽部位的混凝土表面裂缝，经检验分析，属于表面养护不够的干缩微裂缝，不影响使用及外观。这些质量缺陷都可以不作处理。

第五节　施工项目质量成本控制

一、施工项目质量成本及其组成

施工项目质量成本是指为达到和保证施工项目规定的质量水平而发生的费用。其包括预防成本、鉴定成本、内部故障成本和外部故障成本。

（一）预防成本

预防成本是指为了确保施工项目质量而进行的预防工作所耗费的费用。预防成本主要包括：

（1）质量控制活动费。

（2）质量控制教育（培训）费。

（3）新材料、新工艺评审费。

（4）工序能力控制及研究费。

（5）质量情报费。

（二）鉴定成本

鉴定成本是指为了确保施工项目质量达到质量标准的要求，而对施工项目本身及其材料、构件、设备等进行质量鉴定所需的一切费用。鉴定成本主要包括：

（1）材料、构件检验费。

（2）机械设备试验、维修费。

（3）工序检验费。

（4）竣工检验费。

（三）内部故障成本

内部故障成本是指施工项目在竣工前，由于自身缺陷而发生的费用。内部故障成本主要包括：

（1）废品损失。这是指施工项目的中间产品在经济上不值得修复或利用而发生的人工、材料等损失费用，如预制混凝土构件出现废品造成的损失费用。

（2）返工损失费。这是指对不合格品因返工修复而发生的费用，如施工质量不合格进行返工修复而发生的人工、材料、机械等费用。

（3）质量过剩支出。这是指施工项目质量超出规定标准而发生的费用。

（4）技术超前支出。这是指施工中使用超过技术要求的机械、设备而发生的费用。

（5）停工损失费。这是指由于各种内部或外部原因而引起的机械、设备闲置而造成的损失。

（6）质量事故分析处理费。这是指为了分析处理质量事故而发生的费用。

（四）外部故障成本

外部故障成本是指工程交工后，因质量缺陷而发生的费用。外部故障成本主要包括：

（1）回访保修费。这是指工程交工后，按合同规定对用户回访及提供修理服务的一切费用。

（2）申诉受理费。这是指因工程质量缺陷，受理用户提出的申诉而进行调查、处理所发生的费用。

（3）赔偿费。这是指根据合同规定赔偿用户因工程质量低劣而蒙受的经济损失。

二、施工项目质量成本统计、核算

进行施工项目质量成本控制，要紧紧抓住质量成本统计、核算这一环节。通过统计、核算，明确质量成本及其各科目的实际发生额，然后进行分析，找出质量成本的主要影响因素采取有效措施加以控制。

开展施工项目质量成本统计、核算，其中最重要的是建立质量成本统计报表制度，及时、准确、全面的做好原始记录、原始凭证，按照质量成本的组成项目进行旬、月、季、年的定期统计、核算。施工项目质量成本统计、核算常用资料有：

（1）原始凭证。利用施工项目管理基础单据，如施工任务单、限额领料单、机械设备租借单等，在涉及质量成本范围时，填表人须在单据上注明质量成本项目。

（2）记账凭证。应在原始凭证的基础上根据实际支付或实际发生的质量成本数额计算统计形成。

（3）台账。质量成本核算对象与施工项目对象同步。

（4）报表。质量成本报表分在建工程月报与工程竣工结算报表两种。

三、施工项目质量成本分析

施工项目质量成本分析的目的，是为寻求最佳质量成本，并找出影响质量成本的关键因素，从而提出改善质量和降低成本的措施和途径。

（一）最佳质量成本

如果用图形反映质量成本，在施工项目质量成本的组成中，预防成本与鉴定成本曲线随着施工质量的提高而上升，内部故障成本与外部故障成本曲线随着施工质量的提高而下降，这两条曲线的变化趋势如图 6-2 所示，其叠加形成质量总成本曲线。施工项目质量成本四项之和为最低时即所谓的最佳质量成本。

将质量总成本曲线最低点附近的一段放大，见图 6-3，这一段在工程实践中可分为三个区域：

（1）质量改进区域。故障成本占质量总成本的 70% 以上，而预防成本低于 10%，这时应寻求质量成本的突破性改进措施。

（2）中间区域。故障成本占质量总成本的 50%，预防成本占 10% 左右，是质量成本控制的最佳区域。

（3）完美区域。鉴定成本占质量总成本的 50% 以上，而故障成本低于 40%，这时应减少检验量，以降低鉴定成本。

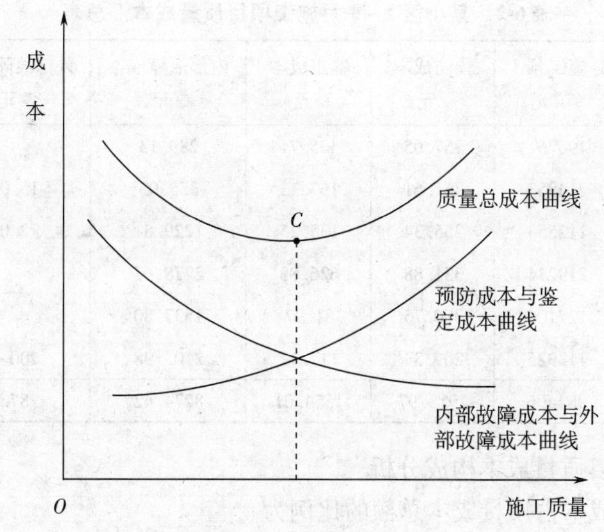

图 6-2　最佳质量成本示意图

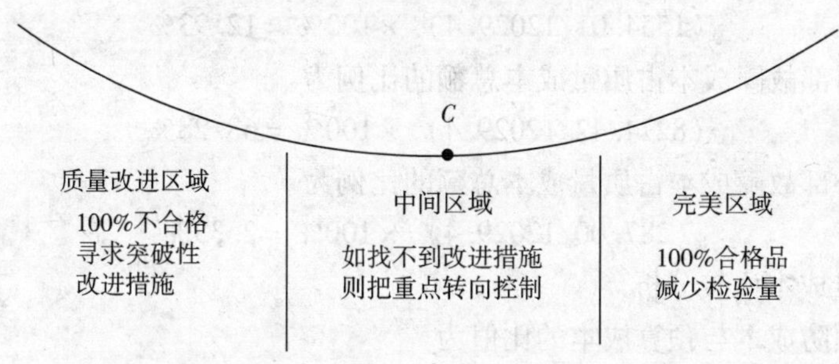

图 6-3　质量总成本曲线

将质量成本的构成比率和图示相比，即可找出施工项目质量成本控制的问题所在，从而明确改进的方向。

（二）质量成本报告

进行施工项目质量成本分析，施工项目经理部应编制质量成本报告，作为质量改进的依据。质量成本报告的内容包括：

（1）提出质量成本实际发生额及其构成。

（2）提出由于质量缺陷而造成损失的项目与施工预算成本比较基数的偏差。

（3）对质量成本进行详细分析。

（三）质量成本分析方法

施工项目质量成本分析一般要进行质量成本构成分析和质量成本比较分析。下面以某施工企业承建的某小区质量成本资料（表 6-2）为例加以说明。

表 6-2 某小区 1~9 月施工项目质量成本汇总表

项目名称	面积/m^2	施工预算/元	预防成本/元	鉴定成本/元	内部故障成本/元	外部故障成本/元	合计/元
1#	1142	196761	357.05	425.71	289.13		1071.89
2#	1142	214853	361.61	167.13	335.03	15.00	878.77
3#	1142	112553	355.34	135.25	1229.81	72.00	1792.40
4#	1142	219214	331.88	626.83	2778.67		3737.38
5#	1142	127100	300.75	81.97	1537.80		1920.52
6#	1142	113925	207.34	117.12	2103.98	200.0	2628.44
合计		984406	1913.97	1554.01	8274.42	287.0	12029.4

1. 施工项目质量成本构成分析

（1）预防成本占质量成本总额的比例为

$$(1913.97/12029.4)\times 100\% = 15.91\%$$

（2）鉴定成本占质量成本总额的比例为

$$(1554.01/12029.4)\times 100\% = 12.93\%$$

（3）内部故障成本占质量成本总额的比例为

$$(8274.42/12029.4)\times 100\% = 68.28\%$$

（4）外部故障成本占质量成本总额的比例为

$$(287.00/12029.4)\times 100\% = 2.33\%$$

2. 质量成本比较分析

（1）预防成本与预算成本的比值为

$$(1913.97/984406)\times 100\% = 0.19\%$$

（2）鉴定成本与预算成本的比值为

$$(1554.01/984406)\times 100\% = 0.16\%$$

（3）内部故障成本与预算成本的比值为

$$(8274.42/984406)\times 100\% = 0.84\%$$

（4）外部故障成本与预算成本的比值为

$$(287.00/984406)\times 100\% = 0.03\%$$

（5）质量成本总额与预算成本的比值为

$$(12029.4/984406)\times 100\% = 1.22\%$$

从上面的分析比较可以看出，该施工项目质量成本总额超过预算成本（质量成本总额占预算成本的 1.22%），其原因主要是内部故障成本较高（内部故障成本占质量总成本的 68.28%，接近 70%），因此质量成本控制的重点应放在降低内部故障成本上。

第六节　施工项目管理效益评价

一、施工项目管理效益评价及其分类

施工项目管理效益评价是指对已完成的施工项目的实施情况、效益和影响所进行的系统的、客观的分析、检查和总结，据以确定项目目标是否实现，项目管理是否合理、有效，并通过可靠的、有用的资料信息，为未来的项目管理提供经验和教训。施工项目管理效益评价可分为全面评价和单项评价。

二、施工项目管理效益的全面评价

所谓全面评价，是对施工项目实施的各个方面，特别是进度、成本和质量控制进行分析，从而综合评价施工项目管理效益。施工项目管理效益全面评价的指标如图6-4所示。

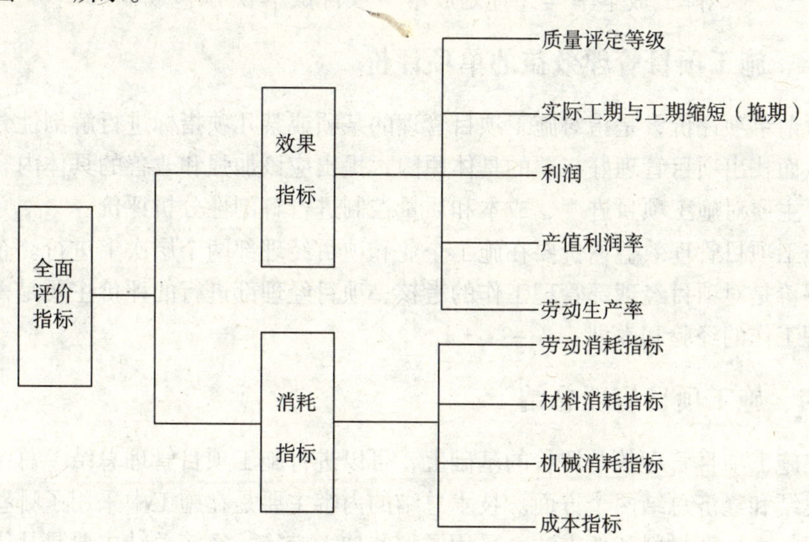

图6-4　施工项目管理效益全面评价的指标

（1）质量评定等级。它是指单位工程的质量等级。质量等级有合格、市优、省优、部优。

（2）实际工期与工期缩短（拖期）。它是指统计实际工期，可按单位工程、单项工程和建设项目分别计算。工期缩短或拖期是指实际工期与合同工期、计划工期之间的差异。

（3）利润。它是指承包价格与实际成本之间的差异。

（4）产值利润率。它是指利润与工程承包价格的比值。

（5）劳动生产率可按下式计算

$$劳动生产率 = 工程承包价格/工程实际耗用工日数 \tag{6-1}$$

（6）劳动消耗指标包括单方用工、劳动效率及节约工日

$$单方用工 = 实际用工(工日)/建筑面积(m^2) \tag{6-2}$$

$$劳动效率 = 计划用工(工日)/实际用工(工日) \tag{6-3}$$

$$节约工日 = 计划用工(工日) - 实际用工(工日) \tag{6-4}$$

（7）材料消耗指标主要是指“三材”（钢材、水泥、木材）的节约量。

$$“三材”节约量 = 计划用量 - 实际用量 \tag{6-5}$$

（8）机械消耗指标包括某种主要机械利用率、机械成本降低率

$$某种主要机械利用率 = 计划台班数/实际台班数 \tag{6-6}$$

$$机械成本降低率 = (计划机械成本 - 实际机械成本)/计划机械成本 \tag{6-7}$$

（9）成本指标包括降低成本额、降低成本率

$$降低成本额 = 计划成本 - 实际成本 \tag{6-8}$$

$$降低成本率 = (计划成本 - 实际成本)/承包成本 \tag{6-9}$$

三、施工项目管理效益的单项评价

所谓单项评价，是指对施工项目管理的某项或某几项指标进行解剖性分析评价，从而找出项目管理好与差的具体原因，提出应该加强和改善的具体内容。单项评价主要对施工项目进度、成本和质量控制进行解剖性分析评价。

施工项目管理效益评价要在施工企业和项目经理部两个层次上进行。企业进行的评价是对项目经理部管理工作的考核；项目经理部进行的评价主要是得出项目管理工作的经验和教训。

四、施工项目管理总结

在施工项目管理效益评价的基础上，可以进行施工项目管理总结。总结分为技术总结和经济总结两个方面。技术总结的内容主要是在施工中采用了哪些新工艺、新技术、新材料和新方法，采用了哪些技术措施；经济总结主要是从纵横两个方面比较经济指标的提高与下降情况。其中纵向是指与施工企业本身的历史经济指标相比；横向是指与同类企业、同类项目的经济指标相比。

通过施工项目管理总结应得出以下结论：

（1）施工合同与《项目管理目标责任书》的完成情况。

（2）施工项目目标的实现情况。

（3）项目质量状况。

（4）工期对比状况及工期缩短所产生的效益。

（5）项目成本及节约状况。

（6）项目管理的经验与教训。

案例　某钢筋混凝土结构工程现场质量检查情况

某业主与监理单位签订了施工监理合同，专业监理工程师在现场例行质量检查过程中，发现以下一些问题：

（1）某层钢筋混凝土墙体由于绑扎钢筋困难，施工单位未通报监理工程师就把墙体钢筋门洞移动了位置。

（2）某层一钢筋混凝土柱，钢筋绑扎已检查、签证，模板经过预检验收，浇筑混凝土过程中及时发现胀模。

（3）某层钢筋混凝土墙体，钢筋绑扎后未经检查验收，即擅自合模封闭，正准备浇筑混凝土。

（4）某层楼板钢筋经监理工程师检查签证后，即进行浇筑楼板混凝土，混凝土浇筑完成后，发现楼板中设计的预埋电线暗管未通知电气专业监理工程师检查签证。

（5）施工单位把地下室内防水工程给一专业分包单位承包施工，该分包单位未经资质验证认可即进场施工，并已进行了 200 m^2 的防水工程。

（6）某层钢筋骨架焊接正在进行中，监理工程师检查发现有 2 人未经技术资质审查认可。

（7）某楼层一户住房房间钢门框经检查符合设计要求，日后检查发现门销已经焊接，门扇已经安装，但门扇反向，经检查施工符合设计图样要求。

案例思考

1. 以上各项问题应如何处理？依据是什么？
2. 根据工程质量管理规定，应如何加强该项目质量管理工作？

思考题

1. 施工项目质量控制的基本原理是什么？
2. 施工项目质量控制的系统过程是什么？
3. 施工项目质量保证体系的主要内容有哪些？
4. 施工项目质量计划包括哪些主要内容？有什么编制要求？
5. 应针对哪些方面进行施工项目质量预控？
6. 何谓质量控制点？质量控制点怎样设置？

7. 怎样进行施工过程的质量控制与验收？
8. 怎样进行施工项目常见质量问题的分析与处理？
9. 施工项目质量事故怎样分类？
10. 何谓施工项目质量成本？它由什么组成？
11. 怎样进行施工项目质量成本分析？
12. 怎样进行施工项目管理效益评价？

第七章　施工项目职业健康安全与环境管理

第一节　施工项目职业健康安全与环境管理概述

一、职业健康安全管理体系与环境管理体系简介

（一）职业健康安全管理体系与环境管理体系的基本结构

为了适应现代职业健康安全与环境管理的需要，解决职业健康安全与环境管理中存在的人的不安全行为、物的不安全状态和组织管理不力等突出问题，规范企业的环境表现、改善生态环境质量和减少环境污染，我国在吸收国际上相关管理经验的基础上，分别于 2001 年颁布了《职业健康安全管理体系——规范》（GB/T28001—2001），1996 年颁布了《环境管理体系规范及使用指南》（GB/T24001），确定了我国职业健康安全管理体系与环境管理体系的基本结构和模式。

从《职业健康安全管理体系——规范》（GB/T28001—2001）和《环境管理体系规范及使用指南》（GB/T24001）的总体结构可以看出，职业健康安全管理体系与环境管理体系的总体框架相同（见表 7-1），要素和要求内容相似，分别由 5 个一级要素和 17 个二级要素组成（见表 7-2）。

表 7-1　职业健康安全管理体系与环境管理体系总体结构表

结构层次 \ 体系	职业健康安全管理体系（GB/T28001—2001）	环境管理体系（GB/T24001）
1	范围	范围
2	引用标准	引用标准
3	术语和定义	定义
4	职业健康安全管理体系要素	环境管理体系要素

表 7-2 职业健康安全管理体系与环境管理体系要素对照表

职业健康安全管理体系（GB/T28001—2001）		环境管理体系（GB/T24001）	
一级要素	二级要素	一级要素	二级要素
（一）职业健康安全方针（4.2）	1. 职业健康安全方针（4.2）	（一）环境方针（4.2）	1. 环境方针（4.2）
（二）策划（4.3）	2. 对危险源辨识、风险评价和风险控制的策划（4.3.1） 3. 法规和其他要求（4.3.2） 4. 目标（4.3.3） 5. 职业健康安全管理方案（4.3.4）	（二）规划（4.3）	2. 环境因素（4.3.1） 3. 法律与其他要求（4.3.2） 4. 目标与指标（4.3.3） 5. 环境管理方案（4.3.4）
（三）实施与运行（4.4）	6. 结构与职责（4.4.1） 7. 培训、意识和能力（4.4.2） 8. 协商和沟通（4.4.3） 9. 文件（4.4.4） 10. 文件和资料控制（4.4.5） 11. 运行控制（4.4.6） 12. 应急准备和响应（4.4.7）	（三）实施与运行（4.4）	6. 组织结构和职责（4.4.1） 7. 培训、意识和能力（4.4.2） 8. 信息交流（4.4.3） 9. 环境管理体系文件（4.4.4） 10. 文件控制（4.4.5） 11. 运行控制（4.4.6） 12. 应急准备和响应（4.4.7）
（四）检查和纠正措施（4.5）	13. 绩效测量和监视（4.5.1） 14. 事故、事件、不符合、纠正和预防措施（4.5.2） 15. 记录和记录管理（4.5.3） 16. 审核（4.5.4）	（四）检查和纠正措施（4.5）	13. 监测和测量（4.5.1） 14. 不符合、纠正与预防措施（4.5.2） 15. 记录（4.5.3） 16. 环境管理体系审核（4.5.4）
（五）管理评审（4.6）	17. 管理评审（4.6）	（五）管理评审（4.6）	17. 管理评审（4.6）

（二）职业健康安全管理体系与环境管理体系的运行模式

《职业健康安全管理体系——规范》（GB/T28001—2001）和《环境管理体系规范及使用指南》（GB/T24001）在确定职业健康安全管理体系与环境管理体系模式时，强调按系统论的理论和方法管理职业健康安全与环境及其相关事务，具体采用了“计划—实施—检查—处置”（即 PDCA）循环的运行模式和持续改进的理念，即通过计划（Plan）、实施（Do）、检查（Check）和处置（Action）四个环节构成一个动态循环并螺旋上升的系统化管理模式，如图 7-1 所示。

从基本结构、内容和运行模式可以看出，职业健康安全管理体系与环境管理体系的相互关联性强，其管理要素和要求密不可分，因此，两个体系的整合是必

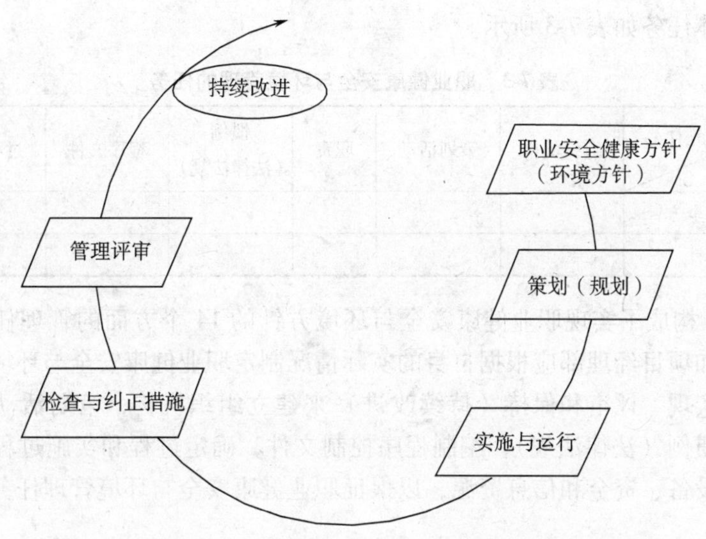

图 7-1　职业健康安全管理体系与环境管理体系模式运行模式图

注：图中带括号者为环境管理体系，不带括号者完全一致

然的发展趋势。国际标准化组织（ISO）正竭力推进质量管理、职业健康安全和环境管理体系的整合，鼓励企业对质量、环境和职业健康安全进行一体化管理。我国发布的《职业健康安全管理体系——规范》（GB/T28001—2001）在附录中也列出了职业健康安全管理体系（GB/T28001）、环境管理体系（GB/T24001）和质量管理体系（GB/T19001）各要素的对应关系。两个体系整合的目的是降低企业建立体系的成本和提高管理效益。目前已有一些组织将职业健康安全管理体系与环境管理体系整合为一个综合管理体系，称为 HSE 管理。

二、施工项目职业健康安全与环境管理的目的和任务

施工项目职业健康安全管理的目的是保护产品生产者和使用者的健康与安全。具体的讲就是控制影响工作场所内员工、临时工作人员、合同方人员、访问者和其他有关部门人员健康和安全的条件和因素，还应考虑和避免因使用不当对使用者造成健康和安全的危害。

施工项目环境管理的目的是保护生态环境，使社会的经济发展与人类的生存环境相协调。具体的讲就是控制作业现场的各种粉尘、废水、废气、固体废弃物以及噪声、振动对环境的污染和危害，同时还应考虑能源节约和避免资源的浪费。

为了达到职业健康安全与环境管理的目的，建筑施工企业和项目经理部应做好建设工程项目职业健康安全与环境管理的组织、计划、控制、领导和协调工

作。其具体任务如表 7-3 所示。

表 7-3 职业健康安全与环境管理的任务

任务 方针	组织机构	策划活动	职责	惯例 （法律法规）	程序文件	过程	资源
职业健康安全方针							
环境方针							

表 7-3 构成了实现职业健康安全与环境方针的 14 个方面的管理任务。建筑施工企业和项目经理部应根据自身的实际情况制定职业健康安全与环境方针，并为实施、实现、评审和保持（持续改进）来建立组织机构，策划活动，明确职责，遵守惯例（法律法规），编制程序控制文件，确定过程和实施过程控制，提供人员、设备、资金和信息资源，以保证职业健康安全与环境管理任务的完成。

第二节 施工项目安全检查

一、施工项目安全检查及其组织

施工项目安全检查是提高安全生产管理水平，落实各项安全生产制度和措施，及时消除不安全隐患，确保安全生产的一项重要工作。施工企业应制定安全检查制度，企业、项目经理部、专业工程师、施工班组均应组织定期和不定期的全面和重点的安全检查，及时发现、纠正、整改责任区域内的隐患和违章活动。安全管理机构应对各级检查进行监督，并实施安全专业检查。

全面检查时，应在企业或项目经理部负责人的领导下，组织生产、技术、安全等有关部门成立检查组，一般采用先对现场检查，再进行讨论分析的方法。发现问题要及时提出整改措施，对于现场发现的重大安全问题，要立即采取果断措施予以纠正或停止施工，在落实整改措施并通过验收后方可继续施工。安全检查的结果应通知被检查的部门或单位，并要求其按照检查提出的要求，对需要整改的部位进行整改，并在规定的时间内完成。检查组还应当对整改进行检查落实。

二、施工项目安全检查的依据

施工项目安全检查应当遵循国家的法律、法规和有关的标准、规范。现场检查应以建设部于 1999 年批准的《建筑施工安全检查标准》（JGJ59—1999）为准。执行该标准，能科学地评价建筑施工安全情况，提高安全生产工作和文明施工的管理水平，实现检查评价工作的标准化和规范化。

标准分为安全管理、文明施工、脚手架、基坑支护与模板工程、“三宝”及“四口”防护、施工用电、物料提升机与外用电梯、塔吊、起重吊装和施工机具10个分项158个子项。标准所提及的“三宝”是指安全帽、安全带和安全网；“四口”指通道口、预留洞口、楼梯口和电梯井口。

分项评分表的格式分为两种。一种是所检查的子项之间没有相互的联系，如“三宝”、“四口”，以及施工机具等；另一种是所检查的子项之间有相互的联系，并有轻重之分、能自成系统的，如塔吊、施工用电等，对于此类分项中的重点部位列为保证项目，其他的项目列为一般项目，如塔吊、外用电梯等。

每个分项的评分均采用百分制，满分为100分。凡是有保证项目的分项，其保证项目满分为60分，其余项目满分为40分。为保证施工安全，当保证项目中有一个子项不得分或保证项目小计不足40分者，此分项评分表不得分。

当多人对同一项目进行评分时，应按人员的职务采用加权评分方法确定分值。其中专职安全员的权数为0.6，其他人员的权数为0.4。

汇总表也采用百分制，但各个分项在汇总表中所占的满分值不同。文明施工占20分，起重吊装和施工机具各占5分，其余分项各占10分。

施工安全检查的总评分为优良、合格和不合格三个等级。

（1）优良。没有不得分的分项检查表，且汇总表得分在80分及以上。

（2）合格。没有不得分的分项检查表，且汇总表得分在70分及以上；或有一分项检查表未得分，但汇总表得分在70分及以上；或起重吊装分项或施工机具分项检查表未得分，但汇总表得分在80分及以上。

（3）不合格。汇总表得分不足70分；或有一分项检查表未得分，且汇总表得分在75分及以下；或起重吊装分项或施工机具分项检查表未得分，且汇总表得分在80分以下。

第三节　施工项目安全控制

一、施工项目不安全因素分析

由于建筑施工活动的特点，施工项目涉及多方面的不安全因素。尽管施工项目各种各样，但对其不安全因素进行分析、归类，可把它概括为人的不安全行为、物的不安全状态和环境的不安全因素三类。

（一）人的不安全行为

人的行为是人的生理和心理特点的反映，是安全的关键。人的不安全行为主要表现在身体缺陷、错误行为和违纪违章三个方面。

（1）身体缺陷。这是指疾病、职业病、智商过低、紧张、烦躁、疲劳、易冲动、应变能力差、对自然条件和某些环境条件过敏等。

（2）错误行为。这是指嗜酒、吸烟、玩耍、嬉闹、误视、误听、误触、误动作、误判断、误入险区、意外碰撞等。

（3）违纪违章。这是指粗心大意、漫不经心、注意力不集中、不履行安全措施、安全检查不认真、违规操作、玩忽职守、有意违章等。

（二）物的不安全状态

物的不安全状态主要表现在设备和装置的缺陷、物质危险源两个方面。

设备和装置的缺陷是指设备和装置的技术性能降低、强度不够、结构不良、磨损、老化、失灵、物理和化学性能达不到要求等。危险源是可能导致伤害或疾病、财产损失、工作环境破坏的根源或状态。物质危险源主要包括化学、机械、电气等方面的危险源。

（三）环境的不安全因素

环境的不安全因素主要表现为不良环境条件。例如，施工现场布置不合理、现场安全防护不全面、采光照明不能满足要求、施工场地狭窄、道路狭窄、机械拥挤、立体交叉作业组织不当、多工种交叉作业不协调、多单位同时施工相互影响等。

上述三个方面的不安全因素往往会影响人们的健康和施工安全。有统计资料表明，88%的安全事故是由人的不安全行为造成的，而人的生理和心理特点直接影响人的不安全行为。因此，在施工项目安全控制中，首先要抓住人的不安全行为这一关键因素，针对人的生理和心理特点采取相应对策，注意培养劳动者的自我保护能力，增强安全意识，提高行为能力，以保证人的可靠性；另外，还需通过保养和严格的检查避免设备和装置的缺陷，采取有效措施断绝危险源，改善物质和施工环境的安全条件，以确保施工安全。

二、施工项目安全控制的方针与目标

施工项目安全控制是为满足施工安全，涉及对施工过程中的危险进行控制的计划、组织、监控、调节和改进等一系列管理活动。根据安全生产法和建筑法的有关规定，施工安全控制的方针是“安全第一，预防为主”。所谓“安全第一”，是指把人的安全放在首位，充分体现“以人为本”的理念，安全为了生产，生产必须安全；所谓“预防为主”，是指采取正确的预防措施和方法进行安全控制，从而减少甚至消除事故隐患，尽量把事故消灭在萌芽状态。它是实现安全第一的最重要思想和手段。

施工项目安全控制的总目标是减少或消除施工过程中的事故，保证人员健康安全和财产免受损失。施工项目安全控制的总目标又可分解为以下分目标：

（1）减少或消除人的不安全行为的目标。

（2）减少或消除设备、材料的不安全状态的目标。

（3）改善施工环境和保护自然环境的目标。

三、施工项目安全控制的程序和要求

施工项目安全控制的程序是：确定施工项目安全控制目标—编制施工项目安全技术措施计划—施工项目安全技术措施计划的实施—持续改进，直至完成项目的施工任务。

（一）确定施工项目安全控制目标

建筑施工企业和项目经理部应根据职业健康安全方针和相关管理规定，结合施工项目的具体情况，确定施工项目安全控制的总目标和分目标，并按“目标管理”方法在以项目经理为首的安全管理体系内进行分解，制定责任制度，从而确定每个岗位的安全控制目标，实现全员责任安全控制。

（二）编制施工项目安全技术措施计划

在施工项目开工之前，项目经理部应编制施工项目安全技术措施计划，经项目经理批准后实施。施工项目安全技术措施计划的作用是配置必要的资源，建立保证安全的组织和制度，明确安全责任，制定安全保证措施，确保施工项目安全控制目标的实现。

（三）施工项目安全技术措施计划的实施

施工项目安全技术措施计划是进行施工项目安全控制的指导性文件，必须全面落实，认真贯彻执行，按照施工项目安全技术措施计划的要求做好安全控制工作。

（四）持续改进，直至完成项目的施工任务

在建筑施工过程中，各种条件都可能发生变化，因此，在实施施工项目安全技术措施计划的过程中还要进行检查，纠正不符合的情况，并作好检查记录，根据实际情况对安全技术措施计划进行补充和持续改进，直至完成项目的施工任务。

施工项目安全控制的基本要求是：

（1）施工企业应在取得安全行政主管部门颁发的《安全施工许可证》，并经过安全资格审查后才可施工。

（2）各类作业人员和管理人员必须具备相应的执业资格才能上岗。

（3）所有新员工必须经过企业、项目经理部和施工班组的三级安全教育。

（4）特殊工种的作业人员必须持有特种作业操作证，并严格按规定定期进行复查。

（5）对查出的安全隐患要做到“五定”，即定整改责任人、定整改措施、定

整改完成时间、定整改完成人、定整改验收人。

(6) 必须把好安全施工的“六关”，即措施关、交底关、教育关、防护关、检查关、改进关。

(7) 施工现场安全设施齐全，并符合国家和地方的有关规定。

(8) 施工机械，特别是现场安装的起重机械必须经过安全检查合格后方可使用。

(9) 保证施工项目安全技术措施费用的落实，不得挪作他用。

四、施工项目安全技术措施计划及其实施

(一) 施工项目安全技术措施计划的主要内容

施工项目安全技术措施计划是施工项目经理部为了保护从事工作的员工在施工过程中的健康和安全而制定的在一定时期内对安全技术措施项目的计划安排。施工项目安全技术措施计划是施工组织设计的重要内容之一，其范围应包括改善劳动条件、防止伤亡事故、防止职业病和职业中毒等。施工项目安全技术措施计划的主要内容包括：

(1) 施工项目安全控制目标。

(2) 安全控制的组织结构、职责权限、规章制度和资源配置。

(3) 安全控制方案和措施。

(4) 检查评价与奖惩。

编制施工项目安全技术措施计划时，对于某些特殊情况应考虑：

(1) 对结构复杂、施工难度大、专业性较强的施工项目，除制定项目总体安全保证计划外，还必须编制单位工程或分部分项工程的安全技术措施。

(2) 对高空作业等专业性较强的作业，电器等特殊工种作业，应制定安全技术规程，并应对作业人员的安全资格和身体状况进行检查。

(二) 施工项目安全技术措施计划的实施

1. 建立安全生产责任制

安全生产责任制是施工项目安全技术措施计划实施的重要保证。施工项目经理部应根据安全生产责任制的要求，把安全责任目标分解到岗，落实到人。

施工项目经理的安全职责应包括：

(1) 认真贯彻安全生产的法规、方针、政策和各项规章制度，制定和执行安全生产管理办法。

(2) 严格执行安全考核指标和安全生产奖惩办法，严格执行项目安全技术措施计划和审批施工安全技术措施交底制度。

(3) 定期组织安全生产检查和分析，针对可能产生的安全隐患制定相应的预防措施。

（4）如果发生安全事故，必须按照有关规定和程序及时上报和处理，并制定防止同类事故再次发生的措施。

安全员的安全职责应包括：

（1）落实安全设施的设置。

（2）对施工过程的安全进行监督，纠正违章作业。

（3）配合有关部门排除安全隐患。

（4）组织安全教育和全员安全活动。

（5）监督劳保用品质量和正确使用。

（6）检查安全标牌是否按规定设置，标识方法和内容是否正确完整。

施工队长的安全职责应包括：

（1）向作业人员进行安全技术措施交底，组织实施项目安全技术措施计划。

（2）对施工现场安全防护装置和设施进行验收。

（3）对作业人员进行安全操作培训，提高作业人员的安全意识，避免产生安全隐患。

（4）当发生重大安全事故时，应保护现场，立即上报并参与事故调查处理。

施工工长的安全职责应包括：

（1）安排施工任务时，向本工种施工作业人员进行安全措施交底。

（2）严格执行本工种安全技术操作规程，拒绝违章指挥。

（3）作业前应对使用的机具、设备、防护用具及作业环境进行安全检查，消除安全隐患。

（4）组织本工种施工作业人员开展安全活动，召开上岗前安全生产会。

（5）每周进行安全讲评。

施工操作人员的安全职责应包括：

（1）认真学习并严格执行安全操作规程，不违章作业。

（2）自觉遵守安全生产规章制度，执行安全技术交底和有关安全生产的规定。

（3）服从安全监督人员的指导，积极参加安全生产活动。

（4）爱护安全设施，正确使用防护用具。

（5）对不安全作业提出意见，拒绝违章指挥。

承包人对分包人的安全责任应包括：

（1）审查分包人的安全施工资格和安全生产保证体系，不将工程分包给不具备安全生产条件的分包人。

（2）在分包合同中应明确分包人安全生产责任和义务。

（3）对分包人提出安全生产要求，并认真进行监督检查。

（4）对违反安全规定冒险蛮干的分包人应责令其停工整改。

（5）统计分包人的伤亡事故，按规定上报，并按分包合同约定协助处理分包人的伤亡事故。

分包人的安全责任应包括：

（1）分包人应认真履行分包合同约定的安全生产责任，对分包施工现场的安全生产工作负责。

（2）遵守承包人的有关安全生产制度，服从承包人的安全生产管理。

（3）及时向承包人报告伤亡事故，并参与调查、处理。

2. 进行安全教育和培训

安全教育和培训是施工项目安全技术措施计划实施的前提。施工项目经理部应根据安全生产的要求，逐级进行安全教育和培训。

项目经理部的安全教育内容应包括：

（1）学习有关安全生产的法律、法规、制度和安全纪律。

（2）学习安全事故分析和处理案例。

施工队的安全教育培训内容应包括：

（1）承担施工任务的特点、施工安全基本知识、安全生产制度。

（2）相关工种的安全技术操作规程。

（3）机械设备、电气、高空作业等安全基本知识。

（4）防火、防毒、防暴、防雷击、防触电、防高空坠落、防物体打击、防坍塌等知识及紧急安全处理知识。

（5）防护用具、用品使用基本知识。

施工班组的安全教育培训内容应包括：

（1）作业特点及安全操作规程。

（2）班组安全生产制度及纪律。

（3）安全防护装置、设施及个人劳动防护用品使用知识。

（4）本岗位的不安全因素及防范对策。

（5）本岗位的作业环境、使用机具的安全要求。

对从事电工、爆破作业、金属焊接、机动车驾驶、高空作业等特殊工种的作业人员，必须经过国家认可的具有相应资质的单位进行安全技术培训，考试合格并取得上岗证书方可上岗作业。

采用新技术、新工艺、新设备施工和调换岗位的施工操作人员，也要进行相应的安全教育。

3. 安全技术交底

安全技术交底是施工项目安全技术措施计划实施的基础。施工活动开始之前，施工项目经理部应作好安全技术交底工作。安全技术交底的主要内容包括：

（1）本项目施工作业的特点和危险点。

(2) 针对危险点的具体预防措施。

(3) 应注意的安全事项。

(4) 相应的安全操作规程和标准。

(5) 发生事故后应及时采取的避难和急救措施。

施工项目经理部安全技术交底的基本要求是：

(1) 项目经理部必须实行逐级安全技术交底制度，纵向延伸到全体施工操作人员。

(2) 安全技术交底必须明确、具体、针对性强。

(3) 安全技术交底的内容应针对分部分项工程施工中给作业人员带来的潜在危害和存在问题。

(4) 定期向由两个以上作业队和多工种进行交叉施工的作业队伍进行书面交底，并保持书面交底签字记录。

(三) 施工项目安全技术措施计划实施中的检查

施工项目安全技术措施计划实施中的检查由项目经理部组织，定期或不定期进行。检查的目的是验证施工项目安全技术措施计划的实施效果，以便发现问题并及时采取措施。检查的内容包括：

(1) 检查安全控制组织机构的工作情况。

(2) 检查安全生产责任制、安全技术措施、安全技术交底、安全教育和培训、持证上岗等的落实情况。

(3) 检查安全设施和安全标识的配备情况。

(4) 检查操作行为、违规处理和安全记录情况。

施工项目安全技术措施计划实施中的检查应注意以下问题：

(1) 应配备必要的设备和器具，确定检查负责人和检查人员，并明确检查内容和要求。

(2) 检查应采用随机抽样、现场观察和实地检测等方法，检查的重点是违章指挥和违章作业。

(3) 对检查结果进行认真的记录、评价和考核，掌握安全生产状况。

(4) 对检查出的问题，特别是不安全行为和隐患，应签发整改通知，由相关部门落实整改，整改完毕应予以复查。

(5) 检查完毕应编制检查报告，检查报告的内容应包括：已达标项目、未达标项目、存在的问题及原因分析、纠正和预防措施。

五、建设工程职业健康安全事故及其处理

(一) 建设工程职业健康安全事故的分类

职业健康安全事故分为两大类，即职业伤害事故与职业病。建设工程职业健

康安全事故主要是职业伤害事故。对于职业伤害事故可按两种情况进行分类。

1. 按照事故发生的原因分类

按照我国《企业伤亡事故分类》（GB6441—1986）标准的规定，职业伤害事故依据事故发生的原因不同，可以分为物体打击、车辆伤害、机械伤害、起重伤害、触电、火灾、高处坠落、坍塌等20类。

2. 按照事故后果严重程度分类

按照事故后果严重程度的不同可以把职业伤害事故分为轻伤事故、重伤事故、死亡事故（一次事故死亡1～2人）、重大伤亡事故（一次事故死亡3人及其以上）、特大伤亡事故（一次事故死亡10人及其以上）等。

（二）建设工程职业健康安全事故的处理

1. 处理原则

建设工程职业健康安全事故的处理应坚持四不放过原则，即事故原因未查清不放过、事故责任者和员工没有受到教育不放过、事故责任者没有处理不放过、没有制定防范措施不放过。

2. 处理程序

建设工程职业健康安全事故应按照以下程序进行处理：

（1）报告安全事故。

（2）处理安全事故，抢救伤员，排除险情，防止事故蔓延扩大，做好标识，保护好现场等。

（3）安全事故调查。

（4）对事故责任者进行处理。

（5）编写调查报告并上报。

3. 伤亡事故处理规定

（1）事故调查组提出的处理意见和防范措施建议，由发生事故的企业及其主管部门负责落实。

（2）因忽视安全生产、违章指挥、违章作业、玩忽职守或者发现事故隐患、危害情况而不采取有效措施以致造成伤亡事故的，由企业主管部门或者企业按照国家有关规定，对企业负责人和直接责任人给予行政处分；构成犯罪的，由司法机关依法追究刑事责任。

（3）在伤亡事故发生后隐瞒不报、谎报、故意迟延不报、故意破坏事故现场，或者以不正当理由拒绝接受调查以及拒绝提供有关情况和资料的，由有关部门按照国家有关规定对有关单位负责人和直接责任人给予行政处分；构成犯罪的，由司法机关依法追究刑事责任。

（4）伤亡事故处理工作应当在90日内结案，特殊情况不得超过180日。伤亡事故处理结案后，应当公开宣布处理结果。

第四节　施工项目现场管理

一、施工项目现场管理及其意义

施工项目现场是指从事工程施工活动经批准占用的施工场地。该场地既包括红线以内占用的建筑用地和施工用地，又包括红线以外现场附近经批准占用的临时施工用地。施工项目现场管理是指这些场地如何科学筹划、合理使用，并与环境因素保持协调关系，成为文明施工现场。施工项目现场管理包括以下内容：

（1）合理规划施工用地。施工项目经理部在施工准备阶段应编制施工组织设计，通过施工平面图合理规划施工用地。进行施工平面图设计时，要正确布置临时设施、大型机械、材料堆场、物资仓库、临时道路及进出口、水电管线、消防设施、加工场地、周转使用场地的位置，合理处理它们之间的相互关系，从而呈现出现场文明，有利于施工安全和环境保护，有利于节约用地和方便施工。

（2）根据施工的进展情况，按阶段调整施工现场的平面布置。建筑施工活动中，施工现场并不是一个固定不变的组合，不同的施工阶段对施工现场有不同的要求。所以，施工现场的平面布置应根据施工的进展情况，按阶段进行调整。当然，调整也不能太过频繁，以免造成浪费。总的来看，施工现场中的一些重大设备应基本固定，调整的对象应是耗费不大、规模较小或已经实现功能失去作用的设施，代之以满足新要求的设施。

（3）加强施工现场的检查。施工项目经理部的现场管理人员应经常检查施工现场是否按施工平面图进行布置，是否符合相关规定，是否满足施工需要，还有哪些薄弱环节需要加强，从而为调整施工现场布置提供有用的信息，也使施工现场保持相对稳定，不被复杂的施工过程打乱。

（4）建立文明施工现场。文明施工现场是指按有关规定的要求，使施工现场和临时占地范围内秩序井然，文明安全，环境得到保持，防火设施完备，场容和环境卫生符合要求，居民不受干扰。建立文明施工现场有利于提高企业信誉，有利于提高工程质量和工作质量。为此，施工项目经理部应做到主管挂帅、系统把关、建章立制、责任到人、普遍检查、落实整改、严明奖惩。

（5）及时清场转移。施工活动结束后，施工项目经理部应及时组织清场，拆除临时设施，清理剩余物资，组织向新工程转移，以便整治规划场地，恢复临时占用的土地。

施工项目现场管理的意义如下：

（1）施工项目现场管理是施工项目管理的一个重要部分。良好的施工项目现场管理能使场容美观整洁，道路畅通，材料放置有序，施工有条不紊，安全、消防、保安得到有效保障，且能使项目相关各方满意。

(2) 施工项目现场管理是一面“镜子”，能照出施工企业的面貌。文明的施工现场，能显示企业的综合实力，会赢得广泛的社会信誉。

(3) 施工现场是进行施工的“舞台”，对这个“舞台”的管理是施工活动良好开展的保证。特别是现代化施工活动，只有在文明施工的条件下才能实现其优质、高效、低耗的目的，获得良好的经济效益和社会效益。

(4) 施工现场是各项管理工作联系的“纽带”，各项管理工作都在这里相互关联的进行着，现场管理给各项管理工作以保证，又受到各项管理工作的约束。

二、施工项目现场管理的要求与措施

(一) 施工项目现场管理的要求

施工项目现场管理的总体要求是：

(1) 施工项目经理部必须遵守国务院及地方建设行政主管部门颁布的施工现场管理法规和规章，认真搞好施工现场管理，规范场容，做到文明施工、安全有序、整洁卫生、不扰民、不损害社会公众利益。

(2) 施工现场应设置承包人的标志，项目经理部应负责施工现场的总体布置，各分包人应在项目经理部的指导和协调下，按照分区划块原则，搞好各自施工用地区域的场容管理规划并严格执行。

(3) 项目经理部应在现场入口的醒目位置，公示“五牌”、“二图”，即工程概况牌、安全纪律牌、防火须知牌、安全无重大事故计时牌、安全生产与文明施工牌；施工总平面图、项目经理部组织构架及主要管理人员名单图。

(4) 项目经理部应经常巡视检查施工现场，认真听取相关各方的意见和反映，及时抓好整改。

(二) 施工项目现场管理措施

1. 组织措施

(1) 健全管理组织。项目经理部应成立以项目经理为组长，主管生产副经理、主任工程师、栋号负责人（或承包队长）以及生产、技术、质量、安全等管理人员为成员的现场管理组织，负责施工现场管理工作。分包单位应服从总包单位的统一管理与协调，并接受监督检查。

(2) 健全管理制度。施工项目现场管理的主要制度如下：

1) 岗位责任制。施工现场管理应按专业、岗位、栋号等分片包干，分别建立岗位责任制度。

2) 经济责任制。把施工现场管理列入经济承包责任制中，一同“包”、“保”、检查与考核。

3）检查制度。施工现场管理应制定严格的检查制度，采取综合检查与专业检查、定期检查与随时抽查、集体检查与个人检查相结合的方法，按规定填写检查表格，算出结果，张榜公布。

4）奖惩制度。施工现场管理应实行奖惩制度，制定奖惩细则，坚持奖惩兑现。

5）持证上岗制度。施工现场管理应实行持证上岗制度。进入现场作业的机械操作人员、架子工、司炉工、起重工、电工、焊工等特殊工种工人必须持证上岗。

2. 现场管理措施

施工现场管理措施主要是“目视管理”。“目视管理”亦可称为“看得见的管理”，它是利用形象直观、色彩适宜的各种视觉感知信息来组织现场施工生产活动，达到提高劳动生产率、保证工程质量、降低施工成本的目的。“目视管理”简便适用、透明度高，便于职工自我控制，自主管理，可以贯穿施工现场管理的各个领域，具有其他方式不可替代的作用。

三、现场文明施工管理

（一）现场文明施工及其要求

现场文明施工是指施工现场具有良好的作业环境、卫生环境和工作秩序。现场文明施工是施工项目现场管理的重要组成部分，主要包括以下几个方面的工作：

（1）规范施工现场的场容，保持作业环境的整洁卫生。

（2）科学组织施工，使生产有序的进行。

（3）减少施工对周围居民和环境的影响。

（4）遵守施工现场文明施工的规定和要求，保证职工的安全和身体健康。

现场文明施工的基本要求是：

（1）施工现场必须设置明显的标牌，标明工程项目名称、建设单位、设计单位、施工单位、项目经理和施工现场总代表人的姓名、开工和竣工日期、施工许可证批准文号等。

（2）施工现场的管理人员在施工现场应当佩带证明其身份的证卡。

（3）应当按照施工平面布置图设置各项临时设施。现场堆放的大宗材料、成品、半成品和机具设备不得侵占场内道路及安全防护设施。

（4）施工现场的用电线路、用电设施的安装和使用必须符合安装规范和安全操作规程，并按照施工组织设计进行架设，严禁任意拉线接电。施工现场必须设有保证施工安全的夜间照明；危险潮湿场所的照明以及手持照明灯具，必须采用符合安全要求的电压。

（5）施工机械应当按照施工平面布置图规定的位置和线路设置，不得任意侵占场内道路。施工机械进场须经过安全检查，检查合格的方能使用。施工机械操作人员必须按有关规定持证上岗，禁止无证人员操作。

(6) 应保证施工现场道路畅通，排水系统处于良好的使用状态；保持场容场貌的整洁，随时清理建筑垃圾。在车辆、行人通行的地方施工，应当设置施工标志，并对沟井坎穴进行覆盖。

(7) 施工现场的各种安全设施和劳动保护器具必须定期检查和维护，及时消除隐患，保证其安全有效。

(8) 施工现场应当设置各类必要的职工生活设施，并符合卫生、通风、照明等要求。职工的膳食、饮水供应等应当符合卫生要求。

(9) 应当做好施工现场安全保卫工作，采取必要的防盗措施，在现场周边设立维护设施。

(10) 应当严格依照《中华人民共和国消防条例》的规定，在施工现场建立和执行防火管理制度，设置符合消防要求的消防设施，并保持完好的备用状态。在容易发生火灾的地区施工，或者存储、使用易燃易爆器材时，应当采取特殊的消防安全措施。

(二) 现场文明施工检查

施工项目现场管理组织应加强和落实文明施工的检查、考核及奖惩管理，以促进文明施工管理工作的提高。检查范围和内容应全面周到，检查中发现的问题应采取整改措施。

(三) 现场文明施工的文件和资料

施工项目现场管理中，应保存的现场文明施工的文件和资料主要有：

(1) 关于文明施工的法律法规、标准、规定等资料。

(2) 施工组织设计中对文明施工的管理规定，各阶段施工现场文明施工的措施。

(3) 文明施工教育、培训、考核计划的资料。

(4) 文明施工活动各项记录资料。

(5) 文明施工的自检资料。

四、施工现场环境保护

(一) 施工现场环境保护及其意义

施工现场环境保护是按照法律法规、各级主管部门和企业的要求，保护和改善作业现场的环境，控制现场的各种粉尘、废水、固体废弃物、噪声、振动等对环境的污染和危害。施工现场环境保护也是文明施工的重要内容之一，其意义体现在以下几个方面：

(1) 保护和改善施工现场环境是保证人们身体健康和社会文明的需要。建筑施工活动会对环境产生多种污染，采取相应的专向措施防止粉尘、废水、固体废弃物、噪声、振动污染，保护好施工现场及其周围的环境，是保证职工和相关人员身体健康、体现社会总体文明的一项利国利民的重要工作。

（2）保护和改善施工作业环境是提高施工效率的需要。施工作业环境对施工效率产生重大的影响。杂乱无章的施工作业环境会对操作人员的心理产生不良的影响，进而影响操作的准确性和正确性；也往往使操作人员因工作的无序而产生错误，导致安全或质量事故的发生。所以，保护和改善施工作业环境也是不容忽视的一项工作。

（3）保护和改善施工现场环境是消除外部干扰，保证施工顺利进行的需要。随着人们法制观念和自我保护意识的增强，由于施工扰民问题引起的对施工活动的影响时常发生，尤其是在城市中，施工扰民问题反映突出。因此，及时采取防治措施，减少施工对市民的干扰也是保证施工活动顺利进行的基本条件。

（4）保护和改善施工现场环境是现代化大生产的客观要求。现代化大生产的一个重要特征就是广泛应用新设备、新工艺和新技术，这对环境质量的要求很高。假如粉尘、振动超标，就可能影响设备功能的发挥，甚至会损坏设备。这就要求保护和改善施工现场环境使之适应现代化大生产的客观要求。

（二）施工现场环境保护措施

1. 实行施工现场环境保护目标责任制

施工现场环境保护目标责任制是指将施工现场环境保护指标以责任书的形式，层层分解到项目经理部的有关部门和个人并列入岗位责任制，从而形成施工现场环境保护自我监控体系。施工项目经理是施工现场环境保护的第一责任人，是施工现场环境保护自我监控体系的领导者和责任者。

2. 加强检查和监控工作

施工现场对环境的影响程度需要通过不断的检查和监控加以掌握。只有掌握了施工现场环境的具体状况才能采取有针对性的措施。例如在施工活动进行过程中，就应加强对现场的粉尘、噪声、污水、固体废弃物等的检测和监控工作，并根据其污染情况采取措施加以消除。

3. 进行综合治理

一方面要采取措施控制施工现场的污染，另一方面也应与外部的有关单位和环保部门保持联系、加强沟通。要统筹考虑施工项目目标的实现与施工现场环境保护问题，使两者达到统一。

4. 采取有效的技术措施

（1）防止大气污染的措施。施工现场的垃圾要及时清理出场；多高层建筑施工时，应搭设封闭式专用垃圾道或采用容器调运，严禁凌空随意抛洒；施工现场道路应采用焦渣等铺设，有条件的可利用永久道路并指定专人定期撒水清扫，防止扬尘；禁止在施工现场焚烧油毡、橡胶、树叶等会产生有毒、有害烟尘的物质；袋装水泥、石灰等易飞扬的细粒散体材料应在库内存放，室外临时露天存放时，必须下垫上盖，防止扬尘；采用普通搅拌站时，应封闭严密，并利用水雾除尘。

（2）防止噪声污染的措施。严格控制施工现场的人为噪声；尽量选用低噪声设备和工艺；在人口稠密的地区作业时，应严格控制作业时间；采用吸声、隔声等声学处理方法，在传播途径上控制噪声。

（3）防止水源污染的措施。禁止将有毒、有害废弃物作为土方回填；现场搅拌站、现制水磨石的污水等应经沉淀池沉淀后再排放；存放油料的库房地面必须进行防渗处理，防止油料跑、冒、滴、漏，污染水体。

（4）防止固体废弃物污染的措施。采取减量化处理措施，减少固体废弃物的数量；采取资源化处理措施，对固体废弃物进行综合利用；采取破碎、氧化还原、焚烧、热解、填埋等无害化处理措施，减少固体废弃物的危害。

五、施工现场的综合考评

所谓施工现场的综合考评，是指对工程建设的参与各方在施工现场中各种行为的考评。施工现场的综合考评对于加强施工现场管理，提高施工现场的管理水平，实现文明施工，确保工程质量和施工安全具有重要意义。根据建设部《建设工程施工现场综合考评试行办法》的规定，综合考评的内容如下。

（一）施工组织管理考评

施工组织管理考评的满分为20分。考评的主要内容是合同签订及履约、总分包、企业及项目经理资质、关键岗位培训及持证上岗、施工组织设计及实施情况等。有下列情况之一的，该项考评得分为零分：

（1）企业资质与项目经理资质与所承担的工程任务不符的。

（2）总包单位对分包单位不进行有效管理，不按规定进行定期评价的。

（3）没有施工组织设计或施工方案，或未经批准的。

（4）关键岗位未持证上岗的。

（二）工程质量管理考评

工程质量管理考评的满分为40分。考评的主要内容是质量管理与保证体系、工程质量、质量保证资料等。工程质量检查按现行的国家标准、行业标准、地方标准和有关规定执行。有下列情况之一的，该项考评得分为零分：

（1）当次检查的主要项目质量不合格的。

（2）当次检查的主要项目无质量保证资料的。

（3）出现结构质量事故或严重质量问题的。

（三）施工安全管理考评

施工安全管理考评的满分为20分。考评的主要内容是安全生产保证体系和施工安全技术、规范、标准的实施情况等。施工安全检查按照国家现行的有关标准和规定执行。有下列情况之一的，该项考评得分为零分：

（1）当次检查不合格的。

（2）无专职安全员的。

（3）无消防设施或消防设施不能使用的。

（4）发生死亡或重伤两人以上的。

（四）文明施工管理考评

文明施工管理考评的满分为10分。考评的主要内容是场容场貌、料具管理、环境保护、社会治安情况等。有下列情况之一的，该项考评得分为零分：

（1）用电线路架设、用电设施安装不符合施工组织设计，安全没有保证的。

（2）临时设施、大宗材料堆放不符合施工平面图要求，侵占场道及危及安全防护的。

（3）现场成品保护存在严重问题的。

（4）尘埃及噪声严重超标，造成扰民的。

（5）现场人员扰乱社会治安，受到拘留处理的。

（五）业主、监理单位现场管理考评

业主、监理单位现场管理考评的满分为10分。考评的主要内容是有无专人或委托监理单位现场管理、有无隐蔽工程验收签认、有无现场检查认可记录及履行合同情况等。有下列情况之一的，该项考评得分为零分：

（1）未取得施工许可证而擅自开工的。

（2）现场没有专职技术人员的。

（3）没有隐蔽工程验收签认制度的。

（4）无正当理由严重影响合同履行的。

（5）未办理质量监督手续而进行施工的。

建设部规定，企业日常检查应按考评内容每周检查一次。考评机构的定期抽查每月不少于一次。施工现场的综合考评得分在70分以上（含70分）的施工现场为合格现场。当次考评达不到70分或有一项单项得分为零的施工现场为不合格现场。

案例　某综合楼倒塌事故

一、工程概况

某七层综合楼建筑面积2 400 m^2，底层为营业厅，二层以上为住宅，底层层高3.5 m，二层以上层高3 m，总高度21.5 m，基础为混凝土灌注桩，上部为现浇钢筋混凝土框架，砖填充墙。主体结构完工后，进行室内抹灰时发生整体倒塌事故，造成多人伤亡。

二、事故原因

经事故调查组对倒塌现场的分析和相关调查，发现该综合楼倒塌事故主要是由以下原因导致：

（1）施工现场管理混乱。工程所用的钢筋、水泥无出厂合格证，又不送有关部门检验；既不做混凝土配合比试验，施工时又不留试块，以至混凝土强度失控。

（2）施工单位缺乏质量安全意识，随意使用不合格材料。倒塌现场发现在梁、柱同一断面竟然混合使用竹节钢、螺纹钢和圆钢，且钢筋直径与设计不符；混凝土级配不当，石少砂多，砂细且含泥量高，碎石与水泥砂浆无粘接痕迹。

（3）随意施工。施工时未经有关单位同意取掉一道圈梁；桩基承台厚度严重不足而楼板又超厚。

案例思考

1. 怎样进行施工项目安全检查？
2. 施工项目安全控制的程序与要求是什么？
3. 施工项目现场管理的要求是什么？
4. 该综合楼倒塌事故给我们在施工安全控制方面有什么启示？

思考题

1. 职业健康安全管理体系与环境管理体系的基本结构和运行模式是什么？
2. 怎样进行施工项目安全检查？
3. 施工项目安全控制的程序与要求是什么？
4. 主要施工管理人员的安全职责是什么？
5. 施工项目现场管理的要求是什么？有哪些措施？
6. 现场文明施工的基本要求是什么？
7. 施工现场环境保护有哪些措施？
8. 怎样进行施工现场的综合考评？

第八章 工程合同管理

第一节 建设工程总承包合同管理

一、建设工程总承包合同的当事人

我国的建设工程总承包工作自1987年开始试点，当时能够进行总承包的单位仅限于设计单位，一些设计单位成立了以设计院为主体的设计工程公司，开展工程总承包工作，取得了较好的效果。20世纪90年代初期，随着施工管理体制改革的不断深入，又发展了一批工程总承包企业。目前，我国的工程总承包工作仍然在不断发展和完善之中。

建设工程总承包合同的当事人是业主和总承包单位。业主是发包人；总承包单位包括两种情况，即设计单位（或以设计院为主体的设计工程公司）或工程总承包企业。

业主进行项目总承包发包应具备的条件是：

（1）必须是法人或依法成立的其他组织。

（2）要有项目审批机关批准的项目建议书和所需的建设资金。

（3）若进行分阶段总承包招标时，还需具有分阶段招标的条件。

总承包单位应具备的条件是：

（1）必须是具有法人地位的经济实体。

（2）由各地区、各部门根据需要分别组建，并向公司所在地工商行政管理部门登记，领取法人企业营业执照。

（3）总承包单位接受工程总承包任务后，可对勘察设计、施工和材料设备供应等进行招标，签订分包合同，并负责对各项分包任务进行综合协调管理和监督。

（4）总承包单位应具有较高的组织管理水平和工作效率，较丰富的专业工程管理经验和工作效率。

二、建设工程总承包合同及其主要条款

（一）建设工程总承包合同

建设工程总承包合同是指由业主和总承包单位签订的为完成从工程立项到交付使用全过程承包而确定双方权利、义务关系的协议。

建设工程总承包的内容具体应包括勘察设计、设备采购、施工管理、试车考核（或交付使用）等。

（二）建设工程总承包合同的主要条款

1. 词语含义及合同文件

建设工程总承包合同双方当事人应对合同中常用的或容易引起歧义的词语进行解释，赋予其明确的含义，对合同文件的组成、顺序、合同使用的标准也应作出明确的规定。

2. 总承包的内容

建设工程总承包合同双方当事人应对总承包的内容作出明确规定，一般包括从工程立项到交付使用的工程建设全过程，具体的承包内容由当事人约定，如约定设计—施工总承包，投资—设计—施工总承包等。

3. 双方当事人的权利义务

合同应对双方当事人的权利、义务作出明确的规定，这是合同的重要内容，规定应当详细、准确。

发包人一般应当承担以下义务：

（1）按照约定向承包人支付工程款。

（2）向承包人提供现场。

（3）协助承包人申请有关许可、执照和批准。

（4）如果发包人单方要求终止合同后，没有承包人的同意，在一定时期内不得重新开始实施该工程。

承包人一般应当承担以下义务：

（1）完成满足发包人要求的工程以及相关的工作。

（2）提供履约保证。

（3）负责工程的协调与恰当实施。

（4）按照发包人的要求终止合同。

4. 合同履行期限

合同应当明确规定交工的时间，同时也应对各阶段的工作期限作出明确规定。

5. 合同价款

这一部分内容应规定合同价款的计算方式、结算方式以及价款的支付期

限等。

6. 工程质量与验收

合同应当明确规定对工程质量的要求，对工程质量的验收方法、验收时间及确认方式。工程质量检验的重点应当是竣工验收，通过竣工验收后发包人可以接收工程。

7. 合同的变更

工程建设的特点决定了建设工程总承包合同在履行中往往会出现一些事先没有估计到的情况。一般在合同期限内的任何时间，发包人代表可以通过发布指示或者要求承包人递交建议书的方式提出变更。如果承包人认为这种变更是有价值的，也可以在任何时候向发包人代表提交此类建议书。当然，最后的批准权在发包人。

8. 风险、责任和保险

承包人应当保障和保护发包人、发包人代表以及雇员免遭由工程导致的一切索赔、损害和开支。应由发包人承担的风险也应作明确的规定。合同对保险的办理、保险事故的处理等都应作出明确的规定。

9. 工程保修

合同应按国家的规定写明保修项目、内容、范围、期限及保修金额和支付办法。

10. 对设计、分包人的规定

承包人进行并负责工程的设计，设计应当由合格的设计人员进行。承包人还应当编制足够详细的施工文件，编制和提交竣工图样、操作和维修手册。承包人应对所有分包人遵守合同的全部规定负责，任何分包人、分包人的代理人或者雇员的行为或者违约，完全视为承包人自己的行为或者违约，并负全部责任。

11. 索赔和争议的处理

合同应明确索赔的程序和争议的处理方式。对争议的处理，一般应以仲裁作为解决的最终方式。

12. 违约责任

合同应明确双方当事人的违约责任。包括发包人不按时支付合同价款的责任、超越合同规定干预承包人工作的责任等；也包括承包人不能按合同约定的期限和质量完成工作的责任等。

三、建设工程总承包合同的订立和履行

（一）建设工程总承包合同的订立

建设工程总承包合同通过招标投标和直接发包两种方式订立。通过招标投标订立的合同在发包时对项目的内容、要求已经比较明确具体，承包人一般应当根

据发包人对项目的要求编制建议书及资料表，并且报一个总价。建议书及资料表都将成为合同文件。即使是通过招标投标订立的合同，也需要在订立前有一个详细的谈判过程。双方在合同上签字盖章后合同即告成立。如果需要办理公证、审批等手续，则在办理完公证、审批等手续后生效。

（二）建设工程总承包合同的履行

建设工程总承包合同订立后，双方都应按合同的规定严格履行。发包人应当任命发包人代表，行使合同中明文规定的或隐含的权力，但无权修改合同。发包人代表应当具备要求的经验与能力，他可以将自己的部分职责委托给助理，但一些重大的决定必须由发包人代表自己作出。

总承包人可以按合同规定对项目进行分包，但不得倒手转包。所谓倒手转包，是指将建设工程项目转包给其他单位承包，只收取管理费，不派项目管理班子进行管理，不承担技术经济责任的行为。总承包人应当做好分包项目的管理工作，并就分包的工作内容对业主承担技术经济责任。

搞好项目的分包是总承包合同顺利履行的关键。分包应尽量采取招标投标方式选择分包人。分包人应具备从事相应工作的资质条件，应当自行完成分包工作，不得再次分包。分包人应按合同规定对其分包的工程向总承包人负责，总承包人对项目的整体（包括工期、质量、造价、保修）向发包人负责。

第二节　建设工程勘察、设计合同管理

一、建设工程勘察、设计合同及其当事人

建设工程勘察、设计合同是发包人与承包人为完成一定的勘察、设计任务，明确双方权利、义务关系的协议。承包人应当完成委托人委托的勘察、设计任务，发包人则应接受符合约定要求的勘察、设计成果并支付报酬。

建设工程勘察、设计合同的发包人一般是业主或工程总承包单位，承包人是持有建设行政主管部门颁发的工程勘察、设计资质证书的勘察、设计单位。合同的发包人、承包人均应具有法人地位。

二、建设工程勘察、设计合同的主要内容

（一）发包人提交有关基础资料的期限

这是对发包人提交有关基础资料在时间上的要求。勘察或者设计的基础资料是指勘察、设计单位进行勘察、设计工作所依据的基础文件和情况。勘察基础资料包括项目的可行性研究报告，工程需要勘察的地点、内容，勘察技术要求及附

图等。设计基础资料包括工程的选址报告等勘察资料以及原料（或者经过批准的资源报告）、燃料、水、电、运输等方面的协议文件，需要经过科研取得的技术资料。

（二）勘察、设计单位提交勘察、设计文件的期限

这是指勘察、设计单位完成勘察、设计工作，交付勘察或者设计文件的期限。勘察、设计文件主要包括勘察、设计图样及说明，材料设备清单和工程的概预算等。勘察、设计文件是工程建设的依据，建设工程项目必须按照勘察、设计文件进行施工，因此，勘察、设计文件的交付期限直接影响工程建设的期限，所以，当事人在勘察或者设计合同中应当明确勘察、设计文件的交付期限。

（三）勘察、设计的质量要求

这主要是发包人对勘察、设计工作提出的标准和要求。勘察、设计单位应当按照确定的质量要求进行勘察、设计，按时提交符合质量要求的勘察、设计文件。勘察、设计的质量要求条款明确了勘察、设计成果的质量，是确定勘察、设计单位工作责任的重要依据。

（四）勘察、设计费用

勘察、设计费用是发包人对勘察、设计单位完成勘察、设计工作的报酬。支付勘察、设计费是发包人在勘察、设计合同中的主要义务。双方应当明确勘察、设计费用的数额和计算方法，勘察、设计费用支付方式、地点、期限等内容。

（五）双方的其他协作条件

其他协作条件是指双方当事人为了保证勘察、设计工作顺利完成所应当履行的相互协作的义务。发包人的主要协作义务是在勘察、设计人员进入现场工作时，为勘察、设计人员提供必要的工作条件和生活条件，以保证其正常开展工作。勘察、设计单位的主要协作义务是配合工程建设的施工，进行设计交底，解决施工中的有关设计问题，负责设计变更和修改预算，参加试车考核和工程验收等。

（六）违约责任

合同当事人双方应当根据国家的有关规定约定双方的违约责任。

三、建设工程勘察、设计合同的订立

建设工程勘察、设计任务通过招标或设计方案的竞投确定勘察、设计单位后，应遵循工程建设程序，签订勘察、设计合同。

签订勘察合同，由业主、设计单位或有关单位提出委托，经双方协商同意，即可签订。

签订设计合同，除双方协商同意外，还必须具有上级机关批准的设计任务书。小型单项工程的设计合同须具有上级机关批准的文件方能签订。如单独委托

施工图设计任务时，应同时具有经有关部门批准的初步设计文件方能签订。建设工程勘察、设计合同在当事人双方协商一致的基础上，必须采用书面形式，并参考国家推荐使用的合同文本签订。

四、建设工程勘察、设计合同的履行

（一）勘察、设计合同的定金

按规定收取费用的勘察、设计合同生效后，发包人应向承包人付给定金。勘察、设计合同履行后，定金抵作勘察、设计费。勘察、设计任务的定金为估算的勘察、设计费的20%。委托人不履行合同的无权请求返还定金。承包人不履行合同的，应当双倍返还定金。

（二）发包人的义务

发包人应履行以下主要义务：

（1）向承包人提供开展勘察、设计工作所需的有关基础资料，并对提供的时间、进度与资料的可靠性负责。

委托勘察工作的，在勘察工作开展前，应提出勘察技术要求及附图；委托初步设计的，在初步设计前，应提供经过批准的设计任务书，选厂报告，以及原料（或者经过批准的资源报告）、燃料、水、电、运输等方面的协议文件和能满足初步设计要求的勘察资料，需要经过科研取得的技术资料；委托施工图设计的，在施工图设计前，应提供经过批准的初步设计文件和能满足施工图设计要求的勘察资料、施工条件，以及有关设备的技术资料。

（2）在勘察、设计人员进入现场作业或配合施工时，应负责提供必要的工作和生活条件。

（3）委托配合引进项目的设计任务，从询价、对外谈判、国内外技术考察直至建成投产的各阶段，应吸收承担有关设计任务的单位参加。

（4）按照国家有关规定付给勘察、设计费。

（5）维护承包人的勘察成果和设计文件，不得擅自修改，不得转让给第三方重复使用。

（三）承包人的义务

承包人应履行以下主要义务：

（1）勘察单位应按照现行的标准、规范、规程和技术条例，进行工程测量，工程地质、水文地质等勘察工作，并按合同规定的进度、质量提交勘察成果。

（2）设计单位要根据批准的设计任务书或上一阶段设计的批准文件，以及有关设计技术经济协议文件、设计标准、技术规范、规程、定额等提出勘察技术要求和进行设计，并按合同规定的进度和质量提交设计文件（包括概预算文件、材料设备清单）。

（3）初步设计经上级主管部门审查后，在原定设计任务书范围内的必要修改，由设计单位负责。原定设计任务书有重大变更而重做或修改设计时，须具有设计审批机关或设计任务书批准机关的意见书，经双方协商，另订合同。

（4）设计单位对所承担设计任务的建设工程项目应配合施工，进行设计技术交底，解决施工过程中有关设计的问题，负责设计变更和修改预算，参加试车考核及工程竣工验收。对于大中型工业项目和复杂的民用工程应派现场设计代表，并参加隐蔽工程验收。

（四）勘察、设计费的数量与支付办法

1. 勘察费

勘察工作的取费标准按照勘察工作的内容确定。其具体标准和计算方法依据国家有关规定执行，也可在国家规定的指导下，由承包人、发包人在合同中加以约定，勘察费用一般按实际完成的工作量收取。

勘察合同订立后，发包人应向承包人支付定金，定金金额为勘察费的20%；勘察工作开始后，发包人应向承包人支付勘察费的30%；全部勘察工作结束后，承包人按合同规定向发包人提交勘察报告书和图样，发包人收取资料后，在规定的期限内按实际勘察工作量付清勘察费。对于特殊工程可适当提高勘察费用，其加收的额度为总价的20%～40%。

2. 设计费

设计工作的取费标准，一般应根据不同行业、不同建设规模和工程内容的繁简程度制定不同的取费定额，再根据这些定额来计算取费的费用。

设计合同订立后，发包人应向承包人支付相当于设计费的20%作为定金，设计合同履行后，定金抵作设计费。设计费用其余部分的支付由双方共同商定。

勘察、设计费根据国家有关规定，由发包人和承包人在合同中明确。合同双方不得违反国家有关最低收费标准的规定而任意压低勘察、设计费用。合同中还需明确勘察、设计费的支付期限。

五、建设工程勘察、设计合同的变更和解除

设计文件批准后，就具有一定的严肃性，不得任意修改和变更。如果必须修改，也需经有关部门批准，其批准权限根据修改内容所涉及的范围而定。如果修改部分属于初步设计的内容，必须经设计的原批准单位批准；如果修改的部分属于可行性研究报告的内容，则必须经可行性研究报告的原批准单位批准；施工图设计的修改，必须经设计单位批准。

发包人因故要求修改工程设计，经承包人同意后，除设计文件的提交时间另定外，发包人还应按承包人实际返工修改的工作量增付设计费。

原定可行性研究报告或初步设计如有重大变更而需重作或修改设计时，须经

原批准机关同意，并经双方当事人协商后另定合同。发包人负责支付已经进行了的设计的费用。

发包人因故要求中途停止设计时，应及时书面通知承包人，已付的设计费不退，并按该阶段实际所耗工时，增付和结清设计费，同时终止合同关系。

六、违约责任与索赔

（一）承包人的违约责任

承包人的违约责任如下：

（1）因勘察、设计质量低劣引起返工或未按期提交勘察、设计文件拖延工期造成发包人损失的，由勘察、设计单位继续完善勘察、设计任务，并应视造成的损失浪费大小减收或免收勘察、设计费并赔偿损失。

（2）因承包人的原因致使建设工程项目在合理使用期限内造成人身和财产损害的，承包人应当承担损害赔偿责任。

（二）发包人的违约责任

发包人的违约责任如下：

（1）由于变更计划，提供的资料不准确，未按期提供勘察、设计必需的资料或工作条件而造成勘察、设计的返工、停工、窝工或修改设计，发包人应按承包人实际消耗的工作量增付费用。因发包人责任造成重大返工或重新设计的，应另行增加勘察、设计费。

（2）发包人超过合同规定的日期付费时，应偿付逾期违约金。偿付办法与金额，由双方按照国家的有关规定协商，在合同中明确。

（三）合同索赔

勘察、设计合同一旦签订，双方当事人要恪守合同，当因一方当事人的责任使另一方当事人的权益受到损害时，遭受损失的一方可向责任方提出索赔要求，以补偿经济上遭受的损失。

1. 承包人向发包人提出索赔

（1）发包人不能按合同要求准时提交满足设计要求的资料，致使承包人的设计人员无法正常开展设计工作，承包人可提出费用和工期索赔。

（2）发包人在设计中途提出变更要求，承包人可提出费用和工期索赔。

（3）发包人不按合同规定支付价款，承包人可提出合同违约金索赔。

（4）因其他原因属发包人责任造成承包人利益损害时，承包人可提出费用索赔。

2. 发包人向承包人提出索赔

（1）承包人不能按合同约定的时间完成设计任务，致使发包人因建设工程项目不能按期开工造成损失，可向承包人提出索赔。

（2）承包人的勘察、设计成果中出现偏差或漏项等，致使建设工程项目施工或使用时给发包人造成损失，发包人可向承包人索赔。

（3）承包人完成的勘察、设计任务深度不足，致使建设工程项目施工困难，发包人也可提出索赔。

（4）因承包人的其他原因造成发包人损失的，发包人可以提出索赔。

七、发包人对建设工程勘察、设计合同的管理

（一）发包人合同管理的重要依据

（1）经批准的可行性研究报告及设计任务书。

（2）建设工程勘察、设计合同。

（3）经批准的选址报告及规划部门批文。

（4）工程地质、水文地质资料及地形图。

（5）其他资料。

（二）发包人合同管理的主要工作

（1）起草勘察、设计合同条款及协议书。

（2）严格按照勘察、设计合同开展工作并监督对方当事人的合同履行情况。

（3）审查勘察、设计方案和勘察、设计文件。

（4）审查项目概、预算。

发包人对勘察、设计合同管理的主要工作，可以通过委托设计阶段监理的方式，由监理工程师实施。

八、承包人对建设工程勘察、设计合同的管理

（一）合同订立时的管理

承包人设立的合同管理机构应对建设工程勘察、设计合同的订立全面负责，实施监管、控制。特别是在合同订立前要深入了解发包人的资信、经营作风及订立合同应当具备的相应条件。合同订立时，起草合同条款，进行合同谈判，使规范合同双方当事人权利义务的条款全面、明确。

（二）合同履行时的管理

合同开始履行，即意味着合同双方当事人的权利义务开始享有与承担。为保证勘察、设计合同能够正确、全面的履行，承包人的合同管理机构要经常检查合同的履行情况，发现问题及时协调解决，避免不必要的损失。

九、国家有关机关对建设工程勘察、设计合同的监督管理

建设工程勘察、设计合同的管理除承包人、发包人自身管理外，国家有关机关如工商行政管理部门、公证机构、建设行政主管部门等依据职权划分，也可对

勘察、设计合同行使监督权。签订勘察、设计合同的双方应当将合同文本送交建设工程项目所在地的县级以上人民政府建设行政主管部门或者委托机构备案，也可到工商行政管理部门办理合同鉴证。

在签订、履行合同过程中，当事人如有违反法律、法规，扰乱建设市场秩序行为的，建设行政主管部门和工商行政管理部门可依照各自职责，依法给予处罚。构成犯罪的，提请司法机关追究其刑事责任。

第三节　建设工程委托监理合同管理

一、建设工程委托监理合同及其特征

建设工程委托监理合同简称监理合同，是指业主委托建设监理单位为其进行建设工程项目监督管理而明确双方权利义务关系的协议。业主（建设单位）称委托人，建设监理单位称监理人，双方是平等的委托与被委托关系。

建设工程委托监理合同的委托人必须是具有国家批准的建设工程项目并落实投资计划的企事业单位、其他社会组织及个人；监理人必须是依法成立的具有法人资格的建设监理单位，并且所承担的建设工程监理业务应与其单位资质相符合。签订建设工程委托监理合同必须符合工程项目建设程序。

业主与建设监理单位签订的建设工程委托监理合同，与他在工程建设实施阶段所签订的其他合同的最大区别表现在标的的性质上的差异。勘察设计合同、施工合同、物资采购合同等的标的是产生新的物质成果或信息成果，而建设工程委托监理合同的标的是服务，即监理工程师凭借自己的知识、经验、技能，受业主委托为业主所签订的其他合同的履行实施监督和管理的职责。

鉴于建设工程委托监理合同标的的特殊性，作为合同一方当事人的建设监理单位，仅是接受业主委托对业主签订的设计、施工、加工定货等合同的履行实行监理，其目的仅限于通过自己的服务活动获得酬金，而不同于承包合同的承包人是以经营为目的，通过自己的管理、技术等手段获取利润。建设工程委托监理合同表明，受委托的建设监理单位不是建筑产品的直接经营者，不向业主承包工程造价。如果由于他的严格管理或采纳了他所提供的合理化建议，在保证质量的前提下节约了工程投资，缩短了工期，业主应按建设工程委托监理合同中的规定给予一笔奖金，但这也只是对其所提供优质服务的奖励。

建设监理单位与施工单位之间是监理与被监理的关系，双方没有经济利益间的联系。当施工单位接受了监理工程师的指导而节省了投入时，建设监理单位也不参与其赢利分成。

二、建设工程委托监理合同示范文本

中华人民共和国建设部、国家工商行政管理局2000年2月颁布的《建设工程委托监理合同（示范文本）》（GF—2000—0202）由建设工程委托监理合同、标准条件、专用条件组成。

建设工程委托监理合同实际上是协议书，其篇幅虽然不大，但它却是监理合同的总纲。它规定了监理合同的原则与合同的组成文件，意味着委托人与监理人对双方商定的监理业务、监理内容的承认和确认。

标准条件共49条，适用于各种建设工程项目监理的委托，委托人和监理人都应遵守。标准条件是监理合同的主要部分，它明确而详细地规定了双方的权利和义务。

专用条件是根据建设工程项目的特点和所处的自然和社会环境，由委托人和监理人协商一致后填写的。专用条件中，并非每一条款都必须出现。双方当事人如果认为有必要，还可在其中增加约定的补充条款和修正条款。专用条件的条款是与标准条件的条款相对应的，专用条件不能单独使用，它必须与标准条件结合在一起才能使用。专用条件的条款一般基于以下几种情况：

（1）标准条件的条款指明了需要在专用条件中予以具体明确规定的内容。如标准条件第15条指出，委托人应免费向监理人提供合同专用条件约定的设施，那么，在专用条件中，就必须具体写明业主应提供设施的种类、品名和数量。

（2）修改标准条件中条款的具体规定。如标准条件第42条规定，“如果委托人对监理人提交的支付通知中报酬或部分报酬项目提出异议，应当在收到支付通知书24小时内向监理人发出表示异议的通知”。若业主认为限定在一天内既要审核通知书，又必须找出其中不合理支出而发出通知的时间太短的话，双方可通过协商达成一致，将此时限适当延长并写入专用条件中，修改标准条件内的规定。

（3）增加约定的补充条款。就具体委托的监理任务而言，当事人双方可就某些标准条件的条款中没有涉及的内容达成一致，将其写入专用条件内，作为合同的一项约定内容。

三、制定和推行建设工程委托监理合同示范文本制度的作用

（一）有利于提高合同签订的质量

《建设工程委托监理合同（示范文本）》是由监理业务主管部门组织有关各方面的专家共同编制的，能够比较准确地在法律范围内反映出双方所要实现的意图。推广使用示范文本，有助于签订监理合同的双方当事人了解、掌握有关的法律、法规，使合同规范化，避免缺款少项和当事人意思表达不准确、不真实的情

况发生。有利于提高合同签订的质量，减少扯皮和合同纠纷。

（二）有利于减少双方签订合同的工作量

《建设工程委托监理合同（示范文本）》具有鲜明的指导和示范作用，签订合同的双方，可以以示范文本作为协商、谈判的依据，从而减少签约双方在制定合同中的工作量，也避免了在签订合同中的种种扯皮现象，便于双方统一认识，提高效率。

（三）有利于保护合同当事人的合法权益

《建设工程委托监理合同（示范文本）》是经过严格依据有关法律、法规审慎推敲制定的，使用示范文本，实际上就是把合同当事人纳入依法办事的轨道，其合法权益可以受到法律保护。同时也有利于合同管理机关加强监督检查，以及仲裁机构和人民法院及时地解决合同纠纷，保护当事人的合法权益，

四、建设工程委托监理合同当事人的权利义务和责任

（一）当事人的义务

1. 监理人的义务

（1）监理人应按合同约定派出监理工作需要的监理机构及监理人员，向委托人报送委派的总监理工程师及其监理机构主要成员名单、监理规划，完成监理合同专用条件中约定的监理工程范围内的监理业务。在履行合同义务期间，应按合同约定定期向委托人报告监理工作。

（2）监理人在履行合同的义务期间，应认真、勤奋地工作，为委托人提供与其水平相适应的咨询意见，公正维护各方面的合法权益。

（3）监理人使用委托人提供的设施和物品属委托人的财产，在监理工作完成或中止时，应将其设施和剩余的物品按合同约定的时间和方式移交给委托人。

（4）在合同期内或合同终止后，未征得有关方面的同意，不得泄露与本工程、本合同业务有关的保密资料。

2. 委托人的义务

（1）委托人在监理人开展监理业务之前应向监理人支付预付款。

（2）委托人应当负责工程建设的所有外部关系的协调，为监理工作提供外部条件。根据需要，如将部分或全部协调工作委托监理人承担，则应在专用条件中明确委托的工作和相应的报酬。

（3）委托人应当在双方约定的时间内免费向监理人提供与工程有关的为监理工作所需的工程资料。

（4）委托人应当在专用条款约定的时间内就监理人书面提交并要求作出决定的一切事宜作出书面决定。

（5）委托人应当授权一名熟悉工程情况、能在规定时间内作出决定的常驻

代表（在专用条款中约定），负责与监理人联系。更换常驻代表要提前通知监理人。

（6）委托人应当将授予监理人的权利，以及监理人主要成员的职能分工、监理权限及时书面通知已选定的承包合同的承包人，并在与第三人签订的合同中予以明确。

（7）委托人应在不影响监理人开展监理工作的时间内提供如下资料：①与本工程合作的原材料、构配件、设备等生产厂家名录；②提供与本工程有关的协作单位、配合单位的名录。

（8）委托人应免费向监理人提供办公用房、通信设施、监理人员工地住房及合同专用条件约定的设施，对监理人自备的设施给予合理的经济补偿。

（9）根据情况需要，如果双方约定由委托人免费向监理人提供其他人员，应在监理合同专用条件中予以明确。

（二）当事人的权利

1. 监理人的权利

监理人在委托人委托的工程范围内，享有以下权利：

（1）选择工程总承包人的建议权。

（2）选择工程分包人的认可权。

（3）对工程建设有关事项（包括工程规模、设计标准、规划设计、生产工艺设计和使用功能要求）向委托人的建议权。

（4）对工程设计中的技术问题，按照安全和优化的原则，向设计人提出建议；如果拟提出的建议可能会提高工程造价，或延长工期，应当事先征得委托人的同意。当发现工程设计不符合国家颁布的建设工程质量标准或设计合同约定的质量标准时，监理人应当书面报告委托人并要求设计人更正。

（5）审批工程施工组织设计和技术方案，按照保质量、保工期和降低成本的原则，向承包人提出建议，并向委托人提出书面报告。

（6）主持工程建设有关协作单位的组织协调，重要协调事项应当事先向委托人报告。

（7）征得委托人同意，监理人有权发布开工令、停工令、复工令，但应当事先向委托人报告。如在紧急情况下未能事先报告时，则应在24小时内向委托人作出书面报告。

（8）工程上使用的材料和施工质量的检验权。对于不符合设计要求和合同约定及国家质量标准的材料、构配件、设备，有权通知承包人停止使用；对于不符合规范和质量标准的工序、分部分项工程和不安全施工作业，有权通知承包人停工整改、返工。承包人得到监理人复工令后才能复工。

（9）工程施工进度的检查、监督权，以及工程实际竣工日期提前或超过工程施工合同规定的竣工期限的签认权。

（10）在工程施工合同约定的工程价款范围内，工程款支付的审核和签认权，以及工程结算的复核确认权与否决权。未经总监理工程师签字确认，委托人不支付工程款。

此外，监理人在委托人授权下，可对任何承包人合同规定的义务提出变更。如果由此严重影响了工程费用或质量、进度，则这种变更需经委托人事先批准。在紧急情况下未能事先报委托人批准时，监理人所作的变更也应尽快通知委托人。在监理过程中如发现工程承包人人员工作不力，监理人可要求承包人调换有关人员。

在委托的工程范围内，委托人或承包人对对方的任何意见和要求（包括索赔要求），均必须首先向监理机构提出，由监理机构研究处置意见，再同双方协商确定。当委托人和承包人发生争议时，监理人应当根据自己的职能，以独立的身份判断，公正地进行调解。当双方的争议由政府建设行政主管部门调解或仲裁机构仲裁时，监理人应当提供作证的事实材料。

2. 委托人的权利

（1）委托人有选定工程总承包人，以及与其订立合同的权利。

（2）委托人有对工程规模、设计标准、规划设计、生产工艺设计和设计使用功能要求的认定权，以及对工程设计变更的审批权。

（3）监理人调换总监理工程师须事先经委托人同意。

（4）委托人有权要求监理人提交监理工作月报及监理业务范围内的专项报告。

（5）当委托人发现监理人不按监理合同履行监理职责，或与承包人串通给委托人或工程造成损失的，委托人有权要求监理人更换监理人员，直到终止合同并要求监理人承担相应的赔偿责任或连带赔偿责任。

（三）当事人的责任

1. 监理人的责任

（1）监理人的责任期即委托监理合同有效期。在监理过程中，如果因工程建设进度的推迟或延误而超过书面约定的日期，双方应进一步约定相应延长的合同期。

（2）监理人在责任期内，应当履行约定的义务。如果因监理人过失而造成了委托人的经济损失，应当向委托人赔偿。累计赔偿总额（除委托人权利以外）不应超过监理报酬总额（除去税金）。

（3）监理人对承包人违反合同规定的质量要求和完工（交图、交货）时限，不承担责任。因不可抗力导致委托监理合同不能全部或部分履行时，监理人不承担责任。

（4）监理人向委托人提出赔偿要求不能成立时，监理人应当补偿由于该索赔所导致委托人的各种费用支出。

2. 委托人的责任

（1）委托人应当履行委托合同约定的义务，如有违反则应当承担违约责任，赔偿给监理人造成的经济损失。

（2）监理人处理委托业务时，因非监理人原因的事由受到损失的，可以向委托人要求补偿损失，委托人应承担赔偿责任。

（3）委托人如果向监理人提出赔偿的要求不能成立，则应当补偿由该索赔所引起的监理人的各种费用支出。

五、建设工程委托监理合同的履行

（一）委托人的履行

1. 严格按照合同的规定履行应尽义务

建设工程委托监理合同内规定的应由委托人负责的工作，是使合同最终实现的基础。例如，外部关系的协调，为监理工作提供外部条件，为监理人提供获取本工程使用的原材料、构配件、机械设备等生产厂家名录等，都是监理人作好工作的先决条件。委托人必须严格按照监理合同的规定履行应尽的义务，才有权要求监理人履行合同义务。

2. 按照监理合同的规定行使权利

建设工程委托监理合同中规定的委托人的权利，主要是如下三个方面：

（1）对设计、施工单位的发包权。

（2）对工程规模、设计标准的认定权及设计变更的审批权。

（3）对监理单位的监督管理权。

3. 委托人的档案管理

在建设工程项目竣工后，委托人应将全部合同文件按照有关规定建档保管。

（二）监理人的履行

1. 确定项目总监理工程师，成立项目监理组织

对于每一个拟监理的建设工程项目，监理人都应根据工程项目规模、性质，委托人对监理的要求，委派称职的人员担任项目的总监理工程师，并成立项目监理组织。总监理工程师代表监理单位全面负责该项目的监理工作，总监理工程师对内向监理单位负责，对外向委托人负责。

2. 制定项目监理规划

项目监理规划是开展建设工程项目监理工作的纲领性文件，是根据委托人的监理要求，在详细占有监理项目有关资料的基础上，结合监理的具体条件编制的开展监理工作的指导性文件。其内容包括：

（1）工程概况。

（2）监理范围和目标。

（3）主要监理措施。

（4）监理组织。

（5）项目监理工作制度等。

3. 制定各专业监理工作计划或实施细则

在监理规划的指导下，为具体进行投资控制、质量控制、进度控制工作，监理人还需结合建设工程项目的实际情况，制定相应的实施性计划或细则。

4. 根据制定的监理工作计划和运行制度，规范化地开展监理工作

作为一种科学的建设工程项目管理制度，建设工程监理工作的规范化体现在：

（1）工作的顺序性。建设工程监理工作是按一定逻辑顺序先后开展的，从而使监理工作能有效地达到目标而不致造成工作状态的无序和混乱。

（2）职责分工的严密性。建设工程监理工作是由不同专业、不同层次的专家群体共同来完成的，他们之间紧密的职责分工，是协调监理工作的前提和实现监理目标的重要保证。

（3）工作目标的确定性。在职责分工的基础上，每一项监理工作应达到的具体目标都应是确定的，完成的时间也应有时限规定，从而能通过报表资料对监理工作及其效果进行检查和考核。

5. 建设监理工作总结

建设监理工作完成以后，监理人应向委托人提交监理工作总结。其内容主要包括：

（1）监理委托合同履行情况概述。

（2）监理任务或监理目标完成情况评价。

（3）由业主提供的供监理人使用的办公用房、车辆、试验设施等清单。

（4）表明监理工作终结的说明等。

（三）监理酬金的支付

建设工程委托监理合同双方当事人可以在专用条件中约定以下内容：

（1）监理酬金的计取方法。

（2）支付监理酬金的时间和数额。

（3）支付监理酬金所采用的货币币种、汇率。

如果委托人对监理人提交的支付通知书中酬金或部分酬金项目提出异议，应当在收到支付通知书24小时内向监理人发出表示异议的通知，但委托人不得拖延其他无异议酬金项目的支付。

六、违约责任

委托人和监理人双方都应在建设工程委托监理合同有效期内履行约定的义务，如有违反则应当承担违约责任，赔偿给对方造成的经济损失。合同双方中任何一方对对方负有责任时的赔偿原则是：

（1）赔偿应限于由于违约所造成的，可以合理预见到的损失和损害的数额。

（2）赔偿的累计数额不应超过专用条件中规定的最大赔偿限额；在监理人一方，其赔偿总额一般不应超出监理酬金总额（除去税金）。

（3）如果任何一方与第三方共同对另一方负有责任时，则负有责任一方所应付赔偿比例应限于由其违约所应负的那部分比例。

第四节 建设工程施工合同管理

一、建设工程施工合同及其特征

（一）建设工程施工合同及其当事人

建设工程施工合同即建筑安装工程承包合同，是发包人和承包人为完成商定的建筑安装工程任务，明确相互权利义务关系的协议。这一协议所涉及的权利和义务，主要是承包人应完成一定的建筑、安装工程任务，发包人应提供必要的施工条件并支付工程价款。建设工程施工合同是工程建设的主要合同，是合同双方进行工程建设质量管理、进度管理、费用管理的主要依据。

从合同理论上说，建设工程施工合同是广义的承揽合同的一种，也是承揽人（承包人）按照定作人（发包人）的要求完成工作（工程建设），交付工作成果（竣工工程），定作人给付报酬的合同。但由于建设工程施工合同在经济和社会活动中的重要作用，以及在国家管理、合同标的等方面均有别于一般的承揽合同，我国一直将建设工程施工合同列为单独的一类重要合同。考虑到建设工程施工合同毕竟是从承揽合同中分离出来的，《中华人民共和国合同法》规定，建设工程施工合同中没有规定的，适用承揽合同的有关规定。

建设工程施工合同的当事人是发包人和承包人，双方是平等的民事主体。

发包人一方可以是具备法人资格的国家机关、事业单位、国有企业、集体企业、私营企业、经济联合体和社会团体，也可以是依法登记的个人合伙、个体经营户或个人，即一切以协议、法院判决或其他合法完备手续取得发包人的资格，承认全部合同文件，能够而且愿意履行合同规定义务（主要是支付工程价款能力）的合同当事人。与发包人合并的单位、兼并发包人的单位、购买发包人合同和接受发包人出让的单位和人员（即发包人的合法继承人），均可成为发包人，从而履行合同规定的义务，享有合同规定的权利。发包人既可以是业主，也可以是取得建设工程项目总承包资格的项目总承包单位。

承包人一方应是具备与工程相应资质和法人资格的，并被发包人接受的合同当事人及其合法继承人。但承包人不能将工程转包或出让，如要进行分包，应在合同签订前提出并征得发包人同意。承包人是施工单位。

（二）建设工程施工合同的分类

建设工程施工合同可以从不同的角度分为多种类型。

1. 按合同计价方式进行分类

根据计价方式的不同，建设工程施工合同可分为总价合同、单价合同和成本加酬金合同。

总价合同是指在合同中确定一个完成建筑安装工程的总价，承包单位据此完成项目全部内容的合同。总价合同要求投标者按照招标文件的要求，对工程项目报一个总价。这种合同类型能够使业主在评标时易于确定报价最低的承包单位、易于进行支付计算。但这类合同仅适用于工程量不太大且能精确计算、工期较短、技术不太复杂、风险不大的建设工程项目。因为采用这种合同类型要求业主必须准备详细而全面的设计图样（一般要求施工详图）和各项说明，使承包单位能准确计算工程量。

单价合同是指整个合同期间对于每一分部分项工程执行同一单价，而工程量则按实际完成的数量进行计算的合同。单价合同要求承包单位在投标时，按招标文件就分部分项工程所列的工程量表确定各分部分项工程单价。这类合同的适用范围比较宽，其风险可以得到合理的分摊，并且能鼓励承包单位通过提高工效等手段从降低成本中提高利润。这类合同能够成立的关键在于承发包双方对单价和工程量计算方法的确认。在合同履行中需要注意的问题则是双方对实际工程量计量的确认。

成本加酬金合同是由业主向承包单位支付建设工程的实际成本，并按事先约定的某一种方式支付酬金的合同类型。成本加酬金合同中，业主需承担项目实际发生的一切费用，因此也就承担了项目的全部风险。而承包单位由于无风险，其报酬往往也较低。这类合同的缺点是业主对工程总造价不易控制，承包单位也往往不注意降低施工成本。这类合同主要适用于以下项目：

（1）需要立即开展工作（如震后救灾）的建设工程项目。

（2）新型的建设工程项目，或对工程内容及技术经济指标尚未确定，就要开工的建设工程项目。

（3）风险很大的建设工程项目。

2. 按施工内容进行分类

根据建设工程项目施工内容的不同，施工合同可以分为土木工程施工合同、设备安装施工合同、管道线路敷设施工合同、装饰装修及房屋修缮施工合同等。

3. 按承包单位的数量不同进行分类

根据承包单位数量的不同，可将建设工程施工合同分为总承包施工合同和分别承包施工合同。

业主将全部工程发包给一个施工企业总承包的合同称为总承包施工合同；由于工程规模较大或专业复杂，业主将工程分别发包给几个施工企业承包的合同称为分别承包施工合同。

（三）建设工程施工合同的订立

1. 订立建设工程施工合同应具备的条件

（1）初步设计已经批准。

（2）建设工程项目已经列入年度建设计划。

（3）有能够满足施工需要的设计文件和有关技术资料。

（4）建设资金和主要建筑材料、设备来源已经落实。

（5）中标通知书已经下达。

2. 订立建设工程施工合同应当遵守的原则

（1）遵守国家法律、法规和国家计划的原则。订立建设工程施工合同，必须遵守国家法律、行政法规的规定，也应遵守国家的建设计划和其他计划（如贷款计划等）。建设工程施工对经济发展、社会生活有多方面的影响，国家有许多强制性的管理规定，施工合同当事人都必须遵守。

（2）平等、自愿、公平的原则。订立建设工程施工合同的当事人双方，具有平等的法律地位，任何一方都不得强迫对方接受不平等的合同条件。当事人有权决定是否订立施工合同和施工合同的内容，合同内容应当是双方当事人真实意思的体现。合同的内容应当是公平的，不能损害一方的利益，对于显失公平的施工合同，当事人一方有权申请人民法院或者仲裁机构予以变更或者撤销。

（3）诚实信用的原则。订立建设工程施工合同时，双方当事人要诚实，应当如实将自身和工程的情况介绍给对方，不得有欺诈行为。

3. 订立建设工程施工合同的程序

建设工程施工合同作为合同的一种，其订立也应经过要约和承诺两个阶段。其订立方式有两种：直接发包和招标发包。如果没有特殊情况，工程建设的施工活动都应通过招标投标确定施工企业。

中标通知书发出后，中标的施工单位应当与业主及时签订合同。依据《中华人民共和国招标投标法》和《工程建设施工招标投标管理办法》的规定，中标通知书发出 30 天内，中标单位应与业主依据招标文件、投标书等签订建设工程施工合同。投标书中已确定的条款在签订合同时不得更改，合同价应与中标价相一致。如果中标的施工单位拒绝与业主签订合同，则业主将不再返还其投标保证金，建设行政主管部门或其授权机构还可给予一定的行政处罚。

（四）建设工程施工合同的特征

1. 合同标的的特殊性

建设工程施工合同的标的是各类建筑产品。建筑产品属不动产，施工队伍和施工机械必须围绕建筑产品移动。建筑产品的类别庞杂，其外观、结构、使用目的各不相同，这就要求每一个建筑产品都必须单独设计和施工，即使重复利用标准设计或重复使用图样，也应采取必要的设计修改才能施工，而施工中的情况又各不相同。建筑产品的固定性和单件性决定了建设工程施工合同标的的特殊性。

2. 合同履行期限的长期性

建设工程项目施工中由于结构复杂、体积庞大、建筑材料类型多、工作量大等特点，使得工期都较长（与一般工业产品的生产相比）。而合同履行期限肯定要长于施工工期。因为施工活动应当在合同签订后才开始，且需加上合同签订后到正式开工前的一个较长的施工准备时间和工程全部竣工验收后，办理竣工结算及保修期的时间，另外，在施工过程中，还可能因为不可抗力、工程变更、材料供应不及时等原因而导致工期顺延。所有这些情况，决定了施工合同的履行期限具有长期性。

3. 合同内容的复杂性

建设工程施工合同除了应当具备合同的一般内容外，还应对安全施工、专利技术使用、发现地下障碍和文物、工程分包、不可抗力、工程设计变更、材料设备的供应及验收等内容作出规定。在施工合同的履行过程中，除施工企业与业主的合同关系外，还涉及与劳务人员的劳动关系、与保险公司的保险关系、与材料设备供应单位的买卖关系、与运输企业的运输关系等。所有这些，都决定了施工合同的内容具有复杂性的特点。

4. 合同监督的严格性

由于建设工程施工合同的履行对国家的经济发展、公民的工作和生活都有重大的影响，因此，国家对施工合同的监督是十分严格的。具体体现在以下几个方面：

（1）对合同主体监督的严格性。建设工程施工合同主体一般只能是法人。发包人一般只能是经过批准进行工程项目建设的法人，必须有国家批准的建设工程项目，落实投资计划并且应当具备相应的协调能力；承包人则必须具备法人资格，而且应当具备相应的从事施工活动的资质。无营业执照或无承包资质的单位不能作为建设工程施工合同的主体，资质等级低的单位不能越级承包建设工程项目的施工活动。

（2）对合同订立监督的严格性。订立建设工程施工合同必须以国家批准的投资计划为前提，即使是国家投资以外的，以其他方式筹集的投资也要受到当年的贷款规模和批准限额的限制，纳入当年投资规模的平衡，并经过严格的审批程序。建设工程施工合同的订立，还必须符合国家关于建设程序的规定。

（3）对合同履行监督的严格性。在建设工程施工合同的履行过程中，除了合同当事人应当对合同进行严格的管理外，合同的主管机关（工商行政管理机构）、金融机构、建设行政主管部门等，都要对合同的履行进行严格的监督。

二、建设工程施工合同示范文本制度

（一）建设工程施工合同示范文本的组成

中华人民共和国建设部、国家工商行政管理局 1999 年 12 月 24 日颁布的《建设工程施工合同（示范文本）》（GF—1999—0201）由协议书、通用条款、专用条款三部分组成，并附有承包人承揽工程项目一览表、发包人供应材料设备一览表、工程质量保修书三个附件。是各类公用建筑、民用住宅、工业厂房、交通设施以及线路、管道施工和设备安装的合同样本。

《建设工程施工合同（示范文本）》的三个组成部分及附件应当同时使用，他们共同组成了一个完整的建设工程施工合同。

协议书是《建设工程施工合同（示范文本）》中的总纲性的文件。协议书的内容包括工程概况、工程承包范围、合同工期、质量标准、合同价款、组成合同的文件等。虽然其文字量并不大，但它规定了合同当事人双方最主要的权利义务，规定了组成合同的文件及合同当事人对履行合同义务的承诺，并且合同当事人在这份文件上签字盖章，因此，具有很高的法律效力。

通用条款是根据《中华人民共和国合同法》、《中华人民共和国建筑法》、《建设工程施工合同管理办法》等法律、法规以及工程惯例对合同当事人的权利义务作出的规定。除双方协商一致对其中工程惯例的某些条款作出修改、补充或取消外，双方都必须遵守。它是将建设工程施工合同中共性的一些内容抽象出来编写的一份完整的合同文件。通用条款具有很强的通用性，基本适用于各类建设工程。通用条款共由 11 部分 47 条组成。这 11 部分内容是：

（1）词语定义及合同文件。

（2）双方一般权利和义务。

（3）施工组织设计和工期。

（4）质量与检验。

（5）安全施工。

（6）合同价款与支付。

（7）材料设备供应。

(8) 工程变更。

(9) 竣工验收与结算。

(10) 违约、索赔和争议。

(11) 其他。

考虑到建设工程施工活动的内容各不相同，工期、造价也随之变动，承发包人各自的能力、施工现场的环境和条件也各不相同，通用条款不能完全适用于各个具体工程的特点，因此，配以专用条款对其作必要的修改和补充，从而使通用条款和专用条款成为承发包双方统一意愿的体现。专用条款的条款号与通用条款相一致，但主要是空格，由当事人根据工程的具体情况予以明确或者对通用条款进行修改。

《建设工程施工合同（示范文本）》的附件则是对合同当事人双方权利义务的进一步明确，并且使得合同当事人的有关工作一目了然，便于执行和管理。

（二）制定建设工程施工合同示范文本的作用

1. 提高签订合同的质量，减少合同纠纷

《建设工程施工合同（示范文本）》是根据我国有关工程建设的法律、法规，结合我国工程建设施工的实际情况，并借鉴了国际上广泛使用的土木工程施工合同（特别是 FIDIC 土木工程施工合同条件）编制的，能够比较准确地在法律范围内反映出双方所要实现的意图。推广使用《建设工程施工合同（示范文本）》，有助于签订合同的当事人了解掌握有关的法律规范，使合同规范化，避免缺款少项和当事人意思表达不准确、不真实的情况发生，从而提高签订合同的质量，减少合同纠纷。

2. 有利于减少双方签订合同的工作量

《建设工程施工合同（示范文本）》具有鲜明的指导和示范作用，签订合同的双方，可以以示范文本作为协商、谈判的依据，从而减少双方在制定合同中的繁杂工作，也避免了在签订合同中的种种扯皮现象，便于双方统一认识，提高效率。

3. 有利于保护合同当事人的合法权益

《建设工程施工合同（示范文本）》是严格依据有关法律、法规审慎推敲制定的，使用《建设工程施工合同（示范文本）》实际上就是把当事人双方纳入依法办事的轨道，同时也有利于合同管理机关加强监督检查，以及仲裁机构和人民法院及时地解决合同纠纷，保护当事人的合法权益。

（三）建设工程施工合同文件的组成及优先解释顺序

《建设工程施工合同（示范文本）》规定，组成建设工程施工合同的文件包括：

(1) 施工合同协议书。

（2）中标通知书。

（3）投标书及其附件。

（4）施工合同专用条款。

（5）施工合同通用条款。

（6）标准、规范及有关技术文件。

（7）图样。

（8）工程量清单。

（9）工程报价单或预算书。

双方有关工程的洽商、变更等书面协议或文件视为协议书的组成部分。

上述合同文件应能够互相解释、互相说明。当合同文件中对某些问题的规定出现不一致时，上面的顺序就是合同文件的优先解释顺序。在不违反法律和行政法规的前提下，当事人可以通过协商变更施工合同的内容。这些变更的协议或文件，效力高于其他合同文件，且签署在后的协议或文件效力高于签署在先的协议或文件。

三、建设工程施工合同的主要条款

（一）发包人的工作

《建设工程施工合同（示范文本）》通用条款第 8 条规定，发包人应按照专用条款约定的内容和时间分阶段或一次完成以下工作：

（1）办理土地征用、拆迁补偿、平整施工场地等工作，使施工场地具备施工条件，在开工后继续负责解决以上事项的遗留问题。

（2）将施工所需水、电、电信线路从施工场地外部接至专用条款约定的地点，保证施工期间的需要。

（3）开通施工场地与城乡公共道路的通道，以及专用条款约定的施工场地内的主要道路，满足施工运输的需要，保证施工期间道路的畅通。

（4）向承包人提供施工场地的工程地质和地下管线资料，并对资料的真实性与准确性负责。

（5）办理施工许可证及其他施工所需证件、批件和临时用地、停水、停电、中断道路交通、爆破作业等的申请批准手续（证明承包人自身资质的证件除外）。

（6）确定水准点与坐标控制点，以书面形式交给承包人，进行现场交验。

（7）组织承包人和设计单位进行图样会审和设计交底。

（8）协调处理施工场地周围地下管线和邻近建筑物、构筑物（包括文物保护建筑）、古树名木的保护工作，承担有关费用。

（9）发包人应做的其他工作，双方在专用条款内约定。

发包人可以将上述部分工作委托承包人办理，双方在专用条款内约定，其费用由发包人承担。

发包人未能履行上述各项义务，导致工期延误或给承包人造成损失的，发包人赔偿承包人有关损失，顺延延误的工期。

（二）承包人的工作

《建设工程施工合同（示范文本）》通用条款第9条规定，承包人按专用条款约定的内容和时间完成以下工作：

（1）根据发包人委托，在其设计资质等级和业务允许的范围内，完成施工图设计或工程配套的设计，经工程师确认后使用，发包人承担由此发生的费用。

（2）向工程师提供年、季、月度工程进度计划及相应进度统计报表。

（3）根据工程需要，提供和维修非夜间施工使用的照明、围栏设施，并负责安全保卫。

（4）按专用条款约定的数量和要求，向发包人提供施工场地办公和生活的房屋及设施，发包人承担由此发生的费用。

（5）遵守政府有关主管部门对施工场地交通、施工噪声以及环境保护和安全生产等的管理规定，按规定办理有关手续，并以书面形式通知发包人，发包人承担由此发生的费用，因承包人责任造成的罚款除外。

（6）已竣工工程未交付发包人之前，承包人按专用条款约定负责已完工程的保护工作，保护期间发生损坏，承包人自费予以修复；发包人要求承包人采取特殊措施保护的工程部位和相应的追加合同价款，双方在专用条款内约定。

（7）按专用条款约定做好施工场地地下管线和邻近建筑物、构筑物（包括文物保护建筑）、古树名木的保护工作。

（8）保证施工场地清洁符合环境卫生管理的有关规定，交工前清理现场达到专用条款约定的要求，承担因自身原因违反有关规定造成的损失和罚款。

（9）承包人应做的其他工作，双方在专用条款内约定。

承包人未能履行上述各项义务，造成发包人损失的，承包人赔偿发包人有关损失。

（三）工程师及其职责

1. 工程师的产生

合同中的工程师包括本工程监理单位委派的总监理工程师或者发包人指定的履行合同的负责人两种情况。

（1）发包人委托监理。发包人可以委托监理单位，全部或者部分负责合同的履行。工程施工监理应当依照法律、行政法规及有关的技术标准、设计文件和建设工程施工合同，对承包人在施工质量、建设工期和建设资金使用等方面，代表发包人实施监督。发包人应将委托的监理单位名称、监理内容及监理权限以书面形式通知承包人。

监理单位委派的总监理工程师在施工合同中称为工程师。总监理工程师是经监理单位法定代表人授权，派驻施工现场监理组织的总负责人，行使监理合同赋予监理单位的权利和义务，全面负责受委托工程的建设监理工作。监理单位委派的总监理工程师姓名、职务、职责应当向发包人报送，在施工合同的专用条款中应当写明总监理工程师的姓名、职务、职责。

（2）发包人派驻代表。发包人派驻施工现场履行合同的代表在施工合同中也称工程师。发包人代表是经发包单位法定代表人授权，派驻施工现场的负责人，其姓名、职务、职责在专用条款内约定，但其职责不得与监理单位委派的总监理工程师职责相互交叉。发生交叉或不明确时，由发包单位法定代表人明确双方职责，并以书面形式通知承包人。

2. 工程师的职责

（1）工程师委派工程师代表。在施工过程中，不可能所有的监督和管理工作都由工程师自己完成。工程师可委派工程师代表，行使自己的部分权利和职责，并可在认为必要时撤回委派，委派或撤回均应提前 7 天以书面形式通知承包人，委派书和撤回通知作为合同附件。

工程师代表在工程师授权范围内向承包人发出的任何书面形式的函件与工程师发出的函件具有同等效力。承包人对工程师代表向其发出的任何书面形式的函件有疑问时，可将此函件提交工程师，工程师应进行确认。工程师代表发出的指令有失误时，工程师应进行纠正。

（2）工程师发布指令、通知。工程师的指令、通知由其本人签字后，以书面形式交给项目经理，项目经理在回执上签署姓名和收到时间后生效。确有必要时，工程师可发出口头指令，并在 48 小时内给予书面确认，承包人对工程师的指令应予执行。工程师不能及时给予书面确认的，承包人应于工程师发出口头指令后 7 天内提出书面确认要求。工程师在承包人提出确认要求后 48 小时内不予答复的，视为口头指令已被确认。

承包人认为工程师指令不合理，应在收到指令后 24 小时内向工程师提出修改指令的书面报告，工程师在收到承包人报告后 24 小时内作出修改指令或继续执行原指令的决定，并以书面形式通知承包人。紧急情况下，工程师要求承包人立即执行的指令或承包人虽有异议，但工程师决定仍继续执行的指令，承包人应予执行。因指令错误发生的追加合同价款和给承包人造成的损失由发包人承担，延误的工期相应顺延。

上述规定同样适用于工程师代表发出的指令、通知。

（3）工程师应当及时履行自己的职责。工程师应按合同约定，及时向承包人提供所需指令、批准、图样并履行其他约定的义务，否则，承包人在约定时间后24小时内将具体要求、需要的理由和延误的后果通知工程师，工程师收到通知后48小时内不予答复，应承担延误造成的追加合同价款，并赔偿承包人有关损失，顺延延误的工期。

（4）工程师作出处理决定。在合同履行中，发生影响承发包双方权利或义务的事件时，负责监理的工程师应作出公正的处理。为保证施工正常进行，承发包双方应尊重工程师的决定。承包人对工程师的处理有异议时，按照合同约定的争议处理办法解决。

（四）项目经理及其职责

项目经理是由承包单位法定代表人授权的，承包人在专用条款中指定的负责施工管理和合同履行的代表。他代表承包人负责工程施工的组织与实施。项目经理的姓名、职务在专用条款内约定。项目经理一旦确定后，承包人不能随意易人。

项目经理易人，承包人应至少于易人前7天以书面形式通知发包人，后任继续履行合同文件约定的前任的权利和义务，不得更改前任作出的书面承诺。

发包人可以与承包人协商，建议调换其认为不称职的项目经理。

项目经理应当积极履行合同规定的职责，完成承包人应当完成的各项工作，对施工现场的施工质量、成本、进度、安全等负全面的责任。对于在施工现场出现的超过自己权限范围的事件，应当及时向上级有关部门和人员汇报，请示处理方案或者取得自己处理的授权。项目经理日常性的工作有：

（1）代表承包人向发包人提出要求和通知。项目经理有权代表承包人向发包人提出要求和通知。承包人的要求和通知，以书面形式由项目经理签字后送交工程师，工程师在回执上签署姓名和收到时间后生效。

（2）组织施工。项目经理按发包人认可的施工组织设计和工程师依据合同发出的指令、要求组织施工。在情况紧急且无法与工程师联系时，项目经理应当采取保证人员生命和工程财产安全的紧急措施，并在采取措施后48小时内向工程师送交报告。责任在发包人和第三方的，由发包人承担由此发生的追加合同价款，工期相应顺延；责任在承包人的，由承包人承担费用，不顺延工期。

（五）施工组织设计和工期

1. 工程进度计划

《建设工程施工合同（示范文本）》通用条款第10条规定，承包人应按照专用条款约定的日期，将施工组织设计和工程进度计划提交工程师。群体工程中采取分阶段进行施工的单位工程，承包人则应按照发包人提供图样及有关资料的时间，按单位工程编制进度计划，分别向工程师提交。

工程师接到承包人提交的进度计划后，应当按专用条款约定的时间予以确认或者提出修改意见。如果工程师逾期不确认也不提出书面意见，则视为已经同意。但是，工程师对施工组织设计和工程进度计划予以确认或者提出修改意见，并不免除承包人对施工组织设计和工程进度计划本身的缺陷所应承担的责任。

承包人必须按工程师确认的进度计划组织施工，接受工程师对进度的检查、监督。工程实际进度与经确认的进度计划不符时，承包人应按工程师的要求提出改进措施，经工程师确认后执行。因承包人的原因导致实际进度与进度计划不符，承包人无权就改进措施提出追加合同价款。

2. 开工及延期开工

承包人应当按协议书约定的开工日期开始施工。承包人不能按时开工，应在不迟于协议书约定的开工日期前 7 天，以书面形式向工程师提出延期开工的理由和要求。工程师应当在接到延期开工申请后的 48 小时内以书面形式答复承包人。工程师在接到延期开工申请后的 48 小时内不答复，视为同意承包人的要求，工期相应顺延。工程师不同意延期要求或承包人未在规定时间内提出延期开工要求，工期不予顺延。

因发包人的原因不能按照协议书约定的开工日期开工，工程师应以书面形式通知承包人后，可推迟开工日期。承包人对延期开工的通知没有否决权，但发包人应当赔偿承包人因此造成的损失，并相应顺延工期。

3. 暂停施工

工程师认为确有必要暂停施工时，应当以书面形式要求承包人暂停施工，并在提出要求后 48 小时内提出书面处理意见。承包人应当按工程师的要求停止施工，并妥善保护已完工程。承包人实施工程师作出的处理意见后，可以书面形式提出复工要求，工程师应当在 48 小时内给予答复。工程师未能在规定时间内提出处理意见，或收到承包人复工要求后 48 小时内未予答复，承包人可自行复工。因发包人原因造成停工的，由发包人承担所发生的追加合同价款，赔偿承包人由此造成的损失，相应顺延工期；因承包人原因造成停工的，由承包人承担发生的费用，工程不予顺延。

4. 工期延误

承包人应当按照合同约定完成工程施工任务，如果由于其自身的原因造成工期延误，应当承担违约责任。但是，在有些情况下工期延误后，竣工日期可以相应顺延。因以下原因造成工期延误，经工程师确认，工期相应顺延：

（1）发包人未能按专用条款的约定提供图样及开工条件。

（2）发包人未能按约定日期支付工程预付款、进度款，致使工程不能正常进行。

（3）工程师未按合同约定提供所需指令、批准等，致使施工不能正常进行。

（4）设计变更和工程量增加。

（5）一周内由于非承包人原因停水、停电、停气造成停工累计超过 8 小时。

(6) 不可抗力。

(7) 专用条款中约定或工程师同意工期顺延的其他情况。

在上述情况下，工期可以顺延的根本原因在于这些情况属于发包人违约或者是应当由发包人承担的风险。

承包人在工期可以顺延的情况发生后 14 天内，就延误的工期向工程师提出书面报告。工程师在收到报告后 14 天内予以确认，逾期不予确认也不提出修改意见，视为同意顺延工期。

5. 工程竣工

承包人必须按照协议书约定的竣工日期或工程师同意顺延的工期竣工。因承包人原因不能按照协议书约定的竣工日期或工程师同意顺延的工期竣工的，承包人承担违约责任。

施工中发包人如需提前竣工，双方协商一致后应签订提前竣工协议，作为合同文件的组成部分。提前竣工协议应包括承包人为保证工程质量和安全采取的措施、发包人为提前竣工提供的条件以及提前竣工所需的追加合同价款等内容。

（六）质量与检验

1. 工程质量

《建设工程施工合同（示范文本）》通用条款第 15 条规定，工程质量应当达到协议书约定的质量标准，工程质量的评定以国家或者行业的质量检验评定标准为依据。因承包人原因工程质量达不到约定的质量标准，承包人承担违约责任。

双方对工程质量有争议，由双方同意的工程质量检测机构鉴定，所需费用及因此造成的损失，由责任方承担。双方均有责任，由双方根据其责任分别承担。

2. 检查和返工

在工程施工中，工程师及其委派人员对工程的检查、检验是他们一项日常性工作和重要职能。承包人应认真按照标准、规范和设计要求以及工程师依据合同发出的指令施工，随时接受工程师及其委派人员的检查、检验，并为检查、检验提供便利条件。

对于达不到约定质量标准的工程部分，工程师一经发现，应要求承包人拆除和重新施工，承包人应当按照工程师的要求拆除和重新施工，直到符合约定的质量标准。因承包人原因工程质量达不到约定的质量标准，由承包人承担拆除和重新施工的费用，工期不予顺延。因双方原因达不到约定的质量标准，责任由双方分别承担。

工程师的检查、检验不应影响施工正常进行。如影响施工正常进行，检查、检验不合格时，影响正常施工的费用由承包人承担。除此之外，影响正常施工的追加合同价款由发包人承担，相应顺延工期。

因工程师指令失误或其他非承包人的原因所发生的追加合同价款，由发包人承担。

3. 隐蔽工程和中间验收

由于隐蔽工程在施工中一旦完成隐蔽，很难再对其进行质量检查，因此，必须在隐蔽前进行检查验收。对于中间验收，合同双方应在专用条款中约定需要进行中间验收的分项工程和部位的名称、验收的时间和要求，以及发包人应提供的便利条件。

工程具备隐蔽条件或达到专用条款约定的中间验收部位，承包人进行自检，并在隐蔽或中间验收前48小时以书面形式通知工程师验收。通知应包括隐蔽或中间验收的内容、验收时间和地点。承包人准备验收记录，验收合格，工程师在验收记录上签字后，承包人可进行隐蔽或继续施工。验收不合格，承包人在工程师限定的时间内修改后重新验收。

经工程师验收，工程质量符合标准、规范和设计图样的要求，验收24小时后，即使工程师不在验收记录上签字，也视为工程师已经批准，承包人可进行隐蔽或者继续施工。

工程师如不能按时进行验收，应在开始验收前24小时向承包人提出书面延期要求，延期不能超过48小时。工程师未能按以上时间提出延期要求，不进行验收，承包人可自行组织验收，发包人应承认验收记录。

4. 重新检验

无论工程师是否进行验收，当其提出对已经隐蔽的工程重新检验的要求时，承包人应按要求进行剥露或者开孔，并在检验后重新覆盖或者修复。检验合格，发包人承担由此发生的全部追加合同价款，赔偿承包人损失，并相应顺延工期。检验不合格，承包人承担发生的全部费用，工期不予顺延。

5. 工程试车

对于设备安装工程，应当组织工程试车。工程试车内容应与承包人承包的安装工程范围相一致。

（1）单机无负荷试车。设备安装工程具备单机无负荷试车条件，由承包人组织试车，并在试车前48小时书面通知工程师。通知包括试车内容、时间、地点。承包人准备试车记录，发包人根据承包人要求为试车提供必要条件。试车通过，工程师在试车记录上签字。

（2）联动无负荷试车。只有单机试运转达到规定要求，才能进行联动无负荷试车。设备安装工程具备无负荷联动试车条件时，由发包人组织试车，并在试车前48小时书面通知承包人。通知内容包括试车内容、时间、地点和对承包人的要求，承包人按要求做好准备工作和试车记录。试车通过，双方在试车记录上签字。

（七）合同价款与支付

1. 合同价款及其调整

合同价款是指发包人与承包人在协议书中约定，发包人用以支付承包人按照合同的约定，完成承包范围内全部工程并承担质量保修责任的款项。合同价款是合同双方关心的核心问题之一，招投标等工作主要是围绕合同价款展开的。合同价款应依据中标通知书中的中标价格和非招标工程的工程预算书确定，合同价款在协议书内约定后，任何一方不得擅自改变。合同价款可以按照固定价格合同、可调价格合同、成本加酬金合同三种方式约定。

采用固定价格合同时，双方在专用条款内约定合同价款包含的风险范围和风险费用的计算方法，在约定的风险范围内合同价款不再调整。风险范围以外的合同价款调整方法，应当在专用条款内约定。

采用可调价格合同时，合同价款可根据双方的约定而调整，双方在专用条款内约定合同价款的调整方法。可调价格合同中合同价款的调整因素包括：

（1）国家法律、法规和政策变化影响合同价款。

（2）工程造价管理部门公布的价格调整。

（3）一周内非承包人原因停水、停电、停气造成停工累计超过 8 小时。

（4）双方约定的其他调整或增减。

承包人应在合同价款可以调整的情况发生后 14 天内，将调整原因、金额以书面形式通知工程师，工程师确认调整金额后作为追加合同价款，与工程款同期支付。工程师收到承包人通知之后 14 天内不作答复也不提出修改意见，视为该项调整已经同意。

采用成本加酬金合同时，合同价款包括成本和酬金两部分，双方在专用条款内约定成本构成和酬金的计算方法。

2. 工程预付款

工程预付款主要是用于采购建筑材料。对于预付额度，建筑工程一般不得超过当年建筑（包括水、电、暖、卫等）工程工作量的 30%；安装工程一般不得超过当年安装工程工作量的 10%。

实行工程预付款的，双方应当在专用条款内约定发包人向承包人预付工程款的时间和数额，开工后按约定的时间和比例逐次扣回。预付时间应不迟于约定的开工日期前 7 天。发包人不按约定预付，承包人在约定预付时间 7 天后向发包人发出要求预付的通知，发包人收到通知后仍不能按要求预付，承包人可在发出通知后 7 天停止施工，发包人应从约定应付之日起向承包人支付应付款的贷款利息，并承担违约责任。

3. 工程量的确认

对承包人已完成工程量的核实确认，是发包人支付工程款的前提。承包人应按专用条款约定的时间向工程师提交已完工程量的报告。工程师接到报告后7天内按设计图样核实已完工程量（以下称计量），并在计量前24小时通知承包人，承包人为计量提供便利条件并派人参加。承包人收到通知后不参加计量，计量结果有效，作为工程价款支付的依据。

工程师接到承包人报告后7天内未进行计量，从第8天起，承包人报告中开列的工程量即视为被确认，作为工程价款支付的依据。工程师不按约定时间通知承包人，使承包人不能参加计量，计量结果无效。

对承包人超出设计图样范围和因承包人原因造成返工的工程量，工程师不予计量。

4. 工程款（进度款）支付

发包人应在计量结果确认后14天内，向承包人支付工程款（进度款）。按约定时间，发包人应将按比例扣回的预付款，与工程款（进度款）同期结算。合同价款调整、工程变更调整的合同价款及追加的合同价款，应与工程款（进度款）同期支付。

发包人超过约定的支付时间不支付工程款（进度款），承包人可向发包人发出要求付款的通知，发包人收到承包人通知后仍不能按要求付款，可与承包人协商签订延期付款协议，经承包人同意后可延期支付。协议应明确延期支付的时间和从计量结果确认后第15天起计算应付款的贷款利息。

发包人不按合同约定支付工程款（进度款），双方又未达成延期付款协议，导致施工无法进行，承包人可停止施工，由发包人承担违约责任。

（八）材料设备供应

工程建设的材料设备供应的质量控制，是整个工程质量控制的基础。建筑材料、构配件生产及设备供应单位对其生产或者供应的产品质量负责。而材料设备的需方则应根据买卖合同规定进行质量验收。

1. 发包人供应材料设备

实行发包人供应材料设备的，双方应当约定发包人供应材料设备一览表，作为本合同附件（附件2）。一览表包括发包人供应材料设备的品种、规格、型号、数量、单价、质量等级、提供时间和地点。

发包人按一览表约定的内容提供材料设备，并向承包人提供其供应材料设备的产品合格证明，对其质量负责。发包人应在其所供应的材料设备到货前24小时，以书面形式通知承包人，由承包人派人与发包人共同清点。发包人供应的材料设备经承包人派人参加清点后由承包人妥善保管，发包人支付相应的保管费用，发生损坏丢失，由承包人负责赔偿。发包人不按规定通知承包人清点，发生的损坏丢失由发包人负责。

发包人供应的材料设备使用前，由承包人负责检验或者试验，费用由发包人负责。不合格的不得使用。

发包人供应的材料设备与一览表不符时，应当由发包人承担有关责任，发包人应承担责任的具体内容，双方根据下列情况在专用条款内约定：

（1）材料设备单价与一览表不符时，由发包人承担所有价差。

（2）材料设备种类、规格、型号、数量、质量等级与一览表不符时，承包人可以拒绝接受保管，由发包人运出施工场地并重新采购。

（3）发包人供应材料的规格、型号与一览表不符时，承包人可以代为调剂串换，发包人承担相应的费用。

（4）到货地点与一览表不符时，发包人负责倒运至一览表指定的地点。

（5）供应数量少于一览表约定的数量时，发包人将数量补齐，多于一览表约定的数量时，发包人负责将多出部分运出施工场地。

（6）到货时间早于一览表约定的供应时间，发包人承担因此发生的保管费用；到货时间迟于一览表约定的供应时间，发包人赔偿由此给承包人造成的损失，造成工期延误的，相应顺延工期。

2. 承包人采购材料设备

承包人根据专用条款的约定及设计和有关标准要求采购工程需要的材料设备，并提供产品合格证明，对材料设备质量负责。承包人在材料设备到货前24小时通知工程师清点。工程师应当严格按照合同约定和有关标准进行验收。

承包人采购的材料设备与设计或者标准要求不符时，工程师可以拒绝验收，由承包人按照工程师要求的时间运出施工场地，重新采购符合要求的产品，并承担由此发生的费用，由此延误的工期不予顺延。

工程师不能按时到场验收，事后发现材料设备不符合设计或者标准要求时，仍由承包人负责修复、拆除或者重新采购，并承担发生的费用，由此造成的工期延误不予顺延。

（九）工程设计变更

在施工过程中如果发生设计变更，将对施工进度产生很大的影响。因此，应尽量减少设计变更，如果必须对设计进行变更，必须严格按照国家的规定和合同约定的程序进行。

1. 发包人对原设计进行变更

施工中发包人如果需要对原工程设计进行变更，应提前14天以书面形式向承包人发出变更通知。变更超过原设计标准或者批准的建设规模时，须经原规划管理部门和其他有关部门重新审查批准，并由原设计单位提供变更的相应图样和说明。发包人办妥上述事项后，承包人根据工程师发出的变更通知及有关要求进行下列需要的变更：

（1）更改有关部分的标高、基线、位置和尺寸。

（2）增减合同中约定的工程量。

（3）改变有关工程的施工时间和顺序。

（4）其他有关工程变更需要的附加工作。

因工程变更导致合同价款的增减及造成的承包人损失，由发包人承担，延误的工期相应顺延。

2. 承包人对原设计进行变更

承包人应当严格按照设计图样施工，不得随意变更设计。因承包人擅自变更设计发生的费用和由此导致发包人的直接损失，由承包人承担，延误的工期不予顺延。

在施工中承包人提出的合理化建议如涉及对设计图样的变更及对原材料、设备的换用，须经工程师同意。工程师同意变更后，也须经原规划管理部门和其他有关部门审查批准，并由原设计单位提供变更的相应图样和说明，承包人实施变更。

工程师同意采用承包人合理化建议，所发生的费用和获得的收益，由承发包双方另行约定分担或者分享。

3. 变更价款的确定

设计变更发生后，承包人在工程设计变更确定后14天内，提出变更工程价款的报告，经工程师确认后调整合同价款。承包人在确定变更后14天内不向工程师提出变更价款报告时，视为该项设计变更不涉及合同价款的变更。工程师应在收到变更工程价款报告之日起14天内予以确认，工程师无正当理由不确认时，自变更价款报告送达之日起14天后变更工程价款报告自行生效。

变更价款的确定方法是：

（1）合同中已有适用于变更工程的价格，按合同已有的价格变更合同价款。

（2）合同中有类似于变更合同的价格，可以参照此价格确定变更价格，变更合同价款。

（3）合同中没有适用或类似于变更工程的价格，由承包人提出适当的变更价格，经工程师确认后执行。

（十）竣工验收与结算

1. 竣工验收

工程具备竣工验收条件，承包人按国家工程竣工验收的有关规定，向发包人提供完整的竣工资料及竣工验收报告。双方约定由承包人提供竣工图的，应当在专用条款内约定提供的日期和份数。

发包人收到竣工验收报告后28天内组织有关单位验收，并在验收后14天内给予认可或提出修改意见。承包人按要求修改，并承担由自身原因造成修改的费用。

因特殊原因，发包人要求部分单位工程或者工程部位甩项竣工的，双方另行签订甩项竣工协议，明确各方责任和工程价款的支付办法。

工程未经竣工验收或验收不合格，发包人不得使用。发包人强行使用的，由此发生的质量问题及其他问题，由发包人承担责任。

2. 竣工结算

工程竣工验收报告经发包人认可后 28 天内，承包人向发包人递交竣工结算报告及完整的结算资料。工程竣工验收报告经发包人认可后 28 天内，承包人未能向发包人递交竣工结算报告及完整的结算资料，造成工程竣工结算不能正常进行或工程竣工结算价款不能及时支付，发包人要求交付工程的，承包人应当交付；发包人不要求交付工程的，承包人承担保管责任。

发包人自收到竣工结算报告及结算资料后 28 天内进行核实，确认后支付工程竣工结算价款，承包人收到竣工结算价款后 14 天内将竣工工程交付发包人。

发包人收到竣工结算报告及结算资料后 28 天内无正当理由不支付工程竣工结算价款，从第 29 天起按承包人同期向银行贷款利率支付拖欠工程价款的利息，并承担违约责任。

发包人收到竣工结算报告及结算资料后 28 天内不支付工程竣工结算价款，承包人可以催告发包人支付结算价款。发包人在收到竣工结算报告及结算资料后 56 天内仍不支付的，承包人可以与发包人协议将该工程折价，也可以由承包人申请人民法院将该工程依法拍卖，承包人就该工程折价或者拍卖的价款优先受偿。

（十一）质量保修

承包人应按法律、行政法规或国家关于工程质量保修的有关规定，对交付发包人使用的工程在质量保修期内承担质量保修责任。

承包人应在工程竣工验收之前，与发包人签订质量保修书，作为合同附件。质量保修书的主要内容包括：

（1）质量保修项目内容及范围。

（2）质量保修期。

（3）质量保修责任。

（4）质量保修金的支付方法。

四、建设工程施工合同管理

（一）建设工程施工合同管理及管理主体

建设工程施工合同管理是指各管理主体依据相关法律、法规、规章制度，采取法律的、行政的手段，对施工合同关系进行组织、指导、协调及监督，保护合同当事人的合法权益，处理合同纠纷，防止和制裁违法行为，保证合同贯彻实施等的一系列活动。

建设工程施工合同管理的主体既包括各级工商行政管理机关、建设行政主管部门、金融机构，也包括发包单位、承包单位、监理单位。

各级工商行政管理机关、建设行政主管部门、金融机构对施工合同的管理侧重于宏观的管理；而发包单位、承包单位、监理单位对施工合同的管理则是具体的管理，体现在合同从订立到履行的全过程，是施工合同管理的出发点和落脚点。

（二）建设工程施工合同的宏观管理

1. 工商行政管理机关对建设工程施工合同的管理

工商行政管理机关是合同管理机关，它对建设工程施工合同的管理体现在以下方面：

（1）宣传建设工程施工合同的有关法律、法规。

（2）指导和督促业务主管部门和企事业单位的建设工程施工合同管理工作，建立合同管理系统网络。

（3）组织开展“重合同守信用”活动，促使企事业单位搞好建设工程施工合同管理。

（4）监督建设工程施工合同的订立和履行，督促当事人按照合同的约定履行自己的义务。

（5）进行建设工程施工合同的鉴证和备案工作。

（6）查处违法建设工程施工合同等。

2. 建设行政主管部门对建设工程施工合同的管理

建设行政主管部门是建设工程施工合同的主管机关，它对建设工程施工合同的管理体现在以下方面：

（1）宣传贯彻国家有关建设工程施工合同方面的法律、法规和方针、政策。

（2）贯彻国家制定的建设工程施工合同示范文本，并组织推行和指导使用。

（3）指导建设工程施工合同管理工作，总结交流工作经验。

（4）对建设工程施工合同的签订进行审查，监督检查合同履行，依法处理存在的问题，查处违法的行为。

（5）制定签订和履行建设工程施工合同的考核指标，并组织考核，表彰先进的合同管理单位。

（6）确定损失赔偿范围。

（7）调解建设工程施工合同纠纷。

3. 金融机构对建设工程施工合同的管理

金融机构对建设工程施工合同的管理，是通过对信贷管理、结算管理、当事人的账户管理进行的。金融机构还有义务协助执行已生效的法律文书，保护当事人的合法权益。

（三）发包人建设工程施工合同管理的任务

发包人建设工程施工合同管理的主要任务是贯彻工商行政管理机关、建设行政主管部门和金融机构关于建设工程施工合同管理的精神，按规定履行合同义务，行使合同权力，并防止由于自身违约引起承包人索赔。

（四）工程师建设工程施工合同管理的任务

工程师建设工程施工合同管理的主要任务是履行合同职责，行使合同权力，做好工程进度、质量及工程价款的管理工作。

1. 进度管理

（1）开工前对承包人的施工进度计划进行审查，批准。

（2）开工后检查每月或工程区段的进度情况，并与原进度计划进行比较，分析影响进度的原因，解决影响进度的问题。

（3）根据工程实际情况，审批承包人提出的修改进度计划的要求，作出工程延期或不延期（加快施工）的决定。

2. 质量管理

（1）按照合同约定的使用标准、规范和施工工艺检验施工质量；检验工程使用的材料、设备及构件质量。

（2）按照合同规定的程序，进行隐蔽工程验收、中间验收，协助发包人进行竣工验收。

（3）对不符合标准、规范和质量条件的材料、设备及已完工程，作出禁用、拆除、返工及修理的处理决定，组织工程质量事故的分析和处理。

3. 工程价款管理

（1）认定工程进度，签署付款凭证。

（2）审查工程价款和工程竣工结算。

（3）核审设计变更、工程洽商的价款增减。

（4）组织施工中索赔问题的处理，进行反索赔。

（五）承包人建设工程施工合同管理的任务

承包人建设工程施工合同管理的主要任务是贯彻工商行政管理机关、建设行政主管部门和金融机构关于建设工程施工合同管理的精神，按规定履行合同义务，行使合同权力，按合同规定的工期、质量、价款条件完成施工任务，使合同实施能够按预定的计划和方案顺利进行，避免受到处罚，搞好索赔管理。

1. 避免受到工期及质量问题的处罚

（1）检查进度计划执行情况，及时发现并改进施工进度方面存在的问题。

（2）检查质量措施执行情况，及时发现并改进施工质量方面存在的问题。

（3）施工中出现的非自身责任事件对工期和质量产生影响时，应及时办理工程延期申请和质量处理报告。

2. 搞好索赔管理

（1）尽量利用设计变更、工程洽商的机会提出工程延期要求和费用补偿要求。

（2）利用施工中产生的索赔机会缓解工期紧张及弥补费用损失。

（六）不可抗力、保险和担保的管理

1. 不可抗力

不可抗力是指合同当事人不能预见、不能避免并不能克服的客观情况。建设工程施工中的不可抗力包括因战争、动乱、空中飞行物坠落或其他非承发包人责任造成的爆炸、火灾，以及专用条款约定程度的风、雨、雪、洪水、地震等自然灾害。

不可抗力事件发生后，承包人应立即通知工程师，并在力所能及的条件下迅速采取措施，尽量减少损失，发包人应协助承包人采取措施。不可抗力事件结束后48小时内承包人应向工程师通报受害情况和损失情况以及预计清理和修复的费用。如果不可抗力事件持续发生，承包人应每隔7天向工程师报告一次受害情况，并于不可抗力事件结束后14天内，向工程师提交清理和修复费用的正式报告及有关资料。

因不可抗力事件导致的费用及延误的工期由双方按以下方法分别承担：

（1）工程本身的损害、因工程损害导致第三方人员伤亡和财产损失以及运至施工场地用于施工的材料和待安装设备的损害，由发包人承担。

（2）发包人、承包人人员伤亡由其各自所在单位负责，并承担相应费用。

（3）承包人机械设备损坏及停工损失，由承包人承担。

（4）停工期间，承包人应工程师要求留在施工场地的必要的管理人员及保卫人员的费用由发包人承担。

（5）工程所需清理、修复的费用，由发包人承担。

（6）延误的工期相应顺延。

因合同一方迟延履行合同后发生不可抗力的，不能免除迟延履行一方的相应责任。

不可抗力事件的发生，对施工合同的履行会造成较大的影响。在合同订立时，当事人双方应当明确不可抗力的范围。工程师应当对不可抗力风险的承担有一个通盘的考虑，如哪些不可抗力风险可以自己承担，哪些不可抗力风险应当转移出去（如投保等）。在施工合同的履行中，应当加强管理，尽可能地减少或者避免不可抗力事件的发生。不可抗力事件发生后应当尽量减少损失。

2. 保险

虽然我国对工程保险没有强制性的规定，但随着建设项目法人责任制的推行，以前存在着事实上由国家承担不可抗力风险的情况将会有很大的改变。建设工程项目参加保险的情况会越来越多。

进行工程保险，施工合同双方当事人的保险义务分担如下：

（1）工程开工前，发包人应当为建设工程项目和施工场地内自有人员及第三方人员生命财产办理保险，支付保险费用。

（2）运至施工场地内用于工程的材料和待安装设备，由发包人办理保险，并支付保险费用。

（3）承包人应当为从事危险作业的职工办理意外伤害保险，并为施工场地内自有人员生命财产和施工机械设备办理保险，支付保险费用。

发包人可以将有关保险事项委托承包人办理，但费用由发包人承担。

保险事故发生时，承发包双方有责任尽力采取必要的措施，防止或者减少损失。

3. 担保

按照我国《担保法》的规定，担保的方式有保证、抵押、质押、留置和定金五种。在施工合同中，一般都是由信誉较好的第三方（如银行）出具保函的方式担保施工合同当事人履行合同。从担保理论上讲，这种保函实际上是一份保证书，是一种保证担保。这种担保是以第三方的信誉为基础的，对于担保义务人而言，可以免于向对方交纳一笔资金或者提供抵押、质押财产。

施工合同双方当事人为了全面履行合同，应互相提供以下担保：

（1）发包人向承包人提供履约担保，按合同约定支付工程价款及履行合同规定的其他义务。

（2）承包人向发包人提供履约担保，履行合同规定的各项义务。

提供担保的内容、方式和相关责任，承发包双方当事人除在专用条款中约定外，被担保方和担保方还应签订担保合同，作为施工合同的附件。

（七）工程分包管理

工程分包是指合同约定和经发包人认可，分包人从工程承包人承包的工程中承包部分工程的行为。承包人按照有关规定对承包的工程进行分包是允许的。

承包人必须自行完成建设项目（或单项、单位工程）的主要部分，其非主要部分或专业性较强的工程可分包给营业条件符合该工程技术要求的建筑安装单位。结构和技术要求相同的群体工程，承包人应自行完成半数以上的单位工程。

承包人按专用条款的约定分包所承包的部分工程，并与分包人签订分包合同。非经发包人同意，承包人不得将承包工程的任何部分分包。

发包人与分包人之间不存在直接的合同关系。分包人应对承包人负责，承包人对发包人负责。

工程分包不能解除承包人的任何责任与义务。承包人应在分包场地派驻相应监督管理人员，保证施工合同的履行。分包人的任何违约行为、安全事故或疏忽导致工程损害或给发包人造成其他损失，承包人承担连带责任。

分包工程价款由承包人与分包人结算。发包人未经承包人同意不得以任何名义向分包人支付各种工程款项。

（八）禁止工程转包

工程转包是指不行使承包人的管理职能，不承担技术经济责任，将所承包的工程倒手转给他人承包的行为。工程转包违反我国有关法律和法规的规定，应坚决予以禁止。下列行为均属转包：

（1）承包人将其承包的工程全部包给其他施工单位，从中提取回扣的行为。

（2）承包人将工程的主要部分或结构技术要求相同的群体工程中半数以上的单位工程包给其他施工单位的行为。

（3）分包单位将承包的工程再次分包给其他施工单位的行为。

（九）违约责任

1. 发包人违约

发包人应当完成合同约定的应由己方完成的义务。如果发包人不履行合同义务或不按合同约定履行义务，则构成发包人违约。发包人的违约行为包括：

（1）发包人不按时支付工程预付款。

（2）发包人不按合同约定支付工程款。

（3）发包人无正当理由不支付工程竣工结算价款。

（4）发包人其他不履行合同义务或者不按合同约定履行义务的情况。

发包人的违约行为可以分成两类。一类是不履行合同义务的行为，如发包人应当将施工所需的水、电、电信线路从施工场地外部接至专用条款约定的地点，但发包人没有履行这项义务，即构成违约。另一类是不按合同约定履行义务的行为，如发包人应当开通施工场地与城乡公共道路的通道，并在专用条款中约定了开通的时间和质量要求，但实际开通的时间晚于合同约定或质量低于合同约定，也构成违约。

另一方面，合同约定应当由工程师完成的工作，工程师没有完成或者没有按照约定完成，给承包人造成损失的，也应当由发包人承担违约责任。因为工程师是代表发包人进行工作的，其行为与合同约定不符时，视为发包人的违约。当然，发包人承担违约责任后，可以根据委托监理合同的规定追究工程师的相应责任。

2. 承包人违约

承包人应当完成合同约定的应由己方完成的义务。如果承包人不履行合同义务或不按合同约定履行义务，则构成承包人违约。承包人的违约行为包括：

（1）因承包人原因不能按照协议书约定的竣工日期或者工程师同意顺延的

工期竣工。

（2）因承包人原因工程质量达不到协议书约定的质量标准。

（3）承包人其他不履行合同义务或不按合同约定履行义务的情况。

3. 承担违约责任的方式

承担违约责任的方式包括赔偿损失、支付违约金、继续履行。

赔偿损失是违约方承担违约责任的主要方式，其目的是补偿因违约给对方造成的经济损失。承发包当事人双方应当在专用条款内约定损失的计算方法。损失赔偿应当相当于因违约所造成的损失，包括合同履行后可以获得的利益，但不得超过在订立合同时预见或者应当预见到的因违约可能造成的损失。

支付违约金的目的是违约方补偿对方的损失，双方也可在专用条款中约定违约金的数额或计算方法。

一方违约后，如果对方要求继续履行合同的，违约方应当在承担上述违约责任后继续履行施工合同。

4. 担保方承担责任

在施工合同履行中，一方违约后，另一方可按双方约定的担保条款，要求提供担保的第三方承担相应责任。

（十）合同争议的解决

承发包当事人双方在履行施工合同时发生争议，可以和解或者要求合同管理部门及其他有关主管部门调解。当事人不愿和解、调解或者和解或调解不成的，双方可以在专用条款内约定以下列方式中的一种方式解决争议：

（1）双方达成仲裁协议，向约定的仲裁委员会申请仲裁。

（2）向有管辖权的人民法院起诉。

承发包当事人双方在施工合同中直接约定仲裁时，要指明仲裁委员会，因为仲裁没有法定管辖，而是依据当事人的约定确定由哪一个仲裁委员会进行仲裁。仲裁委员会作出的裁决具有法律效力，当事人必须执行。如果一方不执行，另一方可向有管辖权的人民法院申请强制执行。

施工合同发生争议后，在一般情况下，双方都应继续履行合同，保持施工连续，保护好已完工程。只有出现下列情况时，当事人方可停止履行施工合同：

（1）单方违约导致合同确已无法履行，双方协议停止施工。

（2）调解要求停止施工，且为双方接受。

（3）仲裁委员会要求停止施工。

（4）法院要求停止施工。

（十一）施工合同的解除

施工合同订立后，当事人应当按照合同的约定履行。但是，在一定的条件下，合同没有履行或者没有完全履行，当事人也可以解除合同。

1. 合同的协商解除

施工合同当事人协商一致，可以解除合同。这是在合同成立以后、履行完毕以前，双方当事人通过协商而同意终止合同关系的解除。当事人的这项权力是合同中意思自治的具体体现。

2. 发生不可抗力时合同的解除

因为不可抗力或者非当事人的原因，造成工程停建或缓建，致使施工合同无法履行，双方可以解除合同。

3. 当事人违约时合同的解除

当事人发生以下违约行为时，可以解除施工合同：

（1）发包人不按合同约定支付工程款（进度款），双方又未达成延期付款协议，导致施工无法进行，承包人停止施工超过 56 天，发包人仍不支付工程款（进度款），承包人有权解除合同。

（2）承包人将其承包的全部工程转包给他人，或者肢解以后以分包的名义分别转包给他人，发包人有权解除合同。

（3）合同当事人一方的其他违约致使合同无法履行，双方可以解除合同。

当事人一方主张解除施工合同的，应向对方发出解除合同的书面通知，并在发出通知前 7 天告知对方，通知到达对方时合同解除。对解除合同有异议的，按照解决合同争议的程序处理。

合同解除后，当事人双方约定的结算和清理条款仍然有效。承包人应当妥善做好已完工程和已购材料、设备的保护和移交工作，按照发包人要求将自有机械设备和人员撤出施工场地。发包人应为承包人撤出提供必要的条件，支付以上所发生的费用，并按照合同约定支付已完工程价款。已经订货的材料、设备由订货方负责退货，或解除订货合同，不能退还的货款和因退货、解除订货合同发生的费用，由发包人承担。但未及时退货造成的损失由责任方承担。除此之外，有过错的一方应当赔偿因施工合同解除给对方造成的损失。

第五节　建设物资买卖合同管理

一、建设物资买卖合同及其特征

在建设工程项目施工活动中，施工单位要与建设物资供应单位签订建设物资买卖合同。建设物资买卖合同是指平等主体的自然人、法人、其他组织之间，为实现建设物资买卖，明确相互权利义务关系的协议。依照协议，出卖人将建设物资交付给买方，买受人接受建设物资并支付价款。

根据我国目前建设物资的采购情况，可将建设物资买卖合同分为材料买卖合同和设备买卖合同。建设物资买卖合同属于买卖合同中的一种，除具有买卖合同的一般特征外，还具有其独立的特征。

1. 建设物资买卖合同应依据施工合同订立

建设工程施工合同中确立了关于建设物资采购的条款，施工单位应依据施工合同的要求采购建设物资，即根据施工合同的工程量、施工进度和质量要求来确定所需采购的建设物资的数量、时间和质量。因此，施工合同是订立建设物资买卖合同的前提。

2. 建设物资买卖合同以转移物资和支付价款为基本内容

建设物资买卖合同内容繁多，条款复杂，涉及物资的数量、质量、包装、运输方式、结算方式等，但最为根本的是双方应尽的义务，即卖方按质、按量、按时地将建设物资的所有权转归买方，买方按时、按量地支付货款。这两项主要义务构成了建设物资买卖合同最主要的内容。

3. 建设物资买卖合同的标的品种繁多，供货条件复杂

建设物资买卖合同的标的是工程材料和设备。它包括钢材、木材、水泥和其他辅助材料以及机电成套设备。这些建设物资的特点是品种、质量、数量和价格差异较大，根据施工活动的需要，有的数量庞大，有的要求技术条件较高。因此，在合同中必须对各种所需物资逐一明细，以确保工程施工的需要。

4. 建设物资买卖合同应实际履行

由于建设物资买卖合同是依据施工合同订立的，其履行直接影响施工合同的履行，因此，建设物资买卖合同一旦订立，卖方义务一般不能解除，不允许卖方以支付违约金和赔偿金的方式代替合同的履行，除非合同的迟延履行对买方成为不必要。

5. 建设物资买卖合同采用书面形式

根据《中华人民共和国合同法》的规定，订立合同依照法律、法规或当事人约定采用书面形式的，应当采用书面形式。建设物资买卖合同中的标的物用量大，质量要求复杂，且根据工程进度计划分期分批履行，同时还涉及售后维修服务工作，因此，合同履行周期长，应当采用书面形式。

二、加强建设物资买卖合同管理的意义

（一）有利于降低工程成本

工程材料、设备费用在建设工程项目的费用构成中一般占到60%以上，因此，加强对建设物资买卖合同的管理，是挖掘节约投资潜力的重要措施。建设工程项目的用料是否合理、能否降低物耗、降低购买及储运的损耗和费用，直接关系到工程成本的高低。

（二）有利于工程质量达到施工合同的要求

建设物资买卖合同中对标的物的质量要求是否与施工合同中的要求相一致，以及卖方能否按约交付标的物，直接影响工程质量目标的实现。因此，施工单位加强对建设物资买卖合同的管理是极为必要的。

三、建设物资买卖合同的订立方式

（一）公开招标

由招标单位通过报刊、广播、电视等新闻媒介公开发布招标广告，有意参加竞争的建设物资生产厂商或经营单位均可参加资格预审，合格者可参与投标。采用公开招标方式进行建设物资采购，订立建设物资买卖合同，一般适用于大宗工程材料或大型设备的采购，并且标的金额大、市场竞争激烈的情况。

（二）询价、报价、签订合同

由施工单位向若干建设物资生产厂商或经营公司发出询价函，要求他们在规定的期限内作出报价，在收到厂商的报价后，经过比较，选定报价合理的厂商或经营公司与其签订合同。

采用询价、报价、签订合同的方式，既可以减少招标投标管理的工作量，又可以体现竞争性，适合于建设物资采购的特点，是一种较为理想的建设物资买卖合同的订立方式。

（三）直接订购

由施工单位直接向建设物资生产厂商或经营公司报价，生产厂商或经营公司接受报价，签订合同。

四、建设物资买卖合同的主要条款及合同的履行

（一）建设物资买卖合同的主要条款

1. 合同当事人

合同当事人应写明双方当事人的名称、地址、法定代表人的姓名，委托代订合同的，应有授权委托书并注明代理人的姓名、职务等。

2. 合同标的

合同标的应写明材料、设备的名称、品种、型号、规格等，并应注意符合建设工程施工合同的规定。

3. 材料、设备的技术标准和质量要求

材料、设备的技术标准应采用国家强制性标准或行业标准。材料、设备的质量要求应根据材料、设备的性质，通过性能、耐用程度、可靠度、外观等指标明确。

4. 材料、设备的数量及计量方法

材料、设备的数量由当事人协商确定，应以材料、设备清单为依据，并规定交货数量的误差及计量方法。计量单位采用国家规定的度量衡标准，计量方法按国家的有关规定执行，没有规定的，可由当事人协商确定。

5. 材料、设备的包装

包装质量可按国家和有关部门规定的标准确定，当事人有特殊要求的，可由双方商定标准，但应保证包装适合材料、设备的运输方式，并根据材料、设备的特点采取防潮、防雨、防锈、防震、防腐蚀等保护措施。

6. 材料、设备的交付方式

材料、设备的交付可采取送货、自提和代运三种不同方式。由于建设工程项目使用的材料、设备的数量大、体积大、品种繁杂、时间性较强，当事人应采取合理的交付方式，明确交货地点，以便及时、准确、安全、经济地履行合同。

7. 材料、设备的交货期限。

材料、设备的交货期限应在订立合同时约定，可以是具体交货时间，也可以是交货期间。

8. 材料、设备的价格及支付方式

材料、设备的价格及支付方式应在订立合同时明确。价格可以是约定价格，也可以是政府定价或指导价；支付方式可以是现金结算也可以是转账结算。

9. 违约责任

在建设物资买卖合同中，当事人应对违反合同的规定所应承担的经济责任作出明确的约定。

10. 特殊条款

如果双方当事人对一些特殊条件或要求达成一致意见，也可在合同中明确规定，成为合同的条款。

当事人对以上条款达成一致意见形成书面协议后，经双方签名盖章即产生法律效力，若当事人要求鉴证或公证的，则经鉴证机关或公证机关盖章后方可生效。

（二）建设物资买卖合同的履行

1. 按约定的标的履行

卖方交付的材料、设备必须与合同规定的名称、品种、规格、型号相一致，除非买方同意，否则不允许以其他材料、设备代替，也不允许以支付违约金或赔偿金的方式代替履行合同。

2. 按合同规定的期限、地点交付材料、设备

交付材料、设备的日期应在合同规定的交付期限内，交付的地点应在合同指定的地点。实际交付的日期早于或迟于合同规定的交付期限，即视为提前或逾期

交付。提前交付的，买方可拒绝接受，逾期交付的，应承担逾期交付的违约责任。

3. 按合同规定的数量和质量交付材料、设备

对于交付材料、设备的数量应当场检验、清点后，由双方当事人签字。对质量的检验，外在质量可当场检验；对内在质量，需做物理或化学试验的，以试验的结果作为验收的依据。卖方在交付材料、设备时，应将产品合格证随同产品交买方据以验收。

4. 按约定的价格及结算条款履行

买方在验收材料、设备后，应按合同规定履行付款义务，否则应承担违约责任。

案例　某工程施工索赔

某业主与施工单位签订了某工程项目施工合同，合同规定在施工过程中，如因业主原因造成窝工，则人工窝工费和机械的停工费可按工日费和台班费的50% 结算支付。另外，业主还与监理单位签订了施工监理合同，合同规定监理工程师可直接签证，批准5天以内的工期延期和50 000元人民币以内的单项费用索赔。工程按图8-1所示的网络计划进行，其关键线路为A—E—H—I—J。在计划实施过程中，出现了下列情况，影响一些工作暂时停工（同一工作因不同原因引起的停工时间都不在同一时间）。

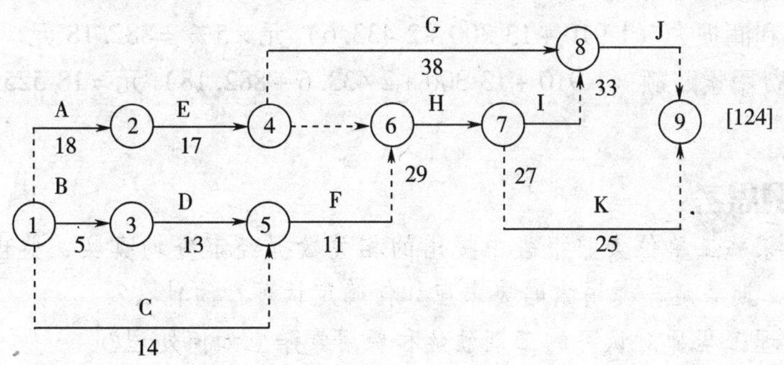

图8-1　工程网络计划图

（1）因业主不能及时供应材料，分别使工序E、G、H延误3天、2天、3天。

（2）因机械故障检修，分别使工序E、G延误2天、2天。

（3）因业主要求设计变更，使工序F延误3天。

（4）因公网停电，分别使工序F、J延误1天、1天。

施工单位及时向监理工程师提交了一份索赔报告，并附有有关资料、证据和下列要求：

1. 工期顺延

工序E停工5天，F停工4天，G停工4天，H停工3天，J停工1天，总计要求工期顺延17天。

2. 经济损失索赔

（1）机械设备窝工费

工序E　吊车（3+2）台班×240元/台班=1 200元。

工序F　搅拌机（3+1）台班×70元/台班=280元。

工序G　小型机械（2+2）台班×55元/台班=220元。

工序H　搅拌机3台班×70元/台班=210元。

合计机械设备窝工费1 910元。

（2）人工窝工费

工序E　5天×30人×28元/工日=4 200元。

工序F　4天×35人×28元/工日=3 920元。

工序G　4天×15人×28元/工日=1 680元。

工序H　3天×35人×28元/工日=2 940元。

工序I　1天×20人×28元/工日=560元。

合计人工窝工费13 300元。

（3）间接费增加（1 910+13 300）元×16%=2 433.6元。

（4）利润损失（1 910+13 300+2 433.6）元×5%=882.18元。

总计费用索赔额（1 910+13 300+2 433.6+882.18）元=18 525.78元。

案例思考

1. 如果施工单位索赔报告中提出的相关数据经审查均真实，监理工程师对所附各项工期顺延、费用索赔要求应如何确定认可？为什么？

2. 监理工程师对认可的工期顺延和费用索赔应如何处理？

思考题

1. 建设工程总承包合同有哪些主要条款？

2. 建设工程勘察、设计合同包括哪些主要内容？

3. 建设工程委托监理合同当事人有哪些权利、义务和责任？

4. 建设工程施工合同怎样分类？有什么特征？

5. 建设工程施工合同由什么组成？

6. 建设工程施工合同有哪些主要条款？
7. 承包人建设工程施工合同管理的任务是什么？
8. 建设工程施工合同双方当事人常见的违约责任有哪些？
9. 建设物资买卖合同有哪些主要条款？

第九章　施工项目风险管理与组织协调

第一节　施工项目风险管理

一、施工项目风险及其产生的原因

施工项目风险是指在施工项目实施过程中可以通过分析，预测其发生概率、后果及可能造成损失的未来不确定因素。施工项目风险包括三个基本要素：一是风险因素的存在性；二是风险因素导致风险事件的不确定性；三是风险发生后其产生损失量的不确定性。

风险是客观存在的，不以人们的意志为转移。施工项目风险产生的主要原因如下：

(1) 设计的不确定性。虽然施工活动在开始以前有设计文件，但是由于业主与设计单位的认识不足，往往不能清楚地描述与说明拟建项目的目的、内容、范围、组成以及与环境之间的相互关系，这将导致大量的设计变更，给施工项目带来风险。

(2) 计量的不确定性。这是指由于缺少必要的信息、尺度，使得施工项目往往难以准确计量，从而导致施工项目变数增加。例如，施工活动虽然可以依据地质勘察报告，但由于地下土层与土质的随机性往往导致土方开挖与地基处理的不确定性。

(3) 事件后果的不确定性。施工活动中，会出现材料价格波动等许多事件，尽管施工项目管理者可以运用一定的方法进行预测，但是由于其影响因素较多，所以往往无法确认事件的预期结果及其发生的概率，从而导致事件后果的不确定性。

二、施工项目风险因素与风险成本

(一) 施工项目风险因素

施工项目有许多风险因素。根据风险产生原因的不同，可以将施工项目风险因素进行分类，分类结果如表9-1所示。

表9-1　施工项目风险因素分类表

风险分类		风险因素
技术风险	设　计	设计内容不全，设计有缺陷、错误和遗漏，设计未考虑施工的可能性等
	施　工	施工方案不当，施工安全措施不到位，应用新技术、新方法失败，施工现场情况考虑不周等
	其　他	工艺设计未达到先进性指标，工艺流程不合理等
非技术风险	自然与环境	洪水、火灾、台风、雷电，不明的水文气象条件，复杂的工程地质条件，恶劣的气候条件，施工对环境的影响等
	经　济	通货膨胀、汇率的变动，市场的动荡，各种摊派和征费的变化等
	组织协调	业主和上级主管部门协调不当，业主内部组织协调不当，业主与设计、监理单位协调不当等
	合　同	合同类型选择不当，合同条款有遗漏，合同纠纷等
	人　员	业主人员、设计人员、监理人员、施工管理人员及操作者素质低
	材　料	施工原材料、构件、半成品供货不足或拖延，特殊材料或新材料的使用出现问题，材料浪费等
	设　备	施工设备供应不足、类型不配套、选择不当、故障、安装失误等
	资　金	资金筹措方式不合理，资金短缺、资金不到位等
	政治与法律	法律与法规的变化、经济制裁、骚乱、罢工等

（二）施工项目风险成本

施工项目风险事件造成的损失或减少的收益，以及为防止风险事故发生采取预防措施而支付的费用均构成风险成本。风险成本包括有形成本、无形成本及预防与控制费用。

有形成本是指风险事件造成的直接与间接损失。直接损失是指财产损毁和人员伤亡的价值，如被洪水冲走的材料与设备损失及导致的人员伤亡费用等；间接损失是指直接损失之外由于为减少直接损失或由直接损失导致的费用支出，如发生火灾以后灭火、停工等发生的费用支出。

无形成本是指风险事件发生前后付出的非物质和费用方面的代价，包括信誉损失、生产效率降低以及资源重新配置而产生的损失。

预防与控制费用是指预防与控制风险损失而采取的各种措施的支出，包括措施费、保险费、咨询费、培训费、工具设备维护费、地基加固费等。

认真研究与计算风险成本是非常必要的。当风险发生的不利后果超过施工项目风险管理而付出的代价时，就有进行风险管理的必要。

三、施工项目风险管理及其特点

施工项目风险管理是指施工项目管理者对潜在的风险因素以及由此而造成的损失进行辨识、评估，并根据具体情况采取相应的措施进行处理，在主观上尽可能有备无患，或在无法避免时亦能寻求切实可行的补救措施，从而减少意外损失的过程。由于施工项目一次性的特点，以及施工活动的复杂性，使其成为最突出的风险事业之一。因此，施工项目风险管理的任务是很重的。

施工项目风险管理是施工项目管理的重要组成部分，通过风险管理可以有效地降低施工项目进度、质量和成本方面的风险，促进施工项目目标的实现。施工项目风险管理具有综合性、主动性、特殊性等特点。

（一）风险管理的综合性

施工项目的风险来源、风险的形成过程、风险潜在的破坏机制、风险的影响范围及其破坏力错综复杂，单一的管理技术或工程技术由于其局限性都不适用，必须综合运用多种方法和措施，用最少的风险成本将各种不利后果有效化解或减少到最低程度。因此，施工项目风险管理是一种综合性的管理活动，涉及多种学科。

（二）风险管理的主动性

施工项目风险管理的主体是施工项目经理部，特别是施工项目经理。为了减少风险损失，要求其在风险发生之前采取行动，而不是在风险发生之后被动地应付。在认识和处理错综复杂、性质各异的多种风险时，要统观全局、抓主要矛盾、因势利导，变不利为有利，将威胁转化为机会。

（三）风险管理的特殊性

进行施工项目风险管理，尽管有一些通用的方法，如概率分析法、专家咨询法等，但对一个具体的施工项目而言必须考虑该项目自身的特点以及风险形成机制。例如：

（1）该施工项目的复杂性、系统性、规模及工艺的成熟程度。

（2）该施工项目的类型及所在领域。不同领域的施工项目有不同的风险，有不同风险的规律性、行业性特点。例如水利水电项目、土木建筑工程项目就有不同的风险。

（3）该施工项目所在的地域，如国家、宗教、经济发展状况、环境条件等。

四、施工项目风险管理的过程

施工项目风险管理的过程就是施工项目风险识别、风险分析与评估、规划与决策、执行决策，从而达到风险控制目的的过程。这一过程如图 9-1 所示。

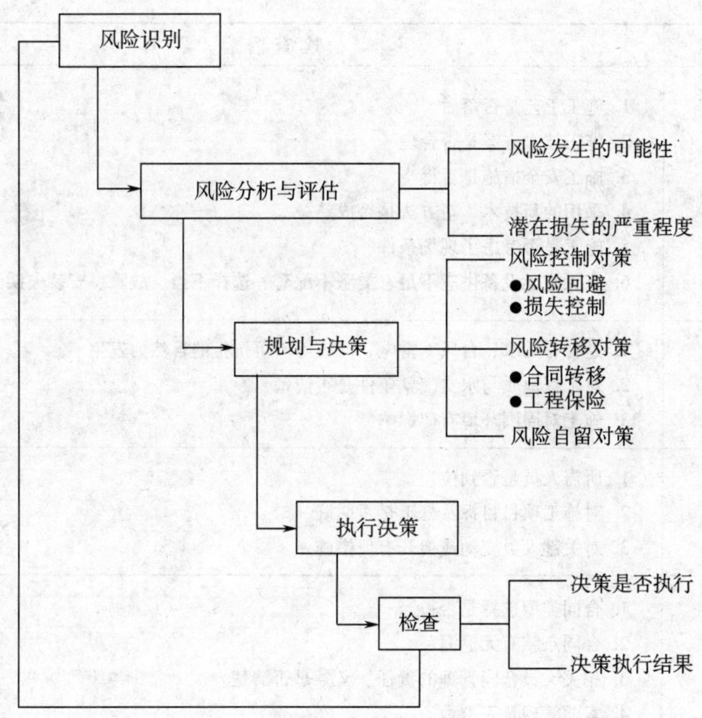

图 9-1 施工项目风险管理流程图

（一）风险识别

风险识别，即确定施工项目风险。进行施工项目风险管理首先必须识别风险，然而，施工项目风险并不是显露于外表，常常隐蔽于施工项目管理的各个环节，难以发现，甚至存在于种种假象之中，具有迷惑性。因此，风险识别是一项复杂而细致的工作，需要根据施工项目的特点和以往的经验、资料，对可能的风险事件来源进行全面调查、系统分类。

施工项目风险识别常用检查表进行，检查表应由施工项目管理人员利用他们所掌握的丰富知识与实践经验设计而成，尽可能详细列举所有风险类别，如表 9-2 所示。

表 9-2 施工项目风险检查表

风险因素	检查内容
设 计	1. 设计内容是否齐全，有无缺陷、错误、遗漏 2. 设计是否符合规范要求 3. 设计未考虑施工的可能性等

（续）

风险因素	检查内容
施工	1. 施工工艺是否落后 2. 施工技术方案是否合理 3. 施工安全措施是否得当 4. 采用的新技术、新方法是否成熟 5. 施工是否考虑了现场条件 6. 有无施工设备供应不足、类型不配套、选择不当、故障、安装失误的对策
自然与环境	1. 是否有洪水、台风、雷电、滑坡等不可抗拒的自然力发生 2. 对工程地质与水文气象条件是否清楚 3. 施工对周围环境有何影响
人员	1. 所需人员是否到位 2. 对施工项目目标及分工是否明确 3. 对关键人员变动或离开有何措施
合同	1. 合同类型选择是否得当 2. 合同条款有无遗漏 3. 相关人员合同管理的责任、义务是否清楚 4. 索赔管理是否有力
物资供应	1. 施工原材料、构件、半成品等物资能否按时供应 2. 出现规格、质量问题以及供货不足或拖延时如何处理 3. 特殊材料或新材料的使用出现问题如何处理
管理	1. 项目管理是否获得明确的授权 2. 能否与项目利益相关者保持良好的沟通 3. 是否具备有效的激励与约束机制
资金供应	1. 项目所需资金能否按时供应 2. 资金不到位时有何措施 3. 有无有效的成本控制措施
组织协调	与上级管理部门、业主、设计与监理等单位如何保持良好的协调

施工项目风险识别的结果是形成风险清单，在风险清单中应列明编码、风险因素、风险事件和结果。它是施工项目风险管理其他过程的前提并影响风险管理的质量。

（二）风险分析与评估

风险分析与评估，即通过分析与评估施工项目发生风险事件的可能性与潜在损失的严重程度，最终确定风险事件对施工项目目标的影响程度。施工项目风险分析与评估的结果是形成风险影响度评估表，该表是在风险清单的基础上，把风险对施工项目目标的影响分为五个等级，如表9-3所示。

表9-3　施工项目风险影响度评估表

项目目标	影响很小	影响小	影响一般	影响大	影响很大
成本	不明显的成本增加	成本增加≤5%	成本增加介于5%～10%之间	成本增加介于10%～20%之间	成本增加≥20%
进度	不明显的进度拖延	进度拖延≤5%	进度拖延介于5%～10%之间	进度拖延介于10%～20%之间	进度拖延≥20%
质量	几乎觉察不到质量降低	只有在质量要求很高时才会受到影响	质量的降低应得到业主的批准	质量降低到无法被业主接受	项目的最终产品不能使用

（三）规划与决策

规划与决策，即在风险识别、风险分析与评估的基础上，对风险管理对策进行规划与决策。施工项目风险管理规划与决策可从以下三个方面进行。

1. 风险控制对策

风险控制对策是指施工项目经理部为避免或减少施工项目发生风险的可能性及各种潜在损失所采取的对策。风险控制对策有风险回避和损失控制两种。

所谓风险回避对策，即通过回避一些施工项目风险因素而使潜在损失不发生。如放弃某项不成熟的施工工艺；初冬时期，为避免混凝土受冻，不用矿渣水泥而改用硅酸盐水泥等。风险回避具有简单易行、全面、彻底的优点，能将风险发生的概率基本降低为零，从而保证施工项目安全运行。

采用风险回避对策时，应注意以下几点：

（1）当施工项目风险可能导致损失的概率和损失程度极高，且对风险有足够的认识时，这种对策才有意义。

（2）当采用其他风险对策的成本和效益的预期值不理想时，可采用风险回避对策。

（3）不是所有的风险都可以采用风险回避对策的，如洪水、台风等。

所谓损失控制对策，即通过减少损失发生的机会或通过降低发生损失的严重性来处理风险。损失控制对策分为损失预防对策和损失减少对策两种。前者旨在减少或消除损失发生的可能性；后者旨在降低损失的潜在严重性。

损失预防对策是指在风险损失发生前为消除或减少可能引起损失的各种因素而采取的各种具体措施。它是损失控制对策的重点，常用以下方法：

（1）工程法。它是指以工程技术为手段，通过对物质因素的处理来达到损失控制的目的。具体措施包括：预防风险因素的产生、减少已存在的风险因素、改变风险因素的基本性质、加强风险的预防能力等。

（2）教育法。它是指通过教育培训来消除人为的风险因素，防止不安全行为的出现，来达到损失控制的目的。例如进行风险知识教育、安全技能教育等。

（3）程序法。它是指以制度化的程序作业方式进行损失控制。其实质是通过加强管理，从根本上对风险因素进行处理。例如制定安全管理制度、制定设备定期维修制度和定期进行安全检查等。

损失减少对策是指损失发生时或发生后，为减少损失程度所采取的各种措施。

施工项目损失控制对策的关键是制定损失控制计划。损失控制计划主要由安全计划、灾害计划和应急计划组成。其中，安全计划应包括安全要求、特殊设备运转规程、各种保护措施等；灾害计划为现场人员提供明确的行动指南，以处理各种紧急事件；应急计划是对付损失造成局面的措施和职责。

施工项目损失控制计划的编制要点是：

（1）施工项目经理部各部门配合编制，并明确各类人员的责任与义务。

（2）要分析所有可能影响施工项目的风险因素、可能产生的后果及其应采取哪些措施。

（3）应设立检查人员定期检查计划的实施情况。

2. 风险转移对策

风险转移对策是指施工项目经理部为避免承担风险损失，而有意识地将损失或与损失有关的财务后果转嫁给另外的单位或个人去承担所采取的对策。风险转移对策常用的有合同转移和工程保险两种类型。

（1）合同转移。它是指用合同规定双方的风险责任，从而将活动本身转移给对方以减少自身的损失。施工项目经理部可以通过相关合同将风险转移给业主、分包单位和材料供应单位等。

（2）工程保险。它是指施工企业参加工程保险，当风险事故发生时，可以获得保险公司的补偿，从而将风险转移给保险公司。工程保险是施工项目重要的风险转移对策，虽然付出了保险费，却提高了损失控制的效率，并能在损失发生后得到补偿。工程保险的目标是最优的工程保险费和最理想的保障。

3. 风险自留对策

风险自留对策是指施工项目经理部有意识、有计划地将施工项目风险留给自己承担，不予转移。风险自留是否合理明智取决于风险自留决策的有关环境。有时，施工项目经理部不能回避风险的发生，且没有转移的可能，只好选择风险自留，但是如果风险自留不是唯一的对策，施工项目经理部就应认真研究分析，制定最佳决策。一般选择风险自留的条件有以下几点：

（1）风险自留费用低于保险费用。

(2) 施工项目风险管理的目标可以承受年度损失的重大差异。

(3) 费用和损失的支付分布于很长的时间内，因而导致很大的机会成本。

根据施工项目风险管理规划与决策三个方面的内容，结合常见的风险因素，可以概括归纳出施工项目常见风险对策及控制措施，如表9-4所示。

表9-4　施工项目常见风险对策及控制措施表

风险因素		风险对策	控制措施
施工	恶劣的自然条件	风险自留	预防措施
	劳务争端	风险自留	预防措施
	现场条件差	损失控制	预防措施
		风险自留	改善条件
		风险转移	购买保险
	工作失误	损失控制	严格规章制度
		风险转移	购买保险
	设备损毁	风险转移	购买保险
	工伤事故	风险转移	购买保险
自然条件	永久结构损坏	风险转移	购买保险
	材料设备损坏	风险控制	加强保护措施
	人员伤亡	风险转移	购买保险
	火灾	风险转移	购买保险
	洪水	风险转移	购买保险
	塌方	损失控制	预防措施
		风险转移	购买保险
社会环境	节假日影响施工	风险自留	预防措施
			预留损失费
	工作效率低	风险自留	预防措施
	社会风气不良	风险自留	预留损失费

第二节　工程保险

一、工程保险及其特点

工程保险是针对工程项目在建设过程中可能出现的因自然灾害和意外事故而

造成的物质损失和依法应对第三者的人身伤亡或财产损失承担的经济赔偿责任提供保障的一种综合性保险。工程承包活动通常投保以下险别：

（1）建筑工程一切险，包括建筑工程第三者责任险。

（2）安装工程一切险，包括安装工程第三者责任险。

（3）机动车辆险。

（4）十年责任（房屋建筑的主体工程）和两年责任险（细小工程）。

工程保险与其他财产或人身保险有所不同。国内外的经验表明，工程保险具有以下特点：

（1）施工企业的投保险别和应承担的责任一般在工程承包合同中规定；而保险人对于保险标的的责任和补偿办法则通过保险条例或保单作出明确而具体的规定。

（2）施工企业在实施工程合同期间，分阶段投保，各种险别可以衔接起来。大多数工程从开工准备到竣工验收的时间长，保险人可根据各个阶段的具体情况考虑制定各种工程险别的承保办法，这样的做法有利于分散风险，便于保险费的分段计算。

（3）保险人一般没有一成不变、对任何工程都适用的费率，而是具体分析工程所在地区的环境和其他风险因素，以及要求承保的年限，结合保险条例并参照国际通行做法决定。

二、建筑工程一切险

（一）建筑工程一切险及其被保险人

建筑工程一切险是对各种建筑和土木工程提供全面保障，既对施工期间工程本身、施工机具或工地设备所遭受的损失予以赔偿，又对因施工而给第三者造成的物质损失或人身伤亡承担赔偿责任。之所以称之为一切险，是因为其承保的危害与损失涉及面很广，凡保单列举的除外情况以外的一切损失全在保险范围之内。建筑工程一切险的被保险人可以是：（1）业主或工程所有人；（2）总承包人或分包人；（3）业主或工程所有人雇用的建筑师或工程师。

由于建筑工程一切险的被保险人不止一个，而且每个被保险人各为其本身的权益和义务而向保险公司投保，为了避免相互之间追偿责任，大部分保险单都加贴共保交叉责任条款。根据这一条款，每一被保险人如同各自有一张单独的保单，其责任部分的损失就可以获得相互赔偿；如果各个被保险人发生相互之间的责任事故，每一个责任的被保险人都可以在保单项下获得保障。这样，这些事故造成的损失都可以由出保单的公司负责赔偿，无须根据责任在相互之间进行追偿。

（二）建筑工程一切险的适用范围与保险标的

建筑工程一切险适用于所有土木建筑工程，如住宅、商业用房、医院、学校、影剧院；工业厂房、电站；公路、铁路、桥梁、隧道；机场、船闸、大坝、排灌工程、水渠、港口、地下工程等。

建筑工程一切险的保险标的为：

(1) 工程本身。这是指由总承包人和分包人为履行合同而实施的全部工程，包括预备工程和全部存放在工地的为施工所必须的材料。

(2) 施工设施。这包括存料库、配料棚、搅拌站、活动房、脚手架、水电供应及其他类似设施。

(3) 施工机具。这包括大型陆上运输和施工机械、起重机及不能在公路上行驶的工地用车辆。

(4) 场地清理费。这是指在发生灾害事故后场地上产生大量的残砾，为清理施工场地而必须支付的一切费用。

(5) 第三者责任。这是指在保险期内因工程意外事故造成的依法应由被保险人负责的工地上及临近地区的第三者人身伤亡、疾病或财产损失，以及被保险人因此而支付的诉讼费用和事先经保险公司书面同意支付的其他费用。

(6) 由被保险人看管或监护的停放于工地的财产。

（三）建筑工程一切险的保险责任

凡保单中列举的除外情况之外的一切事故损失全在建筑工程一切险的保险范围之内，尤其是下述原因造成的损失：

(1) 火灾、爆炸、雷击、飞机坠毁及灭火或其他救助所造成的损失。

(2) 海啸、洪水、潮水、水灾、地震、暴雨、风暴、山崩、冻灾、冰雹及其他自然灾害。

(3) 一般盗窃或抢劫。

(4) 由于工人与技术人员缺乏经验、疏忽、过失、恶意行为或无能力等造成的损失。

(5) 其他意外事件。

（四）建筑工程一切险的保险期限与除外责任

建筑工程一切险自工程开工之日或在开工之前工程用料卸放于工地之日开始生效，直至工程验收或投产之日终止。施工机械保险自其卸放于工地之日起生效，直至其撤出工地之日终止。

建筑工程一切险的除外责任通常是：

(1) 军事行动、战争或其他类似事件、罢工、骚动、民众运动或当局下令停工等情况造成的损失。

(2) 被保险人的严重失职或蓄意破坏而造成的损失。

（3）由于合同罚款及其他非实质性损失。

（4）因施工机具本身原因，即无外界原因情况下造成的损失，但因这些损失而导致的建筑事故则不属于除外情况。

（5）因设计错误（结构缺陷）而造成的损失。

（6）因纠正或修复工程差错（如因使用有缺陷或非标准材料而造成的差错）而增加的支出。

（五）建筑工程一切险的保险金额与保险费率

建筑工程一切险的保险金额按照不同的保险标的确定。

（1）合同标的工程的保险金额。这是指建成该项工程的总价值，包括设计费、材料设备费、施工费（人工费和施工机械费）、运杂费、保险费、税款以及其他有关费用。

（2）施工机具设备及临时工程。这些物资一般是施工企业的财产，其价值不包括在承包工程合同的价格中，应另列专项投保。这些物资的投保金额一般按其重置价值确定。

（3）安装工程项目。建筑工程一切险范围内承保的安装工程一般是工程的附带部分，其保险金额一般不超过整个工程项目保险金额的20%，如果超过20%，则应按安装工程保险费率计算保险费；如果超过50%，则应按安装工程险另行投保。

（4）场地清理费。按工程的具体情况由保险公司与被保险人协商确定。一般不超过工程保险金额的5%（重大工程）或10%（细小工程）。

（5）第三者责任险的保险金额。根据施工期间万一发生意外事故时，对工地现场和临近地区的第三者可能造成的最大损害情况确定。

建筑工程一切险并无统一的费率，各项工程均根据其技术特征及地区差别单独确定费率标准。

建筑工程一切险的保险费率还与工程风险的大小有关。工程风险取决于风险性质（如气候、地质情况、洪水、火灾的影响）、施工方法、工期的调整余地、工程安全及所采取的措施等。

实施工程所需设备的保险费率可以按年度确定或一次确定。第三者责任险的保险费率通常由国家统一规定，保险公司无权擅自更改。

（六）建筑工程一切险的免赔额

建筑工程一切险具有一个明显的特点，就是保险公司要求被保险人根据其不同的损失，自负一定的责任。这笔由被保险人承担的损失额称为免赔额。工程本身的免赔额为保险金额的0.5%～2%；施工机具设备等的免赔额为保险金额的5%；第三者责任险中财产损失的免赔额为每次事故赔偿限额的1%～2%，但人身伤害没有免赔额。

三、安装工程一切险

（一）安装工程一切险及其被保险人

安装工程一切险属于技术险种，是为各种机器的安装及钢结构工程的实施提供尽可能全面的专门保险，主要适用于安装各种工厂用的机器、设备、储油罐、钢结构、起重机、吊车以及包含机械工程因素的各种建造工程。

安装工程一切险与建筑工程一切险既有相同之处，又有不同之处，两者的重要区别在于以下几个方面：

（1）建筑工程一切险的标的从开工以后逐步增加，保险额也逐步提高，但安装工程一切险所保的机器从一开始就存放于工地，保险公司一开始就承担着全部货价的风险，风险比较集中。

（2）一般情况下，自然灾害造成建筑工程一切险的保险标的损失的可能性较大，而安装工程一切险的保险标的多数是在建筑物内安装及设备，受自然灾害损失的可能性较小，受人为事故损失的可能性较大。

（3）在机器安装好以后，试车、考核所带来的危险以及在试车过程中发生机器损害的危险是相当大的，这些危险在建筑工程一切险中是没有的。

总之，安装工程一切险的风险较大，保险费率也高于建筑工程一切险。

安装工程一切险的被保险人可以是：①业主或工程所有人；②总承包人或分包人；③制造商或供应商；④安装工程的信贷机构；⑤待安装构件的买受人。

（二）安装工程一切险的保险标的与承保的危险和损失

安装工程一切险的保险标的有：

（1）安装的机器、工人及安装费，包括安装合同内要安装的机器、设备、装置、物料、基础工程（如地基、基座等）以及为安装工程所需的各种临时设施（如水电、照明、通信设备等）。

（2）安装工程使用的承包人的机器、设备。

（3）附带投保的土木建筑工程项目，即厂房、仓库、办公楼、宿舍、码头、桥梁等。这些项目一般不在安装合同以内，但只要不超过工程总价的20%，便可在安装工程一切险内附带投保。

（4）场地清理费（与建筑工程一切险相同）。

（5）业主与承包人在工地上的其他财产。

安装工程一切险也可以根据投保人的要求附加第三者责任险，这一点与建筑工程一切险相同。

安装工程一切险承保的危险与损害除建筑工程一切险中规定的内容以外，还包括：

（1）短路、过电压、电弧所造成的损失。

（2）超压、压力不足和离心力引起的断裂所造成的损失。

（3）其他意外事故，如因进入异物或因安装地点的运输而引起的意外事件等。

（三）安装工程一切险的保险期限与除外责任

安装工程一切险自工程开工之日（如果包括土建工程的话）或第一批被保险项目卸放于工地之日开始生效，直至工程安装完毕验收通过或保险物所列明的终止日为止，也可延展至为期一年的维修期满日。

安装工程一切险的除外责任通常是：

（1）由结构、材料或在车间制作方面的错误导致的损失。

（2）因被保险人或其派遣人员蓄意破坏或欺诈行为而造成的损失。

（3）因合同罚款或其他非实质性损失。

（4）因战争或其他类似事件、民众运动或因当局命令而造成的损失。

（5）由原子核裂化或核辐射造成的损失等。

第三节　施工项目组织协调

一、施工项目组织协调及其作用

施工项目组织协调是指以一定的组织形式、手段和方法，对施工项目中产生的关系不畅进行疏通，对产生的干扰和障碍予以排除的活动。在施工项目实施过程中，项目经理是组织协调的中心和沟通的桥梁。

组织协调是施工项目管理的一项重要工作，施工项目要取得成功，组织协调具有重要的作用。一个施工项目，在其目标规划、计划与控制实施过程中有着各式各样的组织协调工作，例如，项目目标因素之间的组织协调；项目各子系统内部、子系统之间、子系统与环境之间的组织协调；各种施工技术之间的组织协调；各种管理方法、管理过程的组织协调；各种管理职能（如成本、工期、质量、合同等）之间的组织协调；项目参加者之间的组织协调等。组织协调可使矛盾着的各个方面居于一个统一体中，解决他们之间的不一致和矛盾，使项目实施和运行过程顺利。

二、施工项目组织协调的范围

施工项目组织协调的范围包括内部关系的协调、近外层关系的协调和远外层关系的协调。

内部关系包括施工项目经理部内部关系、施工项目经理部与企业之间的关系、施工项目经理部与作业层之间的关系。

近外层关系是指施工项目承包人与业主、监理单位、设计单位、材料物资供应单位、分包单位、开户银行、保险公司之间的关系。这种关系往往体现为直接或间接的合同关系，应作为施工项目组织协调的重点。

远外层关系是指与施工项目承包人虽无直接或间接的合同关系，但却有法律、法规和社会公德等约束的关系，包括承包人与政府、环保、交通、消防、公安、环卫、绿化、文物等管理部门之间的关系。

三、施工项目组织协调的内容

（一）人际关系的协调

人际关系的协调包括施工项目经理部内部人际关系的协调和施工项目经理部与关联单位之间人际关系的协调。协调的对象应是相关工作结合部中人与人之间在管理工作中的联系和矛盾。

施工项目经理部内部人际关系是指项目经理部各成员之间、项目经理部成员与劳务层之间、劳务层各班组之间的人员工作关系的总称。内部人际关系的协调主要是通过交流增进相互之间的了解与亲和力，促进相互之间的工作支持，提高工作效率；通过调解、互谅互让来缓和工作之间的利益冲突，化解矛盾。

施工项目经理部与关联单位之间的人际关系是指项目经理部成员与施工企业职能管理部门成员、近外层关系单位工作人员、远外层关系单位工作人员之间工作关系的总称。与关联单位之间人际关系的协调同样要通过各种途径加强友谊、增进了解、提高相互之间的信任度，有效地避免和化解矛盾，减少扯皮、提高工作效率。

（二）组织关系的协调

组织关系的协调主要是对施工项目经理部内部各部门之间工作关系的协调，具体包括各部门之间的合理分工与有效协作。分工与协作同等重要，合理的分工能保证任务之间的平衡匹配，有效协作既可避免相互之间的利益分割，又可提高工作效率。

（三）供求关系的协调

供求关系的协调应包括施工企业物资供应部门与施工项目经理部及生产要素供应单位之间关系的协调。它主要是保证施工项目实施过程中所发生的人力、材料、机械设备、技术、信息等生产要素供应的优质、优价和适时、适量，避免相互之间的矛盾、保证项目目标的实现。

（四）协作配合关系的协调

协作配合关系的协调主要是指与近外层关系的协作配合协调和施工项目经理部内部各部门、各层次之间协作关系的协调。这种关系的协调主要通过各种活动和交流促进彼此之间的相互了解、相互支持，实现相互之间协作配合的高效化。

（五）约束关系的协调

约束关系的协调包括法律、法规约束关系的协调和合同约束关系的协调。前者主要通过提示、教育等手段，提高关系双方的法律、法规意识，避免产生矛盾或及时、有效地解决矛盾；后者主要通过过程监督和适时检查以及教育等手段主动杜绝冲突与矛盾或依照合同及时、有效地解决矛盾。

四、施工项目经理部内部关系的协调

（一）内部人际关系的协调

内部人际关系的协调主要靠执行施工项目管理制度，坚持民主集中制，充分调动每个人的积极性，要用人所长，责任分明，实事求是地对每个人的绩效进行评价和激励。在调解人与人之间的矛盾时，要注意方法，重在疏导。

（二）内部组织关系的协调

施工项目经理部内各部门构成一定的分工协作和信息沟通关系，通过内部组织关系的协调，可以使组织运转正常，充分发挥组织力的作用。内部组织关系的协调主要应从以下几个方面进行：

（1）要明确各个部门的职责。

（2）要通过制度明确各个部门在工作中的相互关系。

（3）要建立信息沟通制度，制定工作流程图。

（4）要根据矛盾冲突的具体情况及时灵活地加以解决，不使矛盾冲突扩大化。

（三）内部需求关系的协调

施工项目经理部内部需求关系的协调应围绕施工项目的资源保证进行，其主要环节如下：

（1）满足人、财、物的需求要抓好计划环节。计划的编制过程，就是生产要求与供应之间的平衡过程，要用计划规定资源需求的时间、规格、数量和质量，并认真执行计划。

（2）抓住瓶颈环节，对需求进行平衡。瓶颈环节即关键环节，对全局影响较大，抓住了瓶颈环节，就抓住了需求关系协调的重点与关键。

（3）加强调度工作，排除障碍。调度工作即协调工作，调度人员是协调工作的责任者，应健全调度体系，充分发挥调度人员的作用。

五、施工项目近外层和远外层关系的组织协调

施工项目经理部进行近外层和远外层关系的组织协调必须在施工企业法人代表的授权范围内实施。作好组织协调工作应注意以下几个方面：

(1) 施工项目经理部与业主之间关系的协调，应贯穿于施工项目的全过程。协调的目的是搞好协作，处理两者之间的关系主要是通过洽谈、签订和履行施工合同，协调的重点是资金问题、质量问题、进度问题和工程变更等。有了纠纷，应在协商的基础上以施工合同为依据解决。

(2) 施工项目经理部与监理单位关系的协调应在遵守《建设工程监理规范》的规定和施工合同的要求，接受监理单位监督管理的前提下，坚持相互信任、相互支持、相互尊重、共同负责的原则，搞好协作配合，使双方的关系融洽起来。

(3) 施工项目经理部与设计单位关系的协调准则是使施工活动取得设计单位的理解和支持，特别是在设计交底、图样会审、设计变更、地基处理、隐蔽工程验收和竣工验收等环节应与设计单位密切配合，尽量避免冲突和矛盾，如果出现问题应及时协商或接受业主和监理单位协调。

(4) 施工项目经理部与材料供应单位关系的协调应以供应合同为依据，运用价格机制、竞争机制和供求机制搞好协作配合。

(5) 施工项目经理部与分包单位关系的协调应以分包合同为依据，在对分包单位进行监督与支持的原则下，正确处理技术关系、经济关系和协作关系。

(6) 施工项目经理部处理远外层关系应以法律、法规和社会道德为准绳，相互支持、密切配合，在处理和解决矛盾的过程中，应充分进行协商，并注意发挥中介机构和社会管理机构的作用。

六、施工项目组织协调通病及解决措施

(一) 施工项目组织协调通病

在我国施工项目管理的实践中，由于施工项目组织协调不力而影响施工项目管理效益已经成为较为普遍的现象，施工项目组织协调中的某些问题，由于其经常发生，已经成为一种通病，其主要表现在:

(1) 施工项目经理部中组织协调混乱，不同部门和个人的工作不是围绕施工项目目标展开，而是各有各的打算和做法，甚至尖锐对立，项目经理无法调解。

(2) 施工项目不能很好地得到企业职能部门的支持和管理服务，甚至受到职能部门的干扰，项目经理花大量的时间和精力周旋于职能部门之间。

(3) 施工项目经理部中没有应有的正常的争执，但争执却在潜意识中存在，人们不敢或不习惯将正常的争执公开化，而是转入地下，使争执不能得到协调。

(4) 信息不能在恰当的时间以正确的内容、形式和详细程度传达到正确的位置，人们常常抱怨信息流通不够、不及时或不得要领，从而影响组织协调工作。

（二）组织协调通病的解决措施

以上施工项目组织协调通病虽然有不同的表现，但其原因只有一个，即施工项目组织协调不力，其结果必将导致组织争执。解决了组织争执，也就达到了消除施工项目组织协调通病的目的。

对组织争执的处理，首先取决于项目经理的性格及对争执的认知程度。项目经理要有效的管理争执，有意识地引起争执，通过争执引起讨论和沟通；通过详细地协商解决争执，以平衡和满足各方面的利益，从而使大家围绕施工项目目标的实现开展工作。

通常情况下，对于不影响施工项目整体大局的争执，项目经理应采取策略引导双方回避争执，或者说服双方适当妥协，作出非原则性让步；对于涉及双方共同利益的争执，项目经理可说服双方互谦互让、加大合作面，形成利益互补或利益共同体，从而化解争执；对于非原则性的争执，项目经理应协调双方通过协商达成共识，消除争执；对于利益冲突性争执，或一些激烈争执，如果不好通过协商解决，项目经理则应交由企业领导进行裁决，从而尽快解决争执，以保证进一步组织工作的顺利进行。

案例　某天文馆新馆工程保证担保

某天文馆新馆工程由某建筑设计院设计，某建工集团总承包，长安保证担保公司（以下简称长安公司）为该项目提供了工程保证担保。施工合同规定，工程由建工集团的下属单位北国公司承建，建工集团派遣主要施工技术人员并保证每周有四个工作日在天文馆工地，如发现一次违约，业主有权要求承包方赔偿5万元，两次违约赔偿15万元，三次违约赔偿30万元，四次违约可解除施工合同。

工程开工之后，业主发现承包方承诺的施工技术人员不到位，他们仅参加了最初的几次例会，就再也不到施工现场了。业主对此十分不满，表示要对承包方的违约行为提出索赔。长安公司考虑到工程刚刚开始，如果此时双方的关系就搞僵，势必对以后的施工产生十分不利的影响。因此长安公司向业主建议，给出一个索赔的延缓期，由长安公司出面进行协调。

长安公司一方面积极与北国公司联系，阐明利害关系，并提出如果承担保证责任，将向其提交追偿债务清单。北国公司表示由于主要施工技术人员不归本公司管理，对其调遣存在一定的障碍。于是长安公司又立即与建工集团联系，向其说明如果业主正式提出按合同要求迫使北国公司赔偿或退场的话，无论从经济上还是从信用上都将对建工集团造成很大的损失。由于长安公司的多方协调，最终引起了建工集团的重视，很快将施工技术人员配备到位。业主很满意长安公司的协调结果。

而后，又因为设计单位施工图样不能如期到位，施工方意见很大，撤出了大量工人。对此，业主也十分着急，但是设计图样实在无法按时提供。这种由于业主责任造成的工期延误本不属于长安公司的保证责任范围，但是长安公司本着对工程负责的态度，在业主、设计单位和施工单位三方之间进行协调。由于长安公司对类似事件有所预见，及时运用公司自身的专家库资源为工程设计提供帮助，相关费用由设计单位承担。最终设计单位在长安公司的帮助下，以最快速度完成了图样设计，使施工方重新进场施工。

案例思考

1. 通过该案例，你认为工程项目风险可能存在于哪些方面？如何才能对项目风险进行有效保证担保？

2. 通过分析该案例，你认为我国应从哪些方面入手，才能建立有效的工程风险防范机制？

思考题

1. 何谓施工项目风险？怎样理解施工项目风险成本？
2. 施工项目风险管理有什么特点？
3. 施工项目风险管理的过程由哪些环节组成？
4. 工程保险有什么特点？
5. 建筑工程一切险的适用范围是什么？
6. 施工项目组织协调包括哪些内容？
7. 怎样进行施工项目经理部内部关系的协调？

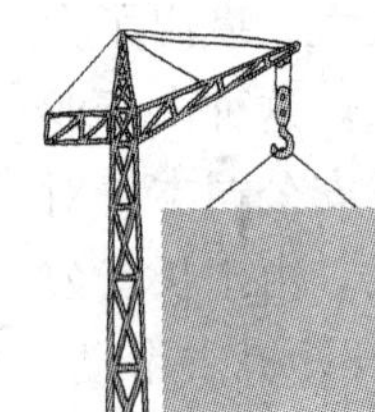

第十章　施工项目信息管理

第一节　施工项目信息与信息管理

一、施工项目中的信息

信息是指用口头方式、书面方式或电子方式传输（传达、传递）的知识、新闻、情报。在施工项目的实施过程中产生大量的信息，这些信息按照一定的规律产生、转换、变化和被使用，并被传送到必须的单位，形成项目实施过程中的信息流。尽管施工项目中的信息很多，但它可被大体分为以下几类：

（1）反映项目基本情况的信息。这主要在各种合同、计划文件、设计文件之中。

（2）项目进展中的信息。如实际成本、质量、进度信息等，它主要在项目月报、重大事件报告、质量报告等各种报告之中。

（3）各种指令、决策方面的信息。

（4）其他信息。如市场情况、气候变化情况、外汇波动、社会动态等。

施工项目中的信息要符合项目管理的需要，不能造成信息泛滥和信息污染。它一般应达到以下基本要求：

（1）专业对口。不同的施工项目管理人员和项目参与者，在不同的时间，对不同的事件有不同的信息要求。

（2）反映实际情况。施工项目管理是对项目实施的计划、组织、控制、协调，在其中产生和使用的信息，一定要能反映项目的实际情况，这是进行正确、有效管理的前提。

（3）及时提供。信息如果过时，则会失去它应有的作用和价值，会使决策失去时机，造成不应有的损失。只有及时地提供信息，管理者才能及时地控制项目的实施过程。

（4）简单、便于理解。信息要方便使用者了解情况、分析问题，其表达形式应符合人们日常接受信息的习惯。

二、施工项目信息的分类与编码

施工项目信息可以从不同的角度进行分类。实践中，为了更好地满足施工项目管理的要求，往往需要对施工项目信息进行综合分类，即按多维进行信息分类，如：

第一维：按施工项目的分解结构分类。如按子项目 1、子项目 2、子项目 3 等进行分类。

第二维：按施工项目实施的工作过程分类。如按施工准备过程、施工过程、交工验收过程等进行分类。

第三维：按施工项目管理工作的任务分类。如按进度控制、质量控制、成本控制等进行分类。

一个施工项目有不同类型和不同用途的信息，为了有效地存储信息、方便地检索和加工整理信息，必须对施工项目信息进行编码。施工项目信息编码由一系列编号（如文字）和数字组成，常见的施工项目信息编码及其要求如下：

（1）项目的结构编码。依据项目结构图，对项目结构的每一层的每个组成部分进行编码。

（2）项目管理组织结构编码。依据项目管理组织结构图，对每一个工作部门进行编码。

（3）项目实施的工作过程编码。应覆盖项目实施工作过程的全部内容。

（4）项目的进度项编码。应综合考虑不同层次、不同深度的施工进度计划工作项的需要，建立统一的编码。

（5）项目的成本项编码。应综合考虑投标价、合同价、施工成本分析和工程款的支付等因素，建立统一的编码。

（6）项目的进展报告和各类报表编码。应包括项目管理形成的各种报告和报表的编码。

（7）合同编码。应反映合同的类型、相应的项目结构和合同签订的时间等特征。

（8）函件编码。应反映发函者、收函者、函件内容所涉及的分类和时间等，以便函件的查询和整理。

（9）工程档案编码。应根据有关工程档案管理的规定和项目的特点进行编码。

三、施工项目信息管理及其任务

施工项目信息管理是指项目管理者对信息的收集、加工整理、存储、传递与应用等一系列工作的总称。信息管理的目的是通过有组织的信息流通，使决策者能及时、准确地获得相应的信息。

大型施工项目的项目经理部应设立信息管理机构，负责协调和组织项目经理部中各个工作部门的信息处理工作，承担项目信息管理的任务。信息管理机构是整个项目信息管理的中心，其项目信息管理的任务主要包括：

（1）组织项目基本情况的信息，并使信息系统化。

（2）规定项目报告及各种资料格式、内容、数据结构等要求。

（3）按照项目实施、项目组织、管理工作过程建立项目管理信息系统流程，并在实际工作中保证其正常运行。

（4）文档管理工作。

四、施工项目信息管理工作的内容

为了实现施工项目信息管理的目的，必须规范信息管理的内容。根据施工项目信息管理的要求，结合我国的具体工作实践，大型施工项目的信息管理工作应包括以下内容：

（1）建立信息代码系统。

（2）明确施工项目信息管理中的信息流程。根据施工项目管理工作的要求和对项目组织机构、业务功能及工作流程的分析，建立项目经理部内部各部门及人员之间、上下级之间以及项目经理部与外部的信息连接，并要保持信息流通渠道畅通有序。

（3）建立信息收集制度。对各种信息来源、要收集的信息内容、标准、时间、传递途径、反馈的范围、工作职责等作出具体规定，形成制度，认真执行。

（4）建立信息处理制度。信息处理包括信息的收集、加工、传输、存储、检索和输出等工作。

第二节　施工项目管理信息系统

一、施工项目管理信息系统的意义

施工项目管理信息系统主要是运用计算机辅助的手段进行施工项目管理有关数据的收集、记录、存储、过滤和把数据处理的结果提供给项目管理者。它是项目进展的跟踪和控制系统，也是信息流的跟踪系统。

20 世纪 70 年代末，国际上已经出现了项目管理信息系统的商品软件，目前，项目管理信息系统已被广泛地应用于施工项目管理工作当中。施工项目管理应用项目管理信息系统的主要意义是：

（1）实现施工项目管理数据的集中存储。
（2）有利于施工项目管理数据的检索与查询。
（3）提高施工项目管理数据处理的效率。
（4）确保施工项目管理数据处理的准确性。
（5）可方便地形成各种施工项目管理需要的报表。

二、施工项目管理信息系统的功能

施工项目管理信息系统的功能主要包括施工项目进度控制、成本控制、合同管理。有些管理信息系统还涉及质量控制和一些办公自动化的功能。

（一）进度控制

（1）绘制施工网络图和横道图。
（2）计算施工网络计划的时间参数，确定关键线路。
（3）编制资源需要量计划。
（4）进度计划执行情况的比较分析。
（5）根据施工的进展情况进行施工进度预测等。

（二）成本控制

（1）投标估算的数据计算与分析。
（2）编制施工计划成本。
（3）计算实际施工成本。
（4）进行实际成本与计划成本的比较分析。
（5）根据施工的进展情况进行施工成本预测等。

（三）合同管理

（1）合同基本信息查询。
（2）合同履行情况的查询和统计分析。
（3）标准合同文本查询和辅助合同起草等。

三、施工项目管理信息系统软件简介

施工项目管理信息系统软件较多，既有国外引进的，又有国内开发的，它们各有特点。这里仅就常用的系统软件予以介绍。

（一）Microsoft Project 2003 项目管理系统

Microsoft Project 是一个在国际上享有盛誉的通用的项目管理工具软件，凝集了许多成熟的项目管理现代理论和方法。Microsoft Project 的主要内容包括：

（1）制定项目计划。
（2）管理项目——视图和报表。
（3）资源管理。

（4）成本管理。

（5）项目控制和动态跟踪。

（6）项目沟通管理。

（7）群体项目管理。

Microsoft Project 不仅可以快速、准确地创建项目计划，而且可以帮助项目经理实现项目进度与成本的控制、分析和预测，从而使项目工期缩短，资源得到有效利用，提高经济效益。最新版的 Microsoft Project 2003 在各方面内容上都有所增强，尤其在项目的协同工作方面，项目经理及其项目经理部成员可以通过网络协作工具进行动态跟踪，突破时间和空间的某些局限，随时了解项目进度和当前状态，从而确保项目实施的顺利进行和项目目标的实现。

（二）清华斯维尔智能项目管理软件 6.0

清华斯维尔智能项目管理软件 6.0 是深圳某公司在充分吸取国内外同类软件优点的基础上编制的项目管理软件。它将网络计划及优化技术应用于施工项目管理中，以国内建筑业普遍采用的横道图、双代号时标网络图作为项目管理与控制的主要工具，通过挂接各类工程定额实现对项目资源、成本的分析与计算。它不仅能够从宏观上控制工期、成本，还能够从微观上协调人力、设备、材料的具体使用。该软件的主要特点是：

（1）以树型结构的层次关系组织实施项目并允许同时打开多个项目文件进行操作，系统自动存盘。

（2）严格遵循《工程网络计划技术规程》等国家标准，提供时间参数双代号网络图等重要功能。

（3）方便快捷地进行工程任务分解，建立完整的大纲任务结构和子网络，实现项目计划的分级控制与管理。

（4）动态真实地模拟施工现场任务，清晰表达各种作业关系以及延迟、搭接、资源消耗、成本费用等任务信息。

（5）兼容 Microsoft Project 2000 项目数据，智能生成双代号网络图，最大限度地利用用户的已有资源，真正实现项目数据的完全共享。

（6）适用性强，满足单机、网络用户的项目管理需求，适用大、中、小型施工项目的实际应用。

（7）可随时选择在横道图、双代号网络图、单代号网络图、资源曲线等视图界面间进行切换，从不同角度对施工项目进行观察、分析。

（三）梦龙科技——项目管理平台

梦龙科技的项目管理平台依据项目管理理论，从实际应用的角度出发，对项目的进度、成本、质量进行控制，同时对项目中所有涉及的文档和合同进行管理。该系统采用灵活的插件形式，根据行业的不同和用户的实际需要，提供不同的功能模块进行定制组合，为用户提供一套合理、有效的项目管理解决方案。该软件的主要特点是：

（1）对项目的管理。以项目树的形式对项目进行管理，尤其在项目分布广泛、数量众多的情况下，这种形式非常有效。

（2）可扩展的项目信息。不同行业、用户需要查看的项目信息有所不同，项目信息模块除提供名称、编号、时间等相对固定的信息外，还以自定义信息的方式提供了扩展项目信息的功能，用户可以根据自己的需要增加若干项信息。

（3）项目进度控制。运用网络计划技术进行项目计划的编制，在项目阶段模块从宏观角度展现项目的进展情况以及阶段划分，能够告诉用户当前时间项目正在什么阶段，进展情况如何，偏离目标有多远，以及项目还需要哪几个阶段，每个阶段有什么要求等。在项目形象进度模块，它以多媒体的形式，包含项目的实际场景照片、图像等，更加生动地体现项目进度。

（4）项目成本控制。它以项目的增值曲线体现所有关于项目成本方面的数据，包括成本现状、趋势、成本性能等。通过曲线的分析结果，用户能够清晰地了解到项目的当前成本状态是否超出计划或预算，如果出现成本问题，可以及时地采取补救措施。

（5）项目合同管理。项目合同管理模块不仅提供了对合同的查询功能，更重要的是能够对当前时间项目中合同资金现状进行统计，准确地报告资金盈亏状况，供用户参考，进行决策。

（6）项目文档管理。项目文档管理模块可以将项目从施工准备到竣工验收的所有文档以一种有序的方式进行组织、存档，并且在任意时刻都可以查询项目的任一文档。

（四）建文软件项目管理系统

建文软件项目管理系统以施工合同为约束，以施工进度为主线，以项目成本控制为目标，针对施工企业项目分散，以及施工现场管理复杂、流动性大、涉及的关联环节多、风险大的特点，采用互联网和无线技术相结合的 B/S 多层开放结构体系平台，兼容 Microsoft Project 项目数据，对施工项目进行远程控制和管理。企业决策层只需要拥有一台可以上网的计算机即可对分散在各地的项目进行远程管理和控制，从而解决施工企业项目分散与集中管理的矛盾。该软件的主要功能与特点是：

（1）项目综合管理。软件中融合了先进的项目管理思维和方法，使长期以来困扰大家的施工进度、费用和资源投入无法整体地动态管理的问题得到了很好的解决。

（2）项目计划管理。方便快捷地进行工作任务分解，建立完整的大纲任务结构和子网络，实现项目计划的分级控制与管理。

（3）项目进度控制。动态模拟施工任务，运用网络计划技术进行项目进度计划的编制与优化，清晰表达各种作业关系以及搭接、资源消耗，并能进行实际进度的跟踪控制。

（4）项目资源管理。通过挂接行业、地区与企业各类工程定额实现对项目资源的分析与计算，并在此基础上进行资源计划的编制、优化与追踪管理。

（5）项目质量控制。可根据项目进度，针对施工过程中的开竣工文件、施工组织设计、工程质量计划、施工过程控制资料、测量记录、技术交底、验收资料等进行全方位控制，实现工程质量控制资料的归类、检索与统计，并对项目的质量优良率等指标进行自动统计与报警提示，为企业对工程质量控制提供了有力的决策依据和支持。

（6）项目成本控制。采用项目资源管理模块与成本控制模块相结合的方法，以施工成本累算方式计算项目的实际成本，同时运用施工成本分析技术对项目实际运行效果进行有效控制。

（7）项目安全管理。紧密结合建设部制定的强制性行业标准——《建筑施工安全检查标准》，配合国务院《建设工程安全生产管理条例》的实施，提供施工项目安全措施分析、设计、实施和监控，而且提供施工安全动态分析的信息流，为项目安全施工提供科学的评价和决策依据，极大地提高了安全生产与文明施工的管理水平，实现安全检查评价工作的标准化、规范化。

（8）项目沟通管理。它包括项目的沟通管理、项目报告、项目施工日记等。

（五）工程项目管理系统 PKPM

工程项目管理系统 PKPM 是由中国建筑科学研究院与中国建筑业协会工程项目管理委员会共同开发的一体化施工项目管理软件。它以工程数据库为核心，以施工管理为目标，其中包括：

（1）标书制作及管理软件。

（2）施工平面图设计及绘制软件。

（3）项目管理软件。

（4）建筑工程概预算计算机辅助管理系统。

第三节　建设工程文件档案资料管理

一、建设工程文件档案资料及其特征

建设工程文件是指在项目建设过程中形成的各种形式的信息记录，包括项目准备文件、监理文件、施工文件、竣工图和竣工验收文件等。

建设工程档案是指在项目建设过程中形成的具有归档保存价值的文字、图表、声像等各种形式的历史记录。

建设工程文件和档案组成建设工程文件档案资料。建设工程文件档案资料具有以下几个方面的特征：

（1）真实性和全面性。真实性是对所有文件档案资料的共同要求，但对建设工程文件档案资料来讲，这方面的要求更为迫切。建设工程文件档案资料只有全面地反映项目的各类信息，形成一个完整的系统，才更有实用价值。有时，只言片语地引用往往会起到误导作用。另外，建设工程文件档案资料必须真实地反映项目的情况，包括发生的事故和存在的隐患。

（2）分散性和复杂性。建设工程项目周期长且影响因素多，生产工艺复杂，建筑材料种类多，项目建设阶段性强且相互穿插。由此导致了建设工程文件档案资料的分散性和复杂性。这个特征决定了建设工程文件档案资料是多层次、多环节、相互关联的复杂系统。

（3）继承性和时效性。随着建筑技术、施工工艺、新材料和施工企业管理水平的不断提高，建设工程文件档案资料可被继承和不断积累。新的项目在建设中可以吸取以前的经验和教训，避免重犯以前的错误。同时，建设工程文件档案资料具有很强的时效性，其价值会随时间的推移而衰减，有时，文件档案资料一经形成，就必须送达到有关部门，否则会造成严重的后果。

（4）随机性。建设工程文件档案资料产生于项目建设的整个过程中，工程前期、工程开工、施工和竣工等各个阶段和环节都会产生各种文件档案资料。虽然各类报批文件等的产生具有规律性，但是，还有相当一部分文件档案资料的产生是由于具体工程事件引发的，因此具有随机性。

（5）多专业性和综合性。建设工程文件档案资料依附于不同的专业对象而存在，又依赖于不同的载体而流动。涉及建筑、市政、公用、消防等多个专业，也涉及力学、电子、声学等多个学科，且同时综合了质量、进度、造价、合同、组织协调等多方面的内容，因此，具有多专业性和综合性的特点。

二、建设工程文件档案资料的归档

建设工程文件档案资料的管理涉及业主、监理单位、施工企业以及地方城建档案管理部门。对于一个建设项目而言，文件档案资料的归档有如下三个方面的含义：

（1）业主、勘察设计单位、监理单位、施工企业将本单位在项目建设过程中形成的文件向本单位档案管理机构移交。

（2）勘察设计单位、监理单位、施工企业将本单位在项目建设过程中形成的文件向业主单位档案管理机构移交。

(3) 业主按照现行的《建设工程文件归档整理规范》(GB/T50328—2001)的要求，将汇总的该建设工程文件档案资料向地方城建档案管理部门移交。

三、建设工程文件档案资料管理职责

(一) 通用职责

(1) 工程各参建单位填写的工程档案应以设计文件、工程合同、施工及验收规范、工程施工质量验收统一标准等为依据。

(2) 工程档案资料应随工程进展及时收集、整理，并应按专业归类，应认真书写、项目齐全、准确真实，无未了事项。表格应采用统一格式，因特殊要求而增加的表格应统一归类。

(3) 工程档案资料进行分级管理，各单位技术负责人负责本单位工程档案资料的全过程组织工作并负责审核，各相关单位档案管埋员负责文件档案资料的收集、整理工作。

(4) 对工程档案资料进行涂改、伪造、随意抽撤或损毁、丢失等，应按有关规定予以处罚，情节严重的，应依法追究法律责任。

(二) 建设单位职责

(1) 在工程招标及与勘察、设计、监理、施工等单位签订协议、合同时，应对工程文件的套数、费用、质量、移交时间等提出明确要求。

(2) 收集和整理工程准备阶段、竣工验收阶段形成的文件，并应进行立卷归档。

(3) 负责组织、监督和检查勘察、设计、监理、施工等单位的工程文件的形成、积累和立卷归档工作；也可委托监理单位监督、检查工程文件的形成、积累和立卷归档工作。

(4) 收集和汇总勘察、设计、监理、施工等单位立卷归档的工程档案。

(5) 在组织工程竣工验收前，应提请当地城建档案管理部门对工程档案进行预验收；未取得工程档案验收认可文件，不得组织工程竣工验收。

(6) 对列入当地城建档案管理部门接收范围的工程，工程竣工验收 3 个月内，向当地城建档案管理部门移交一套符合规定的工程文件。

(7) 必须向参与工程建设的勘察、设计、监理、施工等单位提供与建设工程有关的原始资料，且原始资料必须真实、准确、齐全。

(8) 可委托承包单位、监理单位组织工程档案的编制工作；负责组织竣工图的绘制工作，也可委托承包单位、监理单位、设计单位完成，收费标准按照所在地相关文件执行。

（三）监理单位职责

（1）应设专人负责监理资料的收集、整理和归档工作，在项目监理部，监理资料的管理应由总监理工程师负责，并指定专人具体实施，监理资料应在各阶段监理工作结束后及时整理归档。

（2）监理资料必须及时整理、真实完整、分类有序。在设计阶段，对勘察、测绘、设计单位的工程文件的形成、积累和立卷归档进行监督、检查；在施工阶段，对施工单位的工程文件的形成、积累和立卷归档进行监督、检查。

（3）可以按照委托监理合同的约定，接受建设单位的委托，监督、检查工程文件的形成、积累和立卷归档工作。

（4）编制监理文件的套数、提交内容、提交时间，应按照现行《建设工程文件归档整理规范》（GB/T50328—2001）和各地城建档案管理部门的要求，编制移交清单，双方签字、盖章后，及时移交建设单位，由建设单位收集和汇总。

（四）施工企业职责

（1）实行技术负责人负责制，逐级建立、健全施工文件管理岗位责任制，配备专职档案管理员，负责施工资料的管理工作。工程项目的施工文件应设专门的部门（人员）负责收集和整理。

（2）建设工程实行总承包的，总承包单位负责收集、汇总各分包单位形成的工程档案，各分包单位应将本单位形成的工程文件整理、立卷后及时移交总承包单位。建设工程项目由几个单位承包的，各承包单位负责收集、整理、立卷其承包项目的工程文件，并应及时向建设单位移交，各承包单位应保证归档文件的完整、准确、系统，能够全面反映工程建设活动的全过程。

（3）可以按照施工合同的约定，接受建设单位的委托进行工程档案的组织、编制工作。

（4）按要求在竣工前将施工文件整理汇总完毕，再移交建设单位进行工程竣工验收。

（5）负责编制的施工文件的套数不得少于地方城建档案管理部门的要求，但应有完整的施工文件移交建设单位及自行保存，保存期可根据工程性质以及地方城建档案管理部门的有关要求确定。

（五）地方城建档案管理部门职责

（1）负责接收和保管所辖范围应当永久和长期保存的工程档案和有关资料。

（2）负责对城建档案工作进行业务指导，监督和检查有关城建档案法规的实施。

（3）列入向本部门报送工程档案范围的工程项目，其竣工验收应有本部门参加并负责对移交的工程档案进行验收。

四、建设工程文件档案编制的质量要求

根据建设部和国家质量检验检疫总局颁布实施的《建设工程文件归档整理规范》（GB/T50328—2001）等国家标准、规范和文件的规定精神，建设工程档案编制质量要求如下：

（1）归档的工程文件一般应为原件。

（2）工程文件的内容及其深度必须符合国家有关工程勘察、设计、施工、监理等方面的技术规范、标准和规程。

（3）工程文件的内容必须真实、准确，与工程实际相符合。

（4）工程文件应采用耐久性强的书写材料，如碳素墨水、蓝黑墨水，不得使用易褪色的书写材料。

（5）工程文件应字迹清楚、图样清晰、图表整洁，签字盖章手续完备。

（6）工程文件中文字材料幅面尺寸规格宜为 A4 幅面，图样宜采用国家标准图幅。

（7）工程文件的纸张应采用能够长期保存的韧力大、耐久性强的纸张。图样一般采用蓝晒图，竣工图应是新蓝图。计算机出图必须清晰，不得使用计算机所出图样的复印件。

（8）所有竣工图均应加盖竣工图章。

（9）利用施工图改绘竣工图，必须标明变更修改依据；凡施工图结构、工艺、平面布置等有重大改变，或变更部分超过图面 1/3 的，应当重新绘制竣工图。

（10）不同幅面的工程图样，应统一折叠成 A4 幅面，图标栏露在外面。

（11）工程档案资料的照片（含底片）及声像档案，要求图像清晰、声音清楚，文字说明或内容准确。

（12）工程文件应采用打印的形式，并使用档案规定用笔手工签字，在不能够使用原件时，应在复印件或抄件上加盖公章并注明原件保存处。

五、建设工程文件档案资料的分类和主要内容

（一）建设项目文件

1. 建设项目立项、计划任务书等重要文件

（1）项目立项书、可行性研究报告及批复等立项依据文件。

（2）项目评估、环境预测、调查报告。

（3）计划任务书及批复。

（4）会议记录、专家意见。

（5）有关部门审查意见及批复意见：① 规划、环保、消防、卫生、人防、

抗震等文件；② 水、暖、电、气、通信等协议书。

以上文件由建设单位永久保存。

2. 建设项目用地、征地、拆迁等文件

（1）项目选址报告及土地规划部门批复文件。

（2）建设用地许可证及用地地形图。

（3）拆迁协议书、补偿协议书。

（4）重要的协调会与有关专业文件。

（5）工程建设大事记。

以上文件由建设单位永久保存。

3. 勘察、测绘、设计、招投标文件

（1）工程地质、水文地质、地质图。

（2）红线桩位置及测量成果报告。

（3）勘察设计、勘察报告、记录、试验报告。

（4）重要岩石、土样及有关证明。

（5）地形地貌、控制点、建筑物、构筑物及重要设备、安装测量定位、观测记录。

（6）水文、气象、地震等设计基础资料。

（7）工程招投标文件及有关设计、施工、材料设备供应合同。

以上文件由建设单位永久保存。

4. 设计文件

（1）总体规划设计、方案设计、初步设计、技术设计和施工图设计文件。

（2）设计评价、鉴定及审批资料。

（3）关键技术试验。

以上文件由建设单位永久保存。

5. 工程概算、预算、决算文件

（1）工程概算书。

（2）施工图预算书。

（3）工程竣工决算。

（4）固定资产清单及明细表。

以上文件由建设单位长期保存。

6. 工程监理文件

（1）工程监理合同。

（2）工程监理规划及实施细则。

（3）工程监理总结。

以上文件由建设单位短期保存。

7. 工程施工总结

（1）综合性概述：① 项目立项、可行性研究、预决算等；② 施工招投标、监理情况；③“三通一平”情况等。

（2）设计施工等情况、主要技术措施。

（3）工程进度、质量、造价及主要经验教训等。

以上文件由建设单位短期保存。

（二）工程技术文件

1. 施工文件

（1）建设工程规划许可证。

（2）建设工程施工许可证。

以上文件由建设单位长期保存。

2. 施工组织设计、技术交底

（1）工程开工报告及工程技术要求、技术交底、图样会审纪要。

（2）施工组织设计及施工计划、措施等。

以上文件由建设单位短期保存。

3. 图样会审、设计变更洽商记录

（1）工程更改洽商单、通知单、设计变更。

（2）设计交底、图样会审记录。

以上文件由建设单位长期保存。

4. 原材料试验报告、记录

（1）原材料、构配件出厂证明及施工现场复检、质量鉴定报告。

（2）材料、设备及其零部件代用审批单。

（3）岩土试验报告、基础处理记录。

以上文件由建设单位长期保存。

5. 设备试验报告、记录

（1）设备管线焊接、管线强度、密闭性能试验报告及施工检验记录。

（2）设备管线安装记录、质量检验评定。

（3）设备管线性能测试记录。

（4）设备装置交接记录，电器、仪表操作联动试验记录。

（5）设备安装大事记。

以上文件由建设单位长期保存。

6. 施工检验记录

（1）土建施工定位测量、地基允许承载力复查报告。

（2）管线标高、位置、坡度测量记录。

（3）施工检验批、分项工程、分部工程、单位工程质量检验、评定资料。

以上文件由建设单位长期保存。

7. 隐蔽工程检验记录

(1) 隐蔽工程检验记录。

(2) 防水工程检验记录。

(3) 建筑物沉降、位移变形等观测记录。

以上文件由建设单位长期保存。

8. 工程质量事故处理记录

(1) 工程事故处理报告。

(2) 工程重大缺陷处理和处理后的检查报告。

(3) 施工重要阶段、过程和重大事故的记录资料。

以上文件由建设单位长期保存。

(三) 建设项目竣工文件

1. 项目竣工文件

(1) 项目竣工验收申请、批复等。

(2) 项目验收会议文件及有关材料。

以上文件由建设单位长期保存。

2. 施工技术文件

(1) 项目竣工图。

(2) 电气平面布置图、剖面图、系统图及设计说明。

(3) 水暖平面图、剖面图、管线系统图及设计说明。

(4) 设备安装施工图及说明书。

(5) 项目质量评审资料。

(6) 项目竣工验收委员会（小组）会议记录及鉴定书。

以上文件由建设单位长期保存。

3. 决算、审计文件

(1) 项目财务决算文件。

(2) 项目审计结论。

以上文件由建设单位长期保存。

(四) 建设项目设备材料文件

(1) 设备材料出厂合格证。

(2) 设备材料装箱单、开箱记录、工具单、备品备件单。

(3) 设备图样、说明书。

(4) 设备检测、验收记录及安装测试、性能鉴定。

以上文件由建设单位短期保存。

（五）建设项目财务、器材文件

(1) 项目年度财务计划。

(2) 项目概算、预算、决算文件。

(3) 固定资产清单及交接凭证。

(4) 主要消耗材料、器材移交清单。

以上文件由建设单位长期保存。

（六）建设项目科研文件

(1) 科研立项报告、任务书、批准文件。

(2) 科研项目委托书、协议书、合同书。

(3) 科研项目方案、计划、调研报告。

(4) 试验分析、计算、数据整理及阶段性报告。

(5) 科研报告、技术鉴定材料。

以上文件由建设单位长期保存。

（七）建设项目涉外文件

(1) 项目询价、报价、谈判记录。

(2) 项目协议书、合同书及合同附件。

(3) 外商提供的有关资料、出国考察报告。

(4) 项目建设中的来往信函。

(5) 国外各阶段设计文件、审查、议定书。

(6) 国外引进设备材料及其设计图样、说明书。

(7) 国外设备存储、运输、开箱检验记录、商检及索赔文件。

(8) 外国技术人员现场提供的有关技术资料及技术标准。

以上文件由建设单位永久保存。

案例　某国际机场建设项目文件档案资料管理

鉴于文件档案资料在机场建设中的重要性，为加强管理工作，项目业主采取的一个有效的管理方法是赋予档案资料室在文件档案资料管理中的一项特殊权利，即施工合同尾留款的支付签发权。

项目业主在每一份施工合同中都约定，预留合同价款的5%作为工程尾留款，其中2%作为工程质量保证金，其余的3%作为工程竣工资料、项目文件档案的保证金。参建单位必须严格按照要求收集、整理、归档工程各环节的文件资料；工程竣工资料、项目文件档案经机场档案资料室认可接收，签发归档交接单之后，才能获得最终尾留款的支付。通过经济制约手段，有效、及时、规范地健全了该国际机场的项目文件档案。

案例思考

1. 建设工程文件档案资料具有什么特征？
2. 建设工程文件档案编制的质量要求有哪些？
3. 该项目业主在文件档案资料管理方面的做法对我们有什么启示？

思考题

1. 施工项目信息管理包括哪些工作内容？
2. 何谓施工项目管理信息系统？应用施工项目管理信息系统的意义是什么？
3. 常用的施工项目管理信息系统软件有什么特点？
4. 建设工程文件档案资料具有什么特征？
5. 建设工程文件档案编制的质量要求有哪些？

参考文献

[1] 吴涛，丛培经．中国工程项目管理知识体系［M］．北京：中国建筑工业出版社，2003.

[2] 胡志根，黄建平．工程项目管理［M］．武汉：武汉大学出版社，2004.

[3] 中国建筑业协会，清华大学，中国建筑工程总公司．房屋建筑工程项目管理［M］．北京：中国建筑工业出版社，2004.

[4] 苟伯让．建设工程项目管理［M］．北京：机械工业出版社，2005.